2015年度教育部人文社会科学研究一般项目
"近代中小学传统文化教育及其当代价值研究"
（15YJA880110）研究成果

2016年度河北省高等学校科学研究项目
"近代中小学德育课程中的传统价值观教育及当代价值研究"
（SD162002）研究成果

2016年度保定学院博士基金项目"近代中小学德育变革研究"
（2016J03）成果

近代中小学传统文化课程嬗变研究

赵颖霞◎著

人民出版社

序

　　保定学院学科带头人赵颖霞博士的著作《近代中小学传统文化课程嬗变研究》即将正式出版,可喜可贺。这一项鲜活而亮丽的学术成果,对于活跃讨论气氛、启迪青年学者将大有裨益。

　　中华优秀传统文化是中华民族思想和精神意识的荟萃与核心,集中反映了中华民族长期探索如何协调处理社会人事关系、秩序层次、人文天道、自然现实以及道德规范的文明成就和内在要素,另外角度而言,这也是中华文明数千年延续发展、延绵不断、生生不息甚至强劲有力的内在灵魂。教育是传统文化的重要内容,更是其手段和途径。传统文化教育由传统文化的目的、内容、思想方法和手段技术等方面构成,涵盖社会教育、家庭教育和学校教育各个系统领域,既有庙堂之高远,也有江湖之多样。学校传统文化教育中的博雅和规范与民间社会各种传统文化教育活动方式的灵活与实效,构成了一幅多姿多彩的传统文化教育文明画卷。可以认为,这恰恰是东亚教育的典范。曾几何时,这种教育在长期的古代社会悠久历史进程中居于世界前列,并影响东亚、东南亚各国和地区,也对当代的西方欧美各国带来了不可小觑的影响。中华优秀传统文化作为中华民族的宝贵财富,足以令中华儿女、子孙后代骄傲和叹服。

　　近代以来,欧风美雨不断冲击、洗涤,改造着古老的中华文明。在中国向何处去的上下求索中,社会改革风起云涌,富国强兵、民族振兴、实现现代化强国,成为几代中国人不懈的努力追求。传统文化教育在近代仍然延续,但无力占据核心和霸主的话语权,也难以维系昔日阳春白雪、骄傲贵族的身份,被迫走向调整与变革。这是一种无奈,但又是理性的选择。从根本上说,是教育从传统向现代转型的一个范例或十分鲜明的活化石。革命先行者孙中山先生说:"世界潮流,浩浩荡荡,顺之则昌,逆之则亡。"改革传统文化教育的目标、内容、思想观念、组织形式及方式方法,引进西学,加以融合与转化,成为晚清民国时期教育剧烈变革的一个侧面。其中的成败得失、争鸣探讨、反复曲折,甚至付出更惨重的代价,一方面昭示古老中华帝国传统包袱之沉重,另一方面反映了传统文化思想和文化内涵的深沉与复杂。一个无情的事实是,传统经典文化与教育随着历史的变迁和西学东渐的加剧,以及欧美化教育在中国的引进和确立,一步一步地退让、削弱,甚至陷入了危机的状态。当然,或许其他的非制度化教育、民间社会的传承会对此有所弥补,但总体态势并未改观。此情此景,在当今重新焕发民族文化生命力、高扬民族智慧和探索中国特色现代化模式的新历史时期,更加需要在重新进行反思的基础上,对传统文化教育加以重构,并走向实施和推行。

赵颖霞博士的著作聚焦在传统文化教育受到挑战、面临瓦解和重组的背景下探讨近代中小学传统文化教育的历史过程、阶段内容和相关影响因素等,其选题的价值和意义不言而喻,而所涉及的影响因素、人物事件、规程条文以及学校实践都十分多样繁杂,无疑增加了研究的难度。传统文化教育的近现代变革及其命运,不仅是传统文化与西学学科专业之间的挑战与吸收问题,而且是传统文化思想内容、经典文本、教育模式自身在近现代教育的制度与理论范式下如何创新的问题。这几方面的交叉和结合,是该主题内容的结构与层次组成方式,也是考量研究者能力和学术素养的重要指标。令人欣慰的是,赵博士确实经受住了这些挑战,经过两年多的努力和探求,在发表数篇相关学术论文、申报立项若干研究课题的同时,完成了著作的研究工作,而且取得了不菲的学术业绩。她的本科专业是哲学,研究生专业是中国近现代史,而博士阶段的专业是教育史,这种合理的专业学养结构应该是实现上述目标和产生较为理想效果的重要原因。

该著作选择的主题对象为中小学教育。这是有特定含义的,中小学教育属基础教育,无论是就业还是升学,都是奠基时期,而且教育学中的先入为主、可塑性与心理学中的关键期、期待效应等特殊价值皆发生于这一学制阶段。在历史上的中国,大学教育机构和接受大学教育的幸运者少之又少!因此,传统文化教育的影响力和效应应当以中小学为主。另外,中小学教育的管理、制度、组织方式以及测评、调控都是比较有序而且规范的,传统文化教育的问题探讨在这一阶段也就更加带有研究的客观性和科学化。当然,中小学教育从教育的结构及组成要素分析,仍然是十分复杂的,要兼顾诸多方面并不容易,而且会带来繁杂与混乱。那么其中的核心是什么呢?作者的研究视角把握得十分准确,即课程。因为课程是教育教学的资源内容、媒体手段,更是学生学习和成长的凭借。其他的教育因素或多或少会通过课程得以反映,比如说著作中所反映的学制演变、教育思想运动、组织形式、教科书、典型学校的实验等,都在这一命题下纷至沓来,交错结合,有序呈现。

该书的内容十分丰富,基本囊括从晚清到民国历史时期中小学传统文化教育的复杂、动态、曲折变革的历程,充分反映近现代中国社会传统教育向现代教育转型场景下该专门领域的特殊表现。同时,西方教育冲击下中小学传统文化教育由目标内容到思想方法和组织形式的变化,既有对传统的部分吸收,更多的是对西方教育思想和观念的引进基础上所做的重构,可以说这是教育各领域中中西方冲突下典型命运变迁的个案。或许带有某种悲情和失落,也值得我们回味与反思。由于课程的体系和内容既有学制规程和教育文件的规定,也有思想流派的推动,更有教育家的探索和观点,这三维组合的结构需要大量的史料挖掘和精心的理论分析,作者能运用量化描述、案例举证、自信探讨进行处理,加深了研究的深度。尤其是结合课程的文本素材、教科书进行大量的举例论证,增强了论据的说服力,对一些重点中小学的案例探讨也显示出个案分析研究的价值和意义。在上述论题的研究基础上,该著作把这一时期中小学传统文化教育的核心论题归纳为道德教育、经典教育、国语教育三个方面进行理论、历史和现实的综合反思,显示了研究性论文的深化意识、创新精神和现实关怀。

该著作是作者在博士论文基础上深化研究而成的,当年的论文是由我作为导师完成的。在论文的写作中,许多问题师生双方都做了多次沟通和探讨,至今仍历历在目,恍如昨日,挥之不去。论文完成以后,教育部博士论文在线网络评审结果达到优良水平,这是对赵博士的鼓励和扶持,也是对我工作的某种认同。上述种种,作为指导教师,我深表欣慰,并感谢专家学者的厚爱。在该著作即将出版之际,应赵博士写序之邀,无可推脱。由于诸事繁忙,已经延缓了相当时日,写出上述文字,一方面谈一些个人的感受和体会,另一方面期待赵颖霞教授在此著作基础上继续前行,百尺竿头更进一步,取得更大的成就。是为序。

吴洪成于河北大学

2018 年 5 月 23 日

目　　录

前　言

　　传统文化是中华民族传统核心价值体系和民族精神的载体,是文化之根、民族之魂,传统文化教育是中华民族优秀传统文化传承的重要体现。鸦片战争后,受西方教育文化及近代社会变迁的影响,中国教育开启了近代化历程,传统文化教育成为变革的重要对象。而近代中小学传统文化教育经历了晚清至民国几个时期不同历史阶段的嬗变,也发生了重要改革,传统的修身教育演变为公民教育,读经讲经转变为国文、国语教育。以教师讲解为主的讲读背诵转变为"儿童本位"的形象化教育形式。

　　晚清时期,以洋务派为代表的改革派面对晚清传统文化教育的危机,提出了"中体西用"的改革策略。"中"即"中学",实际上就是指中国传统文化。"西"则是指"西学"即西方先进的科技文化。"中体西用"改革策略的提出,表明洋务派已感知传统文化教育的危机,并试图以固守传统、模仿改良的方式解决危机。而清政府则于清末厉行"新政"改革,虽然依然奉行固守传统、模仿改良的"中体西用"指导原则,但已尝试以西学教育模式改革传统文化教育。废除科举制,建构了包括中小学在内的近代学制,将教育的近代化改革扩展至基础教育层面;中小学实行分科教育,中国教育史上传统文化教育首次被课程化,被分设为修身、读经讲经、中国文字、历史、地理等科目。通过一系列的改革,儿童传统文化教育虽然失去了传统的综合教育模式,但通过不同的传统文化教育科目被继续传承。

　　民国初期,基于"国体初更,百事务新"的思想倾向,各种西方教育思潮,尤其是欧美教育思潮开始逐渐深入影响中国近代教育的转型与发展。在中小学教育领域,随着民国政府宣布清朝学部所颁行的教科书一律禁用,小学读经科一律废止等激进改革措施,中小学传统文化教育由固守传统、模仿改良,迅速转向摒弃传统、激进转型。修身教育转变为公民道德教育,国文教育取代读经讲经,中小学传统文化教育发生了实质性变革。

　　五四新文化运动开启了近现代教育的新进程,至 1927 年南京国民政府成立,实用主义教育思潮迎合了中国教育变革的现实需求并对中国教育产生了深刻影响。中小学传统文化教育强调以儿童兴趣、儿童社会生活、儿童活动为中心,公民科取代修身科,国文科演变为国语科并成为传统文化教育的核心。

　　抗战前的南京国民政府时期,在三民主义教育宗旨指导下,国民道德教育成为中小学传统文化教育的主旋律。公民教育强调国民道德观念的培育和行为的养成,强调培养儿童互助团结的精神,养成儿童爱国爱群观念;国民道德教育也成为中小学国语教育的核心内容,"孙中山先生的故事""中华""游中山陵记""黄花岗""游泰山记""林则徐""孔庙和孔林"等成了这一时期中小学国语课本中普遍的内容。

　　抗战爆发后,南京国民政府为了加强教育的统一管理与控制,确立了"战时须作平时看"的教育宗旨,并制定了"三育并进;文武合一;教育目的与政治目的一贯;家庭教育与学校教育密切联系以及以科学方法整理发扬我国固有文化之精粹,以立民族自信"的教育方针。教育方针的调整反映了国民政府在民族危机和国内政权危机的特殊时期,尤其注重突出加强中小学的政治教育、民族意识和精神教育及传统文化教育,这三种教育因而成为这一时期中小学传统文化教育的中心。

　　中国共产党领导建立的抗日民主根据地在新民主主义教育思想指导下,基于战时的特殊状况,着重强调抗战、民族精神教育以及教育与根据地建设实践相结合,中小学传统文化教育形式生动活泼,符合由易到难、由简到繁、由浅入深、由近及远、由具体到抽象、由已知到未知等儿童认识事物的一般规律;内容与根据地抗日和生产、生活实践紧密联系,突出抗日教育和生产劳动、生活等实践教育。同时,基于抗战的需要,抗日根据地的中小学传统文化教育也将传播革命真理,激发中小学民族、爱国意识和人民革命的情怀放在重要地位,呈现教育性与实践性、政治性与思想性相统一的特征。

　　在近代历史发展过程中,中小学传统文化教育可谓内容丰富多彩,修身教育、公民教育、读经讲经、国文国语等都曾出现在近代中小学国语教育的舞台上。教育宗旨日趋完善,教育学生一做有健全人格的人,二做有社会生存能力的人。做有健全人格的人意味着教育学生不仅要有良好的个人道德修养,懂得礼、义、廉、耻、仁、爱、忠、孝,而且要有良好的公民道德修养,爱家庭、爱学校、爱社会、爱国家以及爱人类。做有社会生存能力的人意味着教育学生要有适应和处理各种社会关系的能力,作为家庭成员,懂得家庭伦理规范,具有处理家庭关系的能力;作为社会公民,懂得社会行为规范,具有处理社会关系的能力;作为国家公民,懂得国家公民必需的公民知识和行为规范。教育形式奉行"以儿童为中心",教学内容的编排、教学形式的选择都注重依据儿童心理、生理特点,适应儿童的需要,以儿童的方式实施教育。可见,近代中小学传统文化教育在曲折、漫长的发展过程中,遵循中小学传统文化教育适应社会和儿童的改革方向,在诸多方面都取得了显著成就。但从传统文化教育传承的视角审视近代中小学传统文化教育,传统修身教育、读经讲经的传统等逐渐被边缘化仍是不争的事实。反思近代中小学传统文化教育,并在此基础上探究当今的教育实践是研究近代中小学传统文化教育的意义所在。

第一章 晚清(1840—1911)的中小学传统文化教育

晚清中小学传统文化教育的嬗变,是基于走到晚清的传统文化教育自身变革诉求和西学冲击下传统文化教育不得不变革两方面原因而发生的。时至晚清,传统文化教育虽然积淀了许多优良教育传统,但也可以说积重难返,传统文化教育课程内容中充斥了大量陈腐内容,如压抑人性和学童天性的理学伦理教义、轻视经世济用知识之学等,这些积弊使传统文化教育的近代变革成为必然。同时,传统文化教育的转向也是受西学冲击不得已而为之。

一、晚清传统文化教育面临的挑战

晚清传统文化教育遭遇了前所未有的挑战:一是传统文化教育对自身的挑战。传统文化教育历经了几千年的风雨历程,积淀了许多方面的优秀传统,但也藏纳了许多陈腐、没落的内容,这成为传统文化教育变革来自自身的动力。二是清末社会变迁对传统文化教育的影响。鸦片战争伊始,中国就日趋成为一个半封建半殖民地社会,出现了二元化的社会形态。一方面,"中国停滞型的经济制度和超稳定型的政治体制"被西方列强的入侵而强行破坏,中国传统的社会形态和社会结构开始解体并呈现近代化转型;另一方面,在广大的基层社会区域,却仍保持着完整的传统农业经济结构和社会结构。这样的二元化社会变迁模式也使传统文化教育呈现出新旧杂糅的状态。三是西学对传统文化教育的冲击。伴随着西学的不断输入,一些先进的中国人开始以西学的视角审视传统教育,并以"中体西用"思想为指导对传统文化教育实施了改良,随着废除科举制度、兴办新式学堂、建立学制等一系列举措的实施,西学教育愈来愈嵌入中国教育体系之中,根深蒂固、制度化的传统文化教育体制的瓦解可谓山雨欲来风满楼。

(一)传统文化教育自身的变革动因

中国传统社会,5—15岁学童所接受的传统文化教育内容通常以古文、古诗、各家歌诀、小学、四书、五经为主。① 传统文化教育经过长期的积淀与发展,无论内容还是形式都切合了学童的认知特点,既激发了学童的学习兴趣,又潜移默化地对学童实施了伦理教化,造就了学童善美合一的理想人格。但在漫长的历史发展过程中,传统文化启蒙教育也可谓积重难返,形成了诸多方面的流弊,这些流弊也恰恰成为传统文化启蒙教育近代转向的重要动因。

【传统文化教育的主要内容】

传统文化教育在近代之前历经两千多年的沧桑历程,可谓源远流长,其间形成了诸多方面的优良传统和内容,并贯穿于各个教育阶段。一是识字教育。从传统文化启蒙教育的课程内容看,识字教育的内容占了相当的比重,也很早就有蒙童教育的识字读物,周代的《史籀篇》,秦代的《仓颉篇》《爰历篇》《博学篇》,汉代的《急就篇》及后来的《千字文》《百家姓》《三字经》,可谓比比皆是。传统识字教育在长期实践过程中可谓独成体系,既注重识字的效果,也讲究识字与诗化语句相结合,同时又将识字教育与读写教育相衔接,这一完善的识字教育体制培养了学童良好的识字和写作能力。二是诗化教育。既有《三字经》《百家姓》《千字文》《弟子规》等这样合辙押韵、通俗易懂的读物,更有《神童诗》《千家诗》《声律启蒙》及后来的《唐诗三百首》等这样以诗歌为主的传统文化启蒙教材。这种诗化教育的内容和形式增加了情趣,激发了学童的学习兴趣,也潜移默化地培养和提升了学童的文学鉴赏和审美素养及能力。三是历史教育。我国的传统历史启蒙教育延续近千年,颇具特色。教学内容多是历史上的重要史事、重要历史人物的事迹等,且依据儿童"乐嬉游而惮拘检"的心理特征,以韵语对偶的形式,将教学内容编写成历史启蒙读物,使学童潜移默化地接受历史知识教育。四是伦理道德教育。伦理道德教育是传统启蒙教育的又一重要内容。"三纲五常"是核心内容,忠、孝、慈、悌、敬、直、惠、勇、刚也是重要体现。虽然伦理道德教育在几千年的发展过程中积淀了许多糟粕,但也形成了诸多优良传统,培养了学童良好的人文道德修养。

---

① 参见徐庆文:《经学解体与儒学的现代转换》,《山东社会科学》2010年第2期。

1. 识字教育

识字教育是中国传统文化启蒙教育的重要课程内容,识字是教育的必经第一步。清人王筠就说:"蒙养之时,识字为先,不必遽读书,先取象形指事之纯体教之。识日月字,即以天上日月告之;识上下字,即以在上在下之物告之,乃为切实。纯体字既识,乃教以合体字,又须先易讲者,而后及难讲者,讲又不必尽说正义,但须说入童子之耳,不可出之我口,便算了事。如弟子钝,则识千余字后,乃为之讲,能识二千字,乃可读书。"①先秦蒙童所学的"礼、乐、射、御、书、数"所谓"六艺"中的"书"实际上就是识字教育内容,秦汉的启蒙教育也一直延续了这样的课程内容。如汉朝就遵从"太史试学童,能讽书九千字以上,乃得为吏"的选拔人才标准。自西汉,儒家思想被尊为正统思想,儒家的伦理道德经典自然成为启蒙教育的重要内容,即便如此,识字教育依然是西汉之后启蒙教育的重要课程,可以说识字教育贯穿了中国传统文化启蒙教育的始终。

秦汉以前识字教育的内容主要体现在《史籀篇》《仓颉篇》《急就篇》等蒙学课本中。《史籀篇》是周代教学童识字的课本,被奉为中国同类书中最早的一本。《仓颉篇》是秦代的蒙学识字课本,内容为字书,可惜现已失传,具体内容无从考证。《急就篇》是汉代韵文的蒙童识字课本,共 2016 字,内容涉及姓氏名字、器服百物、文学法理等方面。这里的"急就"二字可以理解为"速成"。

汉代以后,识字教育的课程内容主要体现在《千字文》《百家姓》《三字经》这三本蒙学课本中。《千字文》是南朝以后一千多年蒙学学塾中一直为蒙童大声诵读的首选识字读物,直到清末依然风行,且以其文采一直为人称颂。著名的语言学家张志公先生就曾评价:"一本《千字文》从南北朝直到清末,流行了一千四五百年,成为世界上现存的最早、使用时间最长、影响最大的识字课本。"②在内容方面,《千字文》突破了单纯识字的范围,涉及天地、历史、人事、修身、读书、饮食、农艺、园林以及祭祀等诸多方面。在形式方面,《千字文》全书文字皆为韵文,1000 个不同的常用字组成文章,如"天地玄黄,宇宙洪荒,日月盈昃,晨宿列张",读起来朗朗上口。《千字文》无论是内容还是形式,均在识字教育层面开创了传统文化启蒙教育的新途径。《百家姓》成书并作为蒙学课本是在宋代,是四言韵语识字书。其内容的突出特点是不仅教学童识字,而且教生活实用知识,包

---

① (清)王筠:《教童子法》,中华书局 1985 年版,第 1 页。
② 张志公:《传统语文教育初探》,上海教育出版社 1962 年版,"序"第 2 页。

天笑就提出："《百家姓》与《千字文》，在实用上也很有效力的。以识字而言，也要识得人家姓什么呀，读了《百家姓》，那就便当得多了。《千字文》里，一千个字，没有相同的，于是人家便以此排列号数了，譬如'天字第一号'和'地字第二号'依次排列下去。不但如此，这与读书人也很有关系，在小考、大考、乡试、会试，也都以《千字文》排号的。假如在乡试场里，你的号舍是标明一个'来'字，你如果读过《千字文》的便知道有'寒来暑往'的这一句，你的号舍，就在'寒'字与'暑'字之间了。"①此外，《百家姓》四言韵语的形式也让学童能朗朗诵读，"赵钱孙李，周吴郑王"这样的句子广为熟知。这些特点都是《百家姓》直至清代依然流行、广为使用的重要原因。《三字经》也是成书于宋代，其作为启蒙教育阶段识字教育读本，内容的特点是识字与伦理道德教育相结合，形式的特点则是三字一句的韵语。全书 1068 个字，学童通过合辙押韵的语调在不知不觉中记下"人之初，性本善。性相近，习相远"这样的课本内容。《三字经》直至清代都是蒙学识字教育的重要读物，如陈东原所评价的："惟蒙塾最通行之读物有《三字经》。"②"故七百年来，终为蒙塾最占优势之课本。"③

除《千字文》《百家姓》《三字经》这三本蒙学课本外，汉以后在地方学塾的蒙童识字教育中也使用一些杂字类识字书。杂字是宋以后同类识字书的统称，以唐代的《开蒙要训》为蓝本，宋代开始出现了很多以杂字为名的识字课本，主要为地方学塾所使用，比较有代表性的杂字类识字书为《四言杂字》和《七言杂字》。不同于《千字文》《百家姓》《三字经》这样的识字课本，杂字类识字书从内容到形式雅致不足，但通俗有余。教材内容非常注重实际生活、日常应用，有显著的地方色彩，主要涉及衣、食、住、行等日常生活以及农作、狩渔、木工、泥工、石工等日常工作。编写形式主要是四言和七言韵语，"柴米油盐酱醋茶，收拾齐备好当家"这样的韵句虽难登大雅之堂，但也通俗易懂。齐白石先生幼时读蒙学时就曾读《四言杂字》，这类读物在中国传统社会也起到了一定扫盲作用。

2. 诗化教育

经过集中识字教学阶段，儿童认识了两千个左右汉字以后，就要进入阅读教学阶段了。传统语文教育的阅读教材主要是四书、五经。但四书、五经里边的许

---

① 包天笑：《钏影楼回忆录》，生活·读书·新知三联书店 2014 年版，第 8—9 页。
② 陈东原：《中国教育史》，商务印书馆 1936 年版，第 312 页。
③ 陈东原：《中国教育史》，商务印书馆 1936 年版，第 315 页。

多道理,儿童根本无法理解,而识字教学的成果又需要巩固,因此,诗词、散文等韵语读物就成了由识字教育向阅读教育过渡的合适读物。清代学者唐彪就此曾讲道:"生子至三四岁时,口角清楚,知识稍开,即用小木块方寸许,四方者千块,漆好,朱书《千字文》。每块一字,盛以木匣。令其子每日识十字,或三五字。复令其凑集成句读之,或聚或散,或乱或齐,听其顽耍,则识认是真。如资质聪慧者,百日可以识完。再加以《三字经》《千家诗》等书,一年可识一二千字,然后从师入塾。字之识者过半,则读之易。且其目之所视,亦知属意在书,而不仰天口诵矣。读半年小书,便可教读四书。"[①]这里所说的"小书",其实就是指韵语读物,即诗教读物。

诗教从课程内容角度最早是指《诗经》教育。儒家自孔子始就积极倡导启蒙教育应以《诗经》为重要课程内容,孔子认为:"不学诗,无以言。"(《论语·季氏》)并且强调:"《诗》可以兴,可以观,可以群,可以怨。迩之事父,远之事君,多识于鸟兽草木之名。"(《论语·阳货》)儒学兴盛的汉代,诗教理念更是得到发扬光大,汉儒们纷纷倡导"温柔敦厚,诗教也","正得失,动天地,感鬼神,莫近于诗。先王以是经夫妇,成孝敬,厚人伦,美教化,移风俗"。[②] 可以说诗教实现了教育内容和形式的完美结合。甚至为了克服《诗经》文字过于古雅,不符合学童语言特点的弊端,两汉儒师对蒙教课程内容在继承《诗经》韵律的基础上进行了改编,于是有了《三字经》《百家姓》《千字文》《弟子规》等这样合辙押韵、通俗易懂的读物,更有了《神童诗》《千家诗》《声律启蒙》及后来的《唐诗三百首》等这样以诗歌为主的传统文化启蒙教育内容。还有些教材因其内容是以诗词的形式表述的,干脆将教材名称命名为《史韵》《韵史》等这样的诗词式名称。这种以诗词为课程内容的传统文化教育传统一直为后世中国传统文化启蒙教育所继承,以至产生了一系列的韵语读物,主要包括比较简单的如《声律启蒙》等,简短的散文故事如《书言故事》《日记故事》等和诗赋如《千家诗》《唐诗三百首》及一些骈文、宋词等。

关于诗教的地位和作用,金忠明曾指出:"上古时代的教育都重在口耳之相传,为便于记忆、传播,韵语文学便起着举足轻重的作用。它便于文化的积

---

① (清)唐彪:《父师善诱法》,《古今图书集成》(第一册),中国戏剧出版社 2008 年版,第 55—56 页。

② 谌兆麟:《中国古代文论概要》,湖南文艺出版社 1987 年版,第 74 页。

累。"①诗教在魏晋隋唐时期最为盛行,至宋明清时期,诗教受到经学理学、八股教育的冲击和挑战,一定程度上有所削弱,但因为诗教寓教于乐的独特教育优势,仍不失为极具典型特征的启蒙教育形式。

3. 历史教育

历史知识也是儿童传统文化教育一贯始终的重要内容。我国的重视历史教育的传统延续两千多年,颇具特色。教学内容多是历史上的重要史事、重要历史人物的事迹等,且依据儿童"乐嬉游而惮拘检"的心理特征,以韵语对偶的形式,将教学内容编写成历史启蒙读物,使学童潜移默化地接受历史知识。在长期的教育实践中,传统历史启蒙教育也颇具特色。首先,注重将历史知识与识字相结合。如宋代胡寅编写的《叙古千字》的历史启蒙读物,本是采用"千字文"体编写的学童识字读物,但其内容则主要叙述了三国的历史。学童在朗朗诵读的同时,既达到了识字的目的,也学习了历史知识。其次,注重以史育德。传统历史启蒙教育在注重对学童传授历史知识的同时,也潜移默化地渗透传统伦理道德教育,涵养了儿童的道德情操。明代学者程敏政编写的儿童读物《咏史绝句》,"以所记古七言绝句咏及史者,手书授之,……其间世之治乱,政之得失,人才之邪正贤否,大抵略备"。② 编写意图很明确,即使儿童通过历史知识学习,明了社会治乱兴衰的原因,进而确立价值观。再次,传统儿童历史教育形式多样,内容丰富。如元代黄继善所著的《史学提要》,以韵文对偶的形式叙述了上古至元代历代王朝更替、帝王世系、各类重大史事、历史文化业绩等历史知识,叙事简明,内容丰富,繁而不紊,简而有要。最后,传统儿童历史教育因材施教、生动活泼。传统儿童历史读物多以诗体、韵文体、千字文体及歌诀体编写,形成了独特的编撰体例。诗体历史读物多由对历史人物、历史事件和历史遗迹讽咏而写成的咏史诗编撰而成,通俗易懂、颇具教育意义。如《千字文》,虽是一本儿童识字教材,但其内容又有很大一部分是向儿童讲述历史事件、历史人物。且叙述形式多是四六言韵语和对偶的歌诀、民谣甚至口诀,文字生动活泼,亦谐亦庄,格式整齐,儿童记诵、阅读皆朗朗上口。

4. 伦理道德教育

伦理道德教育是传统文化启蒙教育的又一重要内容。孟子提出:"人之所

---

① 金忠明:《乐教与中国文化》,上海教育出版社 1994 年版,第 244 页。
② (明)程敏政:《咏史绝句序》,《篁墩文集》(卷二十三),上海古籍出版社 1987 年版,第 30 页。

不学而能者,其良能也;所不虑而知者,其良知也。孩提之童无不知爱其亲者,及其长也,无不知敬其兄也。亲亲,仁也;敬长,义也;无他,达之天下也。"①认为人天生都有良能、良知和仁义之性,启蒙教育的主要职责就是蒙以养正,对蒙童进行德性教育。

中国传统德育主要是修身教育,"三纲五常"是核心内容,忠、孝、慈、悌、敬、直、惠、勇、刚也是重要体现。传统德育内容具体化为教育课程,主要表现为:一是经学德育课程,这是传统蒙学教育德育课程的主体。在汉朝以后各朝的官学、私学课程中,主要以五经为主,《论语》《孝经》也是两门必修课程。元代之后,理学经典四书取得更为重要的教育地位。二是小学、蒙学德育课程。传统蒙学通常通过各种教育形式和内容对学童进行德育熏陶,因此除四书、五经、《论语》《孝经》之外,识字、历史、地理等教育内容中也与知事明理、道德训练和性情陶冶融为一体,因此《三字经》《百家姓》《千字文》《千家诗》《小学》《童蒙须知》《童蒙规约》等既是识字、诗词和文学教育的教材,也是德育教材。

两汉,因儒学倍受推崇,儒家的道德教育思想和内容自然也就正式进入启蒙教育领域。据史书记载,汉代童蒙在接受完识字教育之后,定当学儒家《孝经》,以便以其教义为立身之本。由此,《孝经》就成为汉代及其后中国传统文化启蒙教育的必学课程。东汉时的班昭更专门著写了《女诫》,将儒家的道德教育思想融入对女童的启蒙教育,《女诫》的主要内容"一曰妇德,二曰妇言,三曰妇容,四曰妇功",后世发展为所谓"三从四德",成为女童教育的重要内容。

唐代,史称儒学中兴时期,道德启蒙教育也达到了极致的高度,涌现出了不少为后世广为采用的蒙学教材,最具代表性的是《太公家教》和《蒙求》。《太公家教》是从唐中期至北宋初期最为流行、为蒙塾广泛采用的蒙学教育课本。其采用格言谚语的语言形式编写,书的体例结构包括序言、正文和跋三部分,全书共有 580 多句,2600 多字。内容多取材于《诗经》《论语》《孔子家语》《孝经》《周易》《左传》等儒家经典,从始至终都贯穿着儒家伦理道德思想。《蒙求》的编写形式是四言韵语,内容则多为经传故事,全书 2484 字,着重介绍著名的以德立身的历史人物,如"王戎简要,裴楷清通。孔明卧龙,吕望非熊。杨震关西,丁宽易东。谢安高洁,王导公忠",通过这样的内容向蒙童灌输儒家伦理道德思想。《蒙求》的编写内容和形式可以说是开辟了一条中国传统儒学经学启蒙教育的

---

① 万丽华、蓝旭译注:《孟子》,中华书局 2006 年版,第 295 页。

新途径。如果说以前的蒙学教育课本如《太公家教》，多是采用格言谚语，以训诫少儿的方式来灌输伦理道德教育内容的话，《蒙求》则是以启发教育的方式组织课程内容，实施儒家经学教育。

宋元以后，儒学进一步演变为理学。理学也就天经地义地成为传统启蒙教育的核心内容。朱熹就曾讲道："盖古人之教，自其孩幼，而教之以孝悌诚敬之实，及其少长，而博之以诗书礼乐之文。皆所以使之，即夫一事一物之间，各有以知其义礼所在，而致涵养践履之功也。"①朱熹更是亲自依理学教义编写了蒙教课本——《小学》，实现了理学思想对启蒙教育的主导。一直至清代，理学主导的启蒙教育都独成体系。

儒家伦理道德教育对传统启蒙教育的影响还体现在其他一些广为采用的蒙教课本内容中。比较有代表性的如《幼学故事琼林》《增广贤文》和《弟子规》。《幼学故事琼林》成书于明朝，内容主要是自然、社会、历史、伦理方面的知识典故以及社会生活中的常用词语、成语和格言等。这本蒙学课本在清代风行全国，影响极大。《增广贤文》则成书于清代中早期，内容以世俗的生活哲理为主，具体包括人际关系、命运、处世哲学、读书事宜等。《增广贤文》的内容在清代影响很大，当时就有这样的俗语："读了《增广》会说话，读了《幼学》走天下。"可见其对人价值观的影响之大。《弟子规》也是清中叶编写并流行最广的一本蒙教课本，以三言韵语编写，内容注重教蒙童为人、言行、治学之道，其诸如"弟子规，圣人训，首孝悌，次谨信"这样的语句读起来朗朗上口，妇孺皆知。

儒家伦理道德为主要内容的蒙学课程可以说是中国自西汉至清末"新政"，传统文化启蒙教育所开设的主导性课程，也是中国传统文化极其重要的象征和载体。甚至1901年清政府废除八股文体之后，政务处仍规定考生答卷"不准阑入周秦诸子谬论，释老二氏妄辩，异域方言，报馆琐语，一切离经叛道之言，悉当严加屏黜"。② 由此可见，儒家经典在中国传统启蒙教育中的核心课程地位，从不因改朝换代而致其地位受到撼动。

【传统文化教育的优良传统】

在两千多年的发展积淀中，传统文化启蒙教育沉淀了许多优良教育传统，成就了传统文化启蒙教育的特质。

---

① （宋）朱熹：《朱子文集》（二），王云五编，商务印书馆民国二十五年版，第106页。
② 《政务处、礼部会奏变通科举事宜折（节录）》，璩鑫圭、唐良炎编：《中国近代教育史资料汇编·学制演变》，上海教育出版社1991年版，第35页。

1. 诗教激发了学童的学习兴趣,提升了学童的文学鉴赏能力

传统文化启蒙教育多是将较为枯燥的传统文化启蒙教育内容以诗词韵语表达,追求内容及表达形式的形象化、生动化,极容易诵读,既增加了情趣、激发了学习兴趣,在不知不觉中理解和记住了所诵读的内容,也潜移默化地培养和提升了学童的文学鉴赏能力。如古人所言:"每日遇童子倦怠懒散之时,歌诗一章。择古今极浅、极切、极痛快、极感发、极关系者,集为一书,与之歌咏,与之讲说,责之体认。"①也正因如此,才使《千家诗》《唐诗三百首》等经典诗歌启蒙读本广为传用、经久不衰,"熟读唐诗三百首,不会作诗也会吟"则很好地体现了诗教的成就。传统文化启蒙教育采取诗教的内容和方式,在继承传统的基础上也在不断的创新,用生动形象、简洁的美术绘图进一步诠释内容,如传统课本中的二十四孝故事,诗化的文字配以符合儿童审美情趣的绘图,激发了学童浓厚的学习兴趣。

2. 识字教育培养了学童文字读写能力

传统识字教育在长期实践中,形成了很多优良传统,培养了学童文字读写能力。一是注重识字的效果。如《仓颉篇》多为四字一句,所收字词多为当时日常所用,常常将同义词、近义词、反义词组织在一起,将同一偏旁的字尽量编排在一起,使学童对相类似的字集中相互比较来识别并记忆,以便提高识字效果。二是将识字与诗化语句相结合,便于学童诵读和记忆。如汉代史游的《急就篇》就是以韵文的形式编写的识字课本,按照姓名、衣服、饮食、器用等分类,成三言、四言、七言韵语,读起来朗朗上口,极便于学童识别和记忆。三是识字教育与读写教育相衔接。传统启蒙教育中,识字教育只是学童语文教育最基础的一个环节,与识字教育相衔接的是背诵环节,即在识字教育达到一定程度之后,让学童背诵从简单到逐渐复杂的一些词语、语句、诗歌和短文,通过背诵,使学童对语言的掌握从文字逐渐向文学过渡。背诵环节之后则是阅读环节。学童这一阶段将阅读大量优秀诗词、文章,与之相衔接的就是开笔写作。学童练习开笔写作也是一个循序渐进的过程,先练习对韵,即文字、语句的押韵与对仗练习,继之练习写诗,最后则练习写各种文章,包括对学童来讲最难,也是最考验功底的时文(时文,与古文相对而言,流行于一个时期、一个时代的文体,也称今体。其以四字六字相间成句,也称四六文。通常指应用的骈文和科举考试采用的律赋)写作。当

---

① 吕新吾:《社会要略》,《古今图书集成》(第一册),中国戏剧出版社 2008 年版,第 49 页。

然,时文写作也是语文教育的最后一项课程内容。传统文化启蒙教育在语文教育层面从识字教育逐渐过渡到读写教育的课程内容编排,应该说至今仍是值得肯定和继承的。

3. 提高学童的人文修养

传统文化启蒙教育没有明确学科设置,但在课程内容当中往往既涵盖了语文,也包括了历史、地理常识、典章制度及伦理道德教育等相关内容,可说是百科全书式的启蒙教育。如《千字文》,原本是教学童识字的语文启蒙读物,但其内容既涉及了天文、地理等自然常识,也包含了历史、社会、政治、伦理等人文内容。"天地玄黄,宇宙洪荒,日月盈昃,辰宿列张,寒来暑往,秋收冬藏……"①向学童描述了自然现象更替、轮回的自然常识;而"剑号巨阙,珠称夜光,果珍李奈,菜重芥姜……"②则向学童传输了人文社会的基本知识。"景行维贤,克念作圣,德建名立,形端表正,资父事君,曰严与敬,孝当竭力,忠则尽命……"③是对学童道德情操的熏陶;"交友投分,切磨箴规,仁慈隐恻,造次弗离,节义廉退,颠沛匪亏,性静情逸,心动神疲……"④则是对学童严于律己、修身养性的强化。中国传统启蒙教育的课程内容中,像《千字文》这样,将语文教育与历史教育,将历史教育与伦理道德教育,将伦理道德教育与自然、社会常识教育,或是将几个方面的教育内容巧妙地综合在一种学童教学材料中的情况,可以说比比皆是。看似浅显、简洁的启蒙读物,既迎合了学童的心理与兴趣,又潜移默化地向学童传输了多方面的知识,确实不失为百科全书式的教育。

4. 培养学童优秀道德品质

(1)德育至上。传统儿童教育非常强调道德教育的重要性。《汉书·食货志》中就强调:"八岁入小学,学六甲、五方、书计之事,始知室家长幼之节。十五入大学,学先圣礼乐,而知朝廷君臣之礼。"⑤朱熹更进一步明确:"古者初年入小学,只是教之以事,如礼乐射御书数及孝弟忠信之事。自十六七入大学,然后教之以理,如致知、格物及所以为忠信孝弟者。"⑥认为蒙学教育阶段,不但要向学生传授射、御、书、数等具体知识技能,更要向学童系统传授"长幼之节""君臣之

---

① 周兴嗣、胡寅等编:《千字文》,岳麓书社 1987 年版,第 1—2 页。
② 周兴嗣、胡寅等编:《千字文》,岳麓书社 1987 年版,第 4—5 页。
③ 周兴嗣、胡寅等编:《千字文》,岳麓书社 1987 年版,第 12—14 页。
④ 周兴嗣、胡寅等编:《千字文》,岳麓书社 1987 年版,第 18—20 页。
⑤ (汉)班固:《汉书·食货志》卷二十四(上),中华书局 1985 年版,第 16 页。
⑥ (宋)黎靖德编:《朱子语类》(第一卷),岳麓书社 1997 年版,第 113 页。

礼""孝弟忠信之事"的伦理道德内容。《三字经》表述得更为生动:"人之初,性本善。性相近,习相远。苟不教,性乃迁。"可见,德育是传统儿童教育的重要内容,传统儿童教育也非常注重借助各种形式对学童进行伦理道德教育、寓教于乐。如基于学童接受能力和特点,古代蒙学教材特别注重借助典故、诗词、韵语等向学童传授伦理道德知识。《三字经》中的"香九龄,能温席,孝于亲,所当执;融四岁,能让梨,弟于长,宜先知"就是借"黄香温席"和"孔融让梨"的故事,潜移默化对学童进行孝悌教育。就具体内容而言,虽然传统蒙学德育具有明确的时代特征,但也不乏普适性的优秀传统,如孝、慈、悌、敬、直、惠、勇、刚等内容中所包含的晚辈对长辈孝顺、学生对师长尊敬、对朋友信任、上下之间和睦等仍不失为当今中小学德育的重要资源。

(2)德智交织。传统蒙学教育在重视德育的同时,也非常注重德智结合,两者兼顾。《三字经》就明确:"首孝悌,次见闻。"认为人最首要的品质是孝敬父母尊敬兄长,其次是增长知识。由此,德育内容也就成为《三字经》的重要组成部分,如"为人子,方少时,亲师友,习礼仪"是传授为人子女之道;"香九龄,能温席,孝于亲,所当执"是讲孝敬父母之道;"融四岁,能让梨,弟于长,宜先知"是教学童敬爱兄长之理。同时,《三字经》也同样是一部非常优秀的识字、作文、历史、常识读本,在相关学科知识教学过程中,实施道德教育,体现了教学教育性的原理要求。

(3)知行合一。传统德育不仅注重于伦理道德知识的传授,而且更注重于学童对伦理道德规范的践行。朱熹就认为:"古人小学教之以事,便自养得他心,不知不觉自好了。到得渐长,渐更历通达事物,将无所不能。"①"小学之事,知之浅而行之小者也。"②认为德育的目的就是使学童在生活中不知不觉、自然而然地遵守和履行道德规则。明朝著名教育家王阳明,作为一位力主知行合一的思想家,更是强调:"知是行的主意,行是知的工夫;知是行之始,行是知之成。"③"知之真切笃实处,即是行;行之明觉精察处,即是知,知行功夫本不可离。"④"今教童子必使其趋向鼓舞,中心喜悦,则其进自不能已。"⑤这一

① (宋)黎靖德编:《朱子语类》(第一卷),岳麓书社1997年版,第114页。
② (宋)朱熹:《朱子文集》(二),王云五编,商务印书馆民国二十五年版,第106页。
③ (明)王守仁:《传习录》,岳麓书社2004年版,第10页。
④ (明)王守仁:《传习录》,岳麓书社2004年版,第127页。
⑤ (明)王守仁:《传习录》,岳麓书社2004年版,第240页。

特点在我国传统蒙学德育中有充分的体现,也成为传统蒙学德育的优秀教育传统。

(4)贴近生活。传统蒙学读本多是通过规范学童日常行为进行道德教育。如《蒙养礼·展书》:"展书无湿指,无撮甲,书常远身六七寸,无卷边,无折角,无污痕,无乱批点。读过之书,如新可卖,亦可以观为学者之所养矣。"《幼学·敬书》:"故诸生出大小恭,及晨起未栉沐者,先合盥手就座,平日毋以手近书,夏日尤宜痛戒。"这些都是儿童生活最常见的生活情景或日常行为,这种寓教于生活的道德教育是对儿童进行道德教育的最佳方式,实现了德育的生活化,获得了生活与德育巧妙结合的良好效果。

【传统文化教育的弊端】

传统文化启蒙教育是儒学特色的教育,其中蕴含了许多优秀教育文化内容,但传统文化启蒙教育在历史变迁中也积淀下许多陈腐、没落的内容,不仅对学童的培养,而且对中国传统教育及社会的发展都产生了消极影响。

1. 封建纲常礼教的内容压抑了学童的人性和天性

比较有代表性的南宋理学家、朱熹弟子程若庸编写的儿童理学教育启蒙读物《性理字训》中,就以简短的文字、对偶的形式和整齐的韵语诠释了理学"存天理,灭人欲"的纲常礼教思想,如:"元亨利贞,自然之理,是曰天道;人伦日用,当然之则,是曰人道。天理流行,赋予万物,是之谓命;人所禀受,贤愚厚薄,是之谓分。"这些内容在每天反复枯燥的诵读过程中不知不觉地渗透进学童们的骨子里,影响和束缚了一代又一代的中国人。《性理字训》也正因为其对理学的简明诠释,得以与《千字文》共同成为南宋以后历代所选用的启蒙教育读物。此外,"三从四德"的道德教义更是束缚和扼杀女童天性的枷锁。在中国历史上,最早将影响和束缚中国传统女性的所谓"三从四德"的伦理教义写进女童启蒙教材的是东汉的班昭。班昭在其所编写的《女诫》中对"三从四德"做了系统、通俗的阐述,直至民国初年,《女诫》都是女童伦理道德启蒙教育的首选读物,被称为中国传统"女四书"之首(其他三部相关读物分别为《内训》《女论语》及《女范捷录》)。正是这样长久、强化式的熏陶、教化,"三从四德"的儒学理学道德教义最终成为束缚和扼杀女童天性的始作俑者。

2. 中庸消极的处世之道泯灭了儿童勇敢抗争的天性

待人接物之理、为人处世之道也是中国传统启蒙教育的重要内容,虽然其中包含了很多合理、有积极历史价值和现实价值的因素,但也掺杂了很多中庸消极的处世哲学教义,这些消极因素潜移默化地影响着蒙塾里的学童。如果说蒙塾的学童很小就懂得"人生似鸟同林宿,大限来时各自飞""善有善报,恶有恶报,不是不报,日子未到""与人讲话,看人面色,意不相投,不须强说""话多不如话少,话少不如话好"等这样的中庸处世之道,则多是从像《增广贤文》《小儿语》这样的启蒙读物中吸取的。这些处世格言,影响着一代又一代的中国儿童,让他们从小就懂得乐天知命,安贫守道;处世要忍耐、中庸,不可过激。这种传统启蒙教育从很大程度上泯灭了儿童面对黑暗与暴力勇敢抗争的天性,这也是导致近代中国一度积弱不振的重要根源所在。

3. 轻视经世济用知识的启蒙教育制约了近代中国科技的发展

先秦孔子创办私学尚以"礼、乐、射、御、书、数"为内容教授弟子,其中射(射箭技术的教育)、御(驾车技术的教育)、书(识字教育)、数(数学教育)都算得上是技艺教育的内容,尚且顾及经世济用。至两汉,因尊经重儒,实用之学逐渐淡出启蒙教育内容范围。唐代中兴儒学,政治、经济繁荣,教育内容中除经学之外,还广泛涉及了书学、算学,甚至天文、历数等内容。北宋更因经济的繁荣沿袭唐代教育传统,甚至在教育内容中增设军事、医学、绘画等教育内容,也可说注重实用人才的培养。但自南宋理学被强化之后,理学与八股文成为教育的核心,由此,经世济用之学直至清代都得不到重视,不仅在官办教育机构,就是私学教育亦是如此,与之相对的是,围绕科举制度的记诵以及制艺时文的训练成为教育的核心目标。从某种程度上说,正是由于这种始自启蒙教育的重理学而轻科技的教育内容和方式,导致了近代中国科技落后,国力衰落。

追溯和解读传统文化启蒙教育的历史,其博大精深的教育内容,生动、形象的教育形式令人不由心生感叹,而其伴随时代发展逐渐陈腐、没落的表现也恰恰成为近代中小学传统文化教育近代化变革的重要动因。传承传统文化启蒙教育的优秀教育文化传统,促使中小学传统文化教育的近代复兴,成为历史与时代赋予近代中小学传统文化教育的重要职责。

(二)清末社会变迁与传统文化教育的变革

在传统社会,传统文化教育体系完整、坚固并长期存在。鸦片战争的爆发却使中国社会发生了根本性改变,具体体现在如下三个方面:1. 经济变迁。鸦片战争后,西方资本主义国家先进经济形态通过各种形式涌入中国,晚清自给自足的自然经济逐渐瓦解,新的经济形式——民族资本主义经济在城市和沿海地区逐渐发展,官商合办、商办民族资本主义企业日趋增加。2. 政治变迁。新兴经济的发展促进了新的政治力量的成长。晚清中国社会不断涌现新的政治力量,洋务派、维新派、资产阶级改革派、革命派纷纷涌现。不同的政治力量必然有不同的思想主张,这导致了晚清社会思想的变迁。3. 文化变迁。清末经济与政治的变化相应地引发了文化的嬗变。一方面,传统文化遭遇史无前例的挑战,传统文化走出故步自封的形态,开始注目新知。另一方面,西方文化因为资本主义经济的发展和资产阶级政治力量的不断强大而逐渐被瞩目。

新兴经济的成长不仅破坏了几千年封闭、稳定的小农经济形态,也使在原有经济形态上构建起来的社会结构发生了根本变化,追求科举致仕的人越来越少,而弃学经商、投身实业的人则日趋增加。这又势必引起教育形态的相应变化,冲击了适应原有经济形态建构的传统文化教育。传统社会,读书致仕是中国人的梦想,因而中国人重视教育,尤其重视经典教育,从儿童时期就诵读承载传统文化的各种经典,希望通过正统教育实现人生愿望。鸦片战争后,受西方政治、经济、文化及近代社会变迁的影响,中国人对传统教育也产生了不同的认识,越来越多的人不仅放弃读书致仕的人生之路,而且开始否定传统教育的内容与形式,不再诵读传统经典,转而学习西方科技文化知识,走兴办实业之路。新观念、新知识、新职业促进了晚清传统文化教育的转型。只是无论是资本主义经济形态,还是资产阶级政治力量、思想观念与文化,在晚清时期都还不足以颠覆传统,因而在各个领域包括传统文化教育都呈现新旧杂糅的状态。晚清传统文化教育的变迁突出两个方面:

1. 固守传统教育。指导思想上明确奉行固守传统、模仿改良的"中体西用"指导原则,改革实施也以固守传统文化教育为目的,一些地方的教育改革者们在引进西学的同时,也纷纷设立"存古学堂",①以"修明古学之人,即为将来经师大儒之选"②为宗旨,开设经学、史学、词章学、诸子学等课程,以求固守传统文化教育领地。鸦片战争后,1847年家塾的儿童依然"早起,少长以序,入塾拜先师神座,毕,谒拜师长,请安毕(应对进退礼节,以管子《弟子职》、朱子《小学》为主),理昨日生书、带温书一卷,背。上生书,师长先依经讲解逐字实义,毕,再讲实字虚用、虚字实用、本义有引申、异义有通假之法(以《说文解字》《尔雅》《广

---

① 全国的省会城市中,武昌、成都等设立了存古学堂。
② 《学部修订存古学堂章程》,朱有瓛编:《中国近代学制史料》(第二辑)(下册),华东师范大学出版社 1989 年版,第 524 页。

雅》《玉篇》《广韵》为主)"。① 就是战后三十年 1870 年的新式小学堂也依旧规定："塾中功课,未识字者先识方字一二百,即授小学诗(新刻《续神童诗》,为人道理都已说到,尤妙在句句明白;如《续千家诗》及《孝经》《弟子职》《小儿语》各种,如有余力皆可接读。其每日讲说,则以学堂日记、学堂讲语为最)。务须尽二月内训毕一二本,细与讲说,一面恳切训诲,教以身体力行,照所读之书做人,方不差误。午后把笔学写格言仿本百字,每傍晚必讲说做人道理二三则,使之互相核讲。每日天明即起,必先在父母前拜稟,洒扫家庭内外,然后入塾。"②

2. 清末传统文化教育改革又呈现西化的特征。1840 年近代伊始,林则徐、魏源等人提出"师夷之长技以制夷",主张学习西方先进的科学技术,进而达到富国强兵、制夷御侮的目的。这一思想启示了中国教育向西方学习的必要,中国教育因此正式开启了近代化历程。至清末新政时期,传统文化教育的变革虽然依然奉行固守传统、模仿改良的"中体西用"指导原则,但已尝试以西学教育模式改革传统文化教育。变革的突出体现:一是废除科举制,模仿西学教育建构了包括小学、中学、大学甚至师范教育和职业教育在内的近代学制,传统文化教育的变革由洋务运动时期仅限于大学学堂教育内容层面的改革而扩展至基础教育层面,即开始在新式中小学教育中尝试传统文化教育内容的变革。二是在新式中小学尝试改传统综合教育模式为西学分科教育模式。如在 1903 年清政府所颁布的《奏定初等小学堂章程》就规定在新式小学堂开设修身科、读经讲经、中国文字、算术、历史、地理、格致、体操科目,《奏定中学堂章程》规定新式中学堂开设修身、读经讲经、中国文学、外国语、历史、地理、算学、博物、理化、法制及理财、图画、体操科目。中国教育史上首次有了中小学校,以取代传统启蒙教育时期的蒙塾设置,传统文化教育的内容也首次被分科为修身、读经讲经、中国文字、历史等科目,以代表西方科技教育的地理、格致、算学、博物、理化、法制、理财、图画、体操等科目也进而移植进了中国中小学教育课程体系之中,这足以说明西学对传统教育的影响。

---

① 龙启瑞:《家塾课程》,舒新城编:《中国近代教育史资料》(上册),人民教育出版社 1961 年版,第 86 页。

② 《小学义塾启》,舒新城编:《中国近代教育史资料》(上册),人民教育出版社 1961 年版,第 90 页。

（三）西学对传统文化教育的挑战

近代传统文化教育的变革，其动因除了来自传统文化教育自身的陈腐、没落表现及社会变迁的影响之外，还有一更直接的动因，就是受西学冲击不得已而为之。鸦片战争伊始，在整个传统教育体系中，虽然传统的教育观念和教育模式仍然居于支配地位，起着主导作用，但随着西学的不断东渐，传统教育观念和教育模式的支配地位和主导作用开始遭受严峻的挑战，如龚自珍所言："今世科场之文，万喙相因，词可猎而取，貌可拟而肖。坊间刻本，如山如海。四书文录士，五百年矣；士录于四书文，数万辈矣；既穷既极。"①由此他发出振聋发聩的呼喊："九州生气恃风雷，万马齐喑究可哀，我劝天公重抖擞，不拘一格降人才。"魏源也曾尖锐地指出晚清教育的弊端："其造之试之也，专以无益之画饼，无用之雕虫，不识兵农礼乐工虞士师为何事；及一旦用之也，则又一人而偏责以六官之职，或一岁而偏历四方民夷之风俗；举孔门四科所不兼，唐、虞九官所不摄者，而望之科举兔册之人。……及事不治，则拊髀而叹天下之无才，呜乎！天下果真无才哉？"②由此，魏源着力呼吁兴实学、西学："国家欲兴数百年之利弊，在综核名实始。欲综核名实，在士大夫舍楷书帖括而讨朝章讨国故始。"③可以说，时至晚清，依旧正常运转的传统文化教育不知不觉陷入了困境和危机，面临西学的严峻挑战。

【传统私塾教育的没落】

春秋时代，孔子首开私学，此后私学逐渐成为中国传统教育蒙养教育阶段的主要形式。私学正式的教育机构——私塾始于宋元，盛极于明清。

私塾教育在中国传统社会可以说是较为成熟、极富特色的儿童教育，表现如下：

1. 独特的入学形式。通常，儿童年至四周岁，家长和塾师就会选定吉日（一般为儿童四周岁年的四月四日）举行儿童入塾仪式。蒙童入塾不必考试，但要举行隆重的仪式：私塾正堂供奉"大成至圣先师孔子之神位"，家长备齐香蜡、礼封，与穿着整齐的蒙童到塾，焚点香蜡，先拜孔子，次拜塾师，递上礼封，蒙童正式入塾。

2. 宁静的环境。私塾的环境通常很优雅、安静，利于蒙童读书、习字。郭沫

---

① 龚自珍:《龚自珍全集》,上海人民出版社 1975 年版,第 344 页。
② (清)魏源:《魏源集》,中华书局 1976 年版,第 37 页。
③ (清)魏源:《圣武记》,璩鑫圭、童富勇编:《中国近代教育史资料汇编·教育思想》,上海教育出版社 1997 年版,第 15 页。

若就曾描述过他儿时的私塾:"家塾设在郭家第四进右侧的深处,因与雄伟的峨眉山第二峰绥山相对,故名'绥山馆'。馆前是一个占地约四五亩的花园,园中种着各种花木,常年散发着花果的芳香,四周长着几笼斑竹,轻灵的竹尾在和风下不停地摇动,飒飒作响。馆门两旁悬挂着一副对联:雨余窗竹图书润,风过瓶梅笔砚香。"①

3. 秩序井然的学习生活。蒙童的私塾学习生活非常规律,如蒙童每天在私塾学习大致八小时左右,一天分三个时段休息,称为早学(相当上午九至十点)、午学(相当于下午三点左右)和晚学(挨近黄昏)。

4. 学习内容由浅入深。私塾的蒙童主要学习四个方面的知识:一是识字与日常礼仪知识。多诵读一些韵语识字读物学习,如《三字经》《千字文》《声律启蒙》《幼学琼林》《女儿经》《增广贤言》《三字幼仪》《五言鉴》《龙文鞭影》《史鉴节要》《王氏蒙求》《李氏蒙求》《五言杂字》等。二是经书。主要诵读"四书五经",即《大学》《中庸》《论语》《孟子》《诗经》《书经》《礼记》《易经》《春秋》等。三是习字。习字也是私塾主要功课之一,通常练习润字、描红、描影、临帖。四是作文。私塾的作文教学是从"属对"开始的,然后学作诗,最后练习写作文。

然而,晚清中国社会的剧烈变化使私塾教育面临严峻挑战。"摆来桌椅纵横乱,七八儿童上学堂。一块红毡铺地上,拜完老孔拜天王。先生头脑是冬烘,架子居然像不同。坐在一张高椅里,戒方一响逞威风。吓得儿童魂也消,宛如老鼠见狸猫。抬头怕看先生面,天地君亲着力号。温完《大学》读《中庸》,功课偏无半刻松。还有一椿可怕事,背书弗出跪灯笼。只许自家随意乐,学生嬉笑便含嗔。身边常带潮烟管,掮起来时乱打人。"②这样的描述反映了晚清私塾教育的日渐没落。

【新式学堂中传统文化教育的孤寂】

晚清上千年的私塾教育走向没落,除西学的冲击外,也确有其自身积重难返的原因。晚清新式学堂中传统文化教育的日渐孤寂凸显了传统文化教育的危机。

19世纪中后期,洋务运动中所开设的京师同文馆、福建船政学堂、福州电报学堂、天津水师学堂等新式学堂的课程中,西学课程已赫然出现。以京师同文馆为例,同文馆的课程设置有一个发展过程,同文馆创办之初,因为办学目的在于

---

① 孙党伯:《郭沫若评传》,人民文学出版社1987年版,第7页。
② (清)徐珂编:《清稗类钞》(第4册),中华书局2010年版,第1631页。

培养外交与翻译人才,所以主要开设包括英语、法语、俄语在内的三种外语课程,之后陆续增设了算学、化学、万国公法、医学生理、天文、物理课程,到1876年,同文馆公布了"课程表",对要求学习外文及各西学学科的学生,制订了八年课程表,而对于年长的学生,不要求学习外文,只侧重学习西学学科知识的学生,则制订了五年学习课程表,课程具体设置如下①:

表1-1　清末洋务学堂八年课程表

年　份	课　程
第一年	(外语)认字、写字、浅解辞句、讲解浅书
第二年	(外语)讲解浅书、练习句法、翻译条子
第三年	讲各国地图、读各国史略、翻译选编
第四年	数理启蒙、代数学、翻译公文
第五年	讲求格物、几何原本、平三角、弧三角、练习译书
第六年	讲求机器、微积分、航海测算、练习译书
第七年	讲求化学、天文、测算、万国公法、练习译书
第八年	天文、测算、地理、金石、富国策、练习译书

表1-2　清末洋务学堂五年课程表

年　份	课　程
第一年	数理启蒙、九章算法、代数学
第二年	学四元解、几何原本、平三角、弧三角
第三年	格物入门、兼讲化学、重学测算
第四年	微分积分、航海测算、天文测算、讲求机器
第五年	万国公法、富国策、天文测算、地理金石

从表1-1、表1-2可见,同文馆所开设的课程以西学为主,注重向学生传授一些西方近代自然科学和国际法的知识,尤其注重外语的学习,"馆中功课以洋文、洋语为要,洋文、洋语已通,方许兼习别艺"。② 同文馆如此,洋务派创办的其他军事和科技学堂更是可想而知。金祥林先生在其主编的《中国教育制度通

---

① 参见吴宣易:《附:京师同文馆略史》,舒新城编:《中国近代教育史资料》(上册),人民教育出版社1961年版,第124—125页。

② 《光绪二十四年(1898)续同文馆条规八条》,高时良编:《中国近代教育史资料汇编·洋务运动时期教育》,上海教育出版社1992年版,第51页。

史》第六卷中就依据英国人寿尔(H.N.shore)在 1876 年春参观福州船政学堂写的《田凫号航行记》和毕乃德(Knight Biggerstaff)在 1961 年写的《中国近代最早官办学堂》,将福州船政学堂所开设的课程进行了详细归纳,可见下表:①

表 1-3　福州船政学堂课程表

部　门		课　程	
		寿尔记	毕乃德记
英文学堂	驾驶学堂	英文、算术、几何、代数、三角——平面与球面、天文航行理论、地理	英文、算术、几何、代数、平面三角、球面三角、航海天文学、航海理论、地理
	练　船		航海术、炮术、指挥
	管轮学堂	英文、算术、几何、画图、机械图说、船用机关的操纵规则及汽力指压器与水速计的用法	英语、算术、几何、绘画机械制图、船上机械操作规则、指示器、盐液比重计及其他计量器的使用方法、80 及 150 马力轮机的装配
法文学堂	制造学堂	法文、物理、化学和数学	法语、算术、代数、函数、几何、解析几何、三角、微积分、物理、力学、工厂实习
	绘事院		法语、算术、平面几何、画法几何、绘画、150 马力轮机设计以及车间实习 8 个月
	艺　圃	法文、算学、几何、图形几何学、代数、图画和机械图说	法语、算术、平面几何、画法几何、代数、绘画、机械图说

从上表的内容可知,福州船政学堂所开设的课程主要是西学的科学技术教育课程,涉及门类多、范围广,而且不仅包括像外语、数学这样的公共课程,还包括不同专业的专业课程。

不过以上的"洋课程"在洋务运动时期只开设于洋务派创办的培养近代军事和科技人才的学堂中,因此,这一时期西学的影响还很有限。维新运动中,维新派则扩大了西学引进的范围,如康有为创建的万木草堂,遵循"以史学、西学为用"②的宗旨"自各国古今之道德、政治、宗教、历史、文学、词章、物理、地图无不有",开设了中西杂糅的课程。

如果说洋务派、维新派的一系列举措对西学的引进起到了一定推动作用的话,那清末传教士在中国开设的各种教会学校则作用更为关键。鸦片战争以后,

---

① 参见金祥林编:《中国教育制度通史》(第六卷),山东教育出版社 2000 年版,第 153 页。
② 《梁启超记万木草堂的教学》,朱有瓛编:《中国近代学制史料》(第 1 辑下册),华东师范大学出版社 1986 年版,第 237 页。

教会学校在中国迅速增加,教会学校在办学之初,为了迎合中国的教育传统与教育文化,吸引更多的中国人到教会学校学习,多开设中国文化课,并要求学生像中国传统私塾一样每天读经,即吟诵儒家经典。但即便如此,教会学校的办学目的绝非实施儒家教化,相反却是去儒家化的教育。1877 年,在上海召开的基督教传教士全体大会决定成立学校教科书委员会,由其编写教会学校初级和高级中文教材,强调教材的教学内容必须包括"算学、几何、代数、测量学、物理学、天文学。地质学、矿物学、化学、植物学、动物学、解剖学和生物学、自然地理、政治地理、宗教地理,教学艺术……以及任何以后可能被认可的其他科目"。① 以上内容涵盖宗教、自然科学、社会科学乃至教学艺术等方方面面,可见晚清西学对传统文化教育的严峻挑战。

二、洋务、维新运动时期传统文化教育的固守

(一)洋务派教育思想及其对传统文化教育的影响

晚清传统文化教育变革的总体特征体现为固守传统、模仿改良,这一特征的形成与"中学为体,西学为用"的指导思想有密切关系,可以说"中学为体,西学为用"的思想对晚清传统文化教育转向有重要影响和指导意义。

"中学为体,西学为用"是对近代社会发展起重要影响和作用的一个极为重要的思想观念,是鸦片战争后封建统治集团内部一些开明士大夫的自觉思想选择。1861 年,冯桂芬首倡"以中国之伦常名教为原本,辅以诸国富强之术",②初步表达了"中体西用"的主张。此后,"中体西用"思想在政界和学术界越来越具有广泛的可接受性,郭嵩焘、沈寿康、郑观应等都对其做了进一步的阐述。

洋务派代表人物张之洞则是"中体西用"思想的集大成者。张之洞提出不是所有的传统文化即"中学"都是精粹,都可以为"体","浅陋之讲章,腐败之时文,禅寂之性理,杂博之考据,浮诞之词章,非孔门之学也"。③ 只有代表传统儒学价值观、历史观及六经之学的如"四书、五经、中国史事、政书、地图"等经典才

---

① 韦廉臣:《学校教科书委员会的报告》,陈学恂编:《中国近代教育史教学参考资料》(下册),人民教育出版社 1987 年版,第 86—87 页。

② 冯桂芬、马建忠:《采西学议——冯桂芬 马建忠集》,辽宁人民出版社 1994 年版,第 84 页。

③ 罗炳良编:《张之洞·劝学篇》,华夏出版社 2002 年版,第 59 页。

是值得传承的"中学",应具"体"的地位,而"西政、西艺、西史"则是新学,"旧学为体,新学为用,不使偏废"。①　特别值得强调的是,张之洞将自宋朝兴起的儒家压抑和残害人性的理学教育、日趋腐朽的科举考试制度以及日渐空疏无术的学风、文风也都排除在了真正"中学"范围之外,而认为只有儒家注重圣贤之道的道德价值观,古朴、实在、纯真的中国史事及六经之学才是"中学"的精华。对于西学,张之洞也有自己的特别认识,"西学"并非仅指西方的"长技",即科学技术知识和技能,西学应包括"西艺""西政",尤其对涵盖了"学校、地理、度支、赋税、武备、律例、劝工、通商"等方面制度措施的"西政",张之洞更是多有褒辞,持积极肯定态度。

对于中学与西学的关系,张之洞首先强调"中学为体"是"西学为用"的前提。他大肆吹捧传统儒家的圣贤名教、伦理纲常,提出"三纲"乃"中国神圣相传之至教,礼政之原本,人禽之大防"②,并且非常看重悠久的中国历史和优秀的历史文化传统,强调民族自豪感和自信心是学习西学过程中必须首先具备的思想和理念。张之洞特别强调"中学为体"是"西学为用"的前提,这一思想包含了反对盲目崇洋和全盘西化、应有选择地学习西学的思想,其内容是有合理之处的。其次,"西学为用"是在坚持"中学为体"原则下的改革行动纲领,教育变革势在必行。"今日中国欲转贫弱为富强,舍学校更无下手之处。"③主张积极地学习和引进西方先进的教育文化和教育理念甚至制度,这为西方教育嵌入中国教育体系打开了一定的窗口。

以张之洞为首的洋务派系统阐述了"中学为体、西学为用"思想,其思想实质是力图折中新旧,合璧中西。虽然最终只是做了"表面文章",因为中西文化的整合并不是靠简单地各取一端然后拼凑就能奏效的,何况洋务派所取中西学各一端的内容也并不科学,但基于"中学为体,西学为用"思想的影响,洋务运动时期洋务派在积极引进西学的同时,也坚持倡导并实施传统文化教育的固守与改良。在洋务派兴办的各类新式学堂中,为了固守传统教育,在开设西学课程的同时,保留了大量传统教育的内容。如湖北存古学堂就规定:"每月课以经史一次,或解说,或策论,由分教核定分数,开单送交监督,与各门统计合定等第。"④

---

①　罗炳良编:《张之洞·劝学篇》,华夏出版社 2002 年版,第 94 页。
②　罗炳良编:《张之洞·劝学篇》,华夏出版社 2002 年版,第 2 页。
③　《筹定学堂规模次第兴办折》,《张文襄公文集》(第 1 册),中国书店 1990 年版,第 988 页。
④　《张之洞札两湖、经心、江汉三书院改定课程》,朱有瓛编:《中国近代学制史料》(第一辑下册),华东师范大学出版社 1986 年版,第 398 页。

在洋务派创办的外国语学堂中,通常以西文为主课,但同时要求兼习汉文,更要求读四书五经,甚至还要求学生学习满文。当时的广州同文馆就规定:"每日巳、午、未三时由西教习训课。早晚各时由汉文教习训课。仍随时兼习清字、清语,以重本务。"①台湾西学馆更明确要求:"生童酌给膏火,厘定课程,并派汉教习二人,于西学余闲,兼课中国经史文字,既使内外通贯,亦以娴其礼法,不致尽蹈外洋习气,致堕偏诐。"②

(二)维新派教育思想及其对传统文化教育的影响

洋务运动之后,以康有为、梁启超、严复为代表的维新派在中西教育比较的基础上开始更深刻地反思中国传统教育,提出教育改革势在必行:"泰西之所以富强,不在炮械军兵,而在穷理劝学。"③"亡而存之,废而举之,愚而智之,弱而强之,条理万端,皆归本于学校。"④"四书六经之义理,其非一一可以适于今日之用,则虽临我以刀锯鼎镬,吾犹敢断言而不惮也。"⑤

就如何改革传统教育,严复明确提出"以自由为体,以民主为用"的教育理念。严复认为中国传统教育"最重三纲,而西人首明平等;中国亲亲,而西人尚贤;中国以孝治天下,而西人以公治天下;中国尊主,而西人隆民;……中国多忌讳,而西人重讥评"。⑥ 要改革中国教育,当务之急不仅要学习西方先进的科学技术,更重要的是要"新民",即:"一曰鼓民力,二曰开民智,三曰新民德。"⑦维新派可谓中国近代教育史上首倡"新民德"的思想派别,强调"新民德之事,尤为三者之最难"。⑧ 维新派所倡"新民德"所新之处,是不仅仅指传统的"仁、义、礼、信、孝、恕、悌"等个人修养的私德,而是指"且彼西洋所以能使其民皆若有深私至爱与其国与主,而赴公战如私仇者……出赋以庀工,无异自营其田宅;趋死以杀敌,

---

① (清)宝鋆编修:《筹办夷务始末》(同治朝卷二七),故宫博物院 1929 年版。

② 《光绪十四年六月初四日(1888.7.12)刘铭传折》,朱有瓛编:《中国近代学制史料》(第一辑上册),华东师范大学出版社 1983 年版,第 304 页。

③ 《上清帝第二书(一八九五年五月二日)》,汤志钧编:《康有为政论集》(上册),中华书局 1981 年版,第 130 页。

④ 梁启超:《饮冰室合集》,中华书局 1989 年版,第 19 页。

⑤ 梁启超:《新民说》,中州古籍出版社 1998 年版,第 105 页。

⑥ 严复:《严复集》(第一册),中华书局 1986 年版,第 3 页。

⑦ 严复:《严复集》(第一册),中华书局 1986 年版,第 27 页。

⑧ 严复:《严复集》(第一册),中华书局 1986 年版,第 30 页。

无异自卫其室家"①的对国家"无私至爱",对公战"如私仇"的公德。严复认为这种公德正是中国传统伦理道德观念中所缺乏的,应着力宣扬:"是故居今之日,欲进吾民之德,于以同力合志,联一气而御外仇,则非有道焉使各私中国不可也。"②

梁启超进一步发展了严复的"新民德"思想,明确提出公德、私德:"人人独善其身者谓之私德,人人相善其群者谓之公德。"③"公德"在维新派的思想中就是指近代国民所应具备的国家思想、权利义务思想以及进取、冒险、自由、自治、合群、尚武等道德意识。梁启超特别强调:"吾中国道德之发达,不可谓不早,虽然,偏于私德,而公德殆阙如。……其中所教,私德居十之九,而公德不及其一焉。"④可见,维新派的教育思想虽然没有超越"中体西用"的教育思想,但其思想中已经包含了资产阶级国民教育思想元素。

维新派的教育改革思想虽然依然没有跳出"中体西用"的思想范畴,但与洋务派思想相比较还是有重要不同。维新派的教育思想冲破了传统教育思想的局限,提出以培养"新民"为目标的国民教育思想,将西方资产阶级教育思想与中国传统教育思想相结合,在"中体西用"思想框架中阐述了其资产阶级国民教育思想内涵。

在"中体西用"框架下的"新民德"教育思想指导下,维新派实施了积极的传统教育改革实践,兴办了包括蒙养院在内的大、中、小新式学堂教育。1891年康有为在广州创办万木草堂;1894年严复在北京创办通艺学堂;1897年梁启超、谭嗣同在长沙创办时务学堂,同年,谭嗣同还创办浏阳算学馆;1898年陈芝昌在广州创办时敏学堂。其中,时务学堂最为有名,有湖南的高等学府之称,1897年招收学生四十人,次年招收学生两个班,再加上课外生共计有师生二百余人。该学堂师生研究学术、讨论政治,气氛活跃。总教习梁启超亲自授学,"所言皆当时一派之民权论,又多言清代故实,护举失败,盛昌革命",一扫旧式学堂迂腐沉闷之气,一批最敏感、最热情的青年学生如林圭、蔡修正是在这种教育下走上了变法维新道路,后来又成为辛亥革命的中坚力量。此外,康有为创建的万木草堂也颇有影响。万木草堂本着"以孔学、佛学、宋明学为体,以史学,西学为用",培养"兼通中西学说"、德智体多方面发展人才的办学宗旨,德育方面,规定以"志于

---

①　严复:《严复集》(第一册),中华书局1986年版,第31页。
②　严复:《严复集》(第一册),中华书局1986年版,第31页。
③　梁启超:《新民说》,中州古籍出版社1998年版,第62页。
④　梁启超:《新民说》,中州古籍出版社1998年版,第62页。

道,据于德,依于仁"为课程设置的根本原则,"志于道"具体体现为格物、克己、励节、慎独的教育;"据于德"体现为主静出倪、养心不动、变化气质、检摄威仪的教育;"依于仁"则为敦行孝悌、崇尚任卹、广宣教惠的教育。这三方面的教育内容和原则主要体现了传统德育的内容和影响,着重提倡励节、慎独、养心、习礼、敦行孝悌等传统的思想道德修养,就其内容而言,没有摆脱传统伦理道德教育的影响,但其德育教旨已专注于"激励气节、发扬精神"。① 智育和体育方面,规定以"游于艺"为教育原则,具体体现为礼、乐、书、数、图、枪六方面。遵循"游于艺"的教育原则,万木草堂设置了义理之学、经世之学、考据之学和词章之学几方面的课程,其中除大量西学课程之外,也保留了大量中国经学史学课程,可谓中西杂糅。其"中学"课程就包括孔学、佛学、周秦诸子学、宋明理学、中国政治沿革得失、中国经学史学、中国词章学等,充分体现了对传统教育的固守。

洋务派和维新派所实施的近代教育改革,在传统教育内容调整方面呈现了固守传统的特征,也正因此,洋务派和维新派的传统文化教育思考有很大的局限性,其措施仅限于尝试在其所创办的学堂课程中保留一定的体现传统教育的课程和内容,而这些课程和内容中既包括许多优秀传统教育资源,也涵盖很多体现"三纲"的腐朽教育内容。但不可否认的是,正是洋务派和维新派基于西学的影响和冲击而对传统文化教育竭力固守的各种尝试,引发了愈来愈多的国人对传统文化教育命运的关注、思考和实践,进而拉开了清末"新政"及之后传统文化教育变革的序幕。

三、清末"新政"时期中小学传统文化教育的模仿改良

清末"新政"时,虽然依然奉行固守传统、模仿改良的"中体西用"指导原则,但已尝试以西学教育模式改革传统文化教育。最突出的体现一是废除科举制,模仿西学教育建构了包括小学、中学、大学甚至师范教育和职业教育在内的近代学制,由此传统文化教育的走向由洋务运动时期仅限于专门技术学堂教育内容

---

① 《梁启超记万木草堂的教学》,朱有瓛编:《中国近代学制史料》(第1辑下册),华东师范大学出版社1986年版,第237页。

层面的改革而扩展至基础教育层面,即开始在新式中小学教育中尝试传统文化教育内容的建构。

(一)传统文化教育制度的改良与继承

1901 年始,清政府推行"新政",教育改革是清末"新政"的重要内容。废除科举制度,兴办新式学堂、改革传统教育制度都是教育"新政"的重要举措。据统计,1903 年,受新教育人数仅 1276 人,至 1910 年,受新教育人数已达到 1625534 人。1905 年,公私立学校仅有 4222 所,至 1911 年,已达到 52348 所。随着学堂数量的增加和规模的扩大,各学堂自成体系、互不衔接,课程随意性大、互不统一等问题日益凸显,改革传统教育制度成为新教育发展的迫切需要。1902 年 8 月,清政府拟订《钦定学堂章程》,将教育分为初等、中等和高等三个阶段。该章程不仅规定了中国有史以来的学校体系建制,而且首次确立了中小学教育在学校教育体制中的地位。1904 年 1 月,清政府颁布了《奏定学堂章程》,其中对中小学教育做了明确规定:第一,模仿西方学校教育的模式,实施新式学校教育体制。小学校体制包括蒙养院四年、初等小学堂五年和高等小学堂五年,中学则为中学堂五年。中学堂的设置标志中国教育史上第一次有了专门的中等教育机构的设置,弥补了传统教育机构私塾与书院之间衔接的断层。第二,在新式学堂尝试改传统综合教育模式为西学分科教育模式。《奏定中学堂章程》规定新式中学堂开设修身、读经讲经、中国文学、外国语、历史、地理、算学、博物、理化、法制及理财、图画、体操科目,传统文化教育的内容首次被分科为修身、读经讲经、中国文字、历史等科目。几乎同时颁布的《奏定初等小学堂章程》也规定:"初等小学堂之教授科目凡八:一、修身,二、读经讲经,三、中国文字,四、算术,五、历史,六、地理,七、格致,八、体操。此为完全学科。"[1]分科教育的实施是中国近代教育体制与传统文化教育最重要的分野。第三,传统伦理道德教育依然是新式学校教育宗旨的灵魂。"无论何等学堂,均以忠孝为本,以中国经史之学为基,俾学生心术壹归于纯正,而后以西学瀹其知识,练其艺能,务期他日成材,各适实用,以仰副国家造就通才、慎防流弊之意。"[2]综上,西学改良与传统继承

---

[1] 《奏定初等小学堂章程》,舒新城编:《中国近代教育史资料》(中册),人民教育出版社 1961 年版,第 418 页。

[2] (清)张百熙、荣庆、张之洞:《重订学堂章程折》,舒新城编:《中国近代教育史资料》(上册),人民教育出版社 1961 年版,第 197 页。

是清末教育变革的基本特征。

（二）传统文化教育内容的改良与继承

"中体西用"思想直接影响了清末教育,新式中小学传统文化教育内容也有相应的体现。课程设置方面体现为:

一是西学改良。自清末开始,中国传统教育的出路就被定位为了西化,认为只有向西方学习才能探寻教育方向,实现教育的现代化。因此,清末新式中小学堂的教育模式,不再像传统教育一样实行综合教育的模式,而是模仿西学实行分科教育,即将中小学教育内容具体分科为修身、读经讲经、中国文字、中国文学、历史、地理等科目,首次在基础教育层面有了明确的学科或课程。其中,中小学传统文化教育的内容由传统的、包罗万象的儒家经典相应地被分科为修身、读经讲经、中国文字、中国文学、历史、地理等科目。

二是传统继承。清末教育改革期间,张百熙、荣庆、张之洞在制订的《学务纲要》中强调:"中国之经书,即是中国之宗教。……学失其本则无学,政失其本则无政。其本既失,则爱国爱类之心亦随之改易矣。安有富强之望乎? 故无论学生将来所执何业,在学堂时经书必宜诵读讲解。"①由此,清末中小学虽然开始实行与西方教育接轨的分科教育模式,但在传统文化教育层面并未发生根本性的转向。《奏定学堂章程》虽然将传统文化教育的内容进行了分科设计,但这一转换只是一种形式上的差异,即将综合教育的形式变为分科教育的模式。传统文化教育属于经学教育,也是一种综合教育,即儿童通过对儒家经典的学习、背诵掌握修身、语文、历史、地理等近代意义的诸多课程的知识内容。因此,在传统文化教育中,儒家经典是包罗万象的儿童学习资源。"新学制"中关于传统文化教育规划主要表现在:模仿西学的分科教育,机械地将传统文化教育分科为修身、读经讲经、中国文字、中国文学、历史、地理等科目,包罗万象的儒家经典课瞬间转变为几门专门课程,但传统文化教育所涉及的主要范围,甚至于内容都并没有发生根本的变化。以清末中小学分科教育之后的修身科与读经讲经科两科目的课程内容为例进行考察,如下表所示:

---

① （清)张百熙、荣庆、张之洞:《学务纲要》,舒新城编:《中国近代教育史资料》(上册),人民教育出版社 1961 年版,第 203 页。

表1-4　清末中小学修身科课程内容一览表

学制级别	学　年	课程内容
初等小学堂	一至五学年	摘讲朱子《小学》,刘忠介《人谱》,各种养蒙图说,读有益风化之极短古诗歌。
高等小学堂	一至四学年	讲四书之要义,以朱注为主,以切于身心日用为要,读有益风化之古诗歌。
中学堂	一至五学年	摘讲陈宏谋《五种遗规》,读有益风化之古诗歌。

表1-5　清末中小学读经讲经科课程内容一览表

学制级别	学　年	课程内容
初等小学堂	第一年	读《孝经》《论语》每日约四十字,兼讲其浅近之义。
	第二年	《论语》《学》《庸》每日约六十字,兼讲其浅近之义。
	第三年	《孟子》每日约读一百字,兼讲授其浅近之义。
	第四年	《孟子》及《礼记》节本,每日约读一百字,兼讲其浅近之义。
	第五年	《礼记》节本每日约读一百二十字,兼讲其浅近之义。
高等小学堂	第一年	《诗经》每日约读一百二十字,并讲解。
	第二年	《诗经》《书经》每日约读一百二十字,并讲解。
	第三年	《书经》《易经》每日约读一百二十字,并讲解。
	第四年	《易经》《仪礼》节本,每日约读一百二十字,并讲解。
中学堂	第一年	《春秋·左传》每日约读二百字。
	第二年	《春秋·左传》每日约读二百字。
	第三年	《春秋·左传》每日约读二百字。
	第四年	《春秋·左传》每日约读二百字。
	第五年	《周礼节训本》每日约读二百字。

注:以上两表内容根据1904年清政府颁布的《奏定初等小学堂章程》《奏定高等小学堂章程》《奏定中等学堂章程》中的"各学科各度及每星期教授时刻表"中相关内容整理而成。见舒新城编:《中国近代教育史资料》(中册),人民教育出版社1961年版,第416—443、506—517页。

传统文化教育虽被分为了包括修身、读经讲经乃至中国文字、中国文学、历史、地理等在内的独立科目,但分科后的修身、读经讲经两科教学内容依然以传统文化教育内容为主。由以上修身和读经讲经两科内容一览表可见,修身科主讲四书、《小学》、古诗歌,读经讲经科则主要诵读《孝经》《论语》《孟子》《礼记》《诗经》《书经》《易经》《春秋·左传》《周礼》,两科目都以传统儒家经典为课程内容,不仅没有实质性的区别,反而有很多重叠的内容。

此外,依据《奏定学堂章程》所附的"中小学堂科目程度及每星期教授时刻表"所示,修身、读经讲经、中国文字、中国文学、历史、地理这些传统文化教育内容特征的科目不仅都成为清末中小学分科教学之后所设置的课程,而且这些传统文化教育课程在中小学课程中还占有非常大的权重。尤其中小学分科教育后,为了固守传统儒家经学,读经讲经科和修身科更是举足轻重。考察1904年清政府颁布实施的《奏定学堂章程》,其中,中小学修身和读经讲经两科不仅内容完全沿袭了传统经学教育,而且在课时安排上两科也占了相当的比重,而如果再和其他部分开展传统文化教育的课程如中国文字、中国文学、中国历史和地理科一起进行综合考察,清末中小学传统文化教育科目的周课时比重则近中小学周总课时量的一半,如下表所示:

表1-6　清末中小学堂传统文化教育科目课时安排一览表

学制级别	学　年	传统文化教育科目	周课时	周总课时
初等小学堂	第一至 第五学年	读经讲经	12	30
		修　身	2	
		中国文字	4	
		历　史	1	
		地　理	1	
		总计:20		
高等小学堂	第一至 第四学年	读经讲经	12	36
		修　身	2	
		中国文学	8	
		中国历史	2	
		地　理	2	
		总计:26		

续表

学制级别	学　年	传统文化教育科目	周课时	周总课时
中等学堂	第一学年	读经讲经	9	36
		修　身	1	
		中国文学	4	
		历　史	3	
		地　理	2	
		总计:19		
	第二学年	读经讲经	9	36
		修　身	1	
		中国文学	4	
		历　史	2	
		地　理	3	
		总计:19		
	第三学年	读经讲经	9	36
		修　身	1	
		中国文学	5	
		历　史	2	
		地　理	2	
		总计:19		
	第四学年	读经讲经	9	36
		修　身	1	
		中国文学	3	
		历　史	2	
		地　理	2	
		总计:17		
	第五学年	读经讲经	9	36
		修　身	1	
		中国文学	3	
		历　史	2	
		地　理	2	
		总计:17		

注:上表内容根据 1904 年清政府颁布的《奏定初等小学堂章程》《奏定高等小学堂章程》《奏定中等学堂章程》中的"各学科各年度及每星期教授时刻表"中相关内容整理而成。见舒新城编:《中国近代教育史资料》(中册),人民教育出版社 1961 年版,第 416—443、506—517 页。

从上表中可见,读经讲经科在《奏定学堂章程》中小学课程课时安排规定中所占教学时间较多,其中,初等小学读经讲经科的课时为每周 12 课时,占每周 30 总课时的 1/3 多的比重。而高等小学读经讲经科则为每周 12 课时,占每周 36 总课时的 1/3 比重。中学堂读经讲经科的课时比重虽然有所减少,但每周 9 课时依然是所有科目中课时比重最大的科目。如果再考虑到传统文化教育其他相关科目,小学的修身科每周 2 课时、中国文字科每周 4 课时、历史和地理科各每周 1 课时,清末小学相关传统文化教育课程的教学时间就达到了 20 小时,占总课程教学时间安排的 2/3。中学堂所有传统文化教育的相关科目的课时每学年基本上为每周 17—19 课时,也占总课时 36 课时量的 1/2 左右。可见,清末在模仿西学分科教育的同时,传统文化教育依然占有相当的比重。当然单单从课时量上分析还不能真正说明问题,要研究清末中小学传统文化教育的状况,对相关科目教育内容的研究更是必然所在。

(三)读经讲经科的开设

清末中小学堂的读经讲经科非常耐人寻味。其一,读经讲经科承载着传承传统文化教育的历史使命,是中小学传统文化教育课程体系的核心。1904 年 1 月,基于"中体西用"的教育思想,张之洞等人在拟定的《学务纲要》中明确提出"中小学堂,宜注重读经,以存圣教"的中小学读经讲经科教育宗旨,强调儒学经典是"兴教""立国"的根本,诵读经典可以唤起学生的爱国之心,"其要义在授经文,……令圣贤正理深入其心,以端儿童知识初开之本",进而带来富民强国的希望,"中国之经书,即是中国之宗教。……学失其本则无学,政失其本则无政。其本既失,则爱国爱类之心亦随之改易矣。安有富强之望乎?故无论学生将来所执何业,在学堂时经书必宜诵读讲解",[1]强调"古学之最可宝者无过经书,无识之徒,喜新蔑古,乐放纵而恶闲检,惟恐经书一日不废,真乃不知西学西法者也"。[2]由此,张之洞等人力主中小学堂开设读经讲经科,"若学堂不读经书,则是尧、舜、禹、汤、文、武、周公、孔子之道,所谓三纲五常者尽行废绝,中国必不能立国矣"。[3]

---

① (清)张百熙、荣庆、张之洞:《学务纲要》,舒新城编:《中国近代教育史资料》(上册),人民教育出版社 1961 年版,第 203 页。

② (清)张百熙、荣庆、张之洞:《学务纲要》,舒新城编:《中国近代教育史资料》(上册),人民教育出版社 1961 年版,第 204 页。

③ (清)张百熙、荣庆、张之洞:《学务纲要》,舒新城编:《中国近代教育史资料》(上册),人民教育出版社 1961 年版,第 203 页。

讲诵代表传统文化的经典是中国传统文化教育的标志,也是核心内容的体现。读经讲经科在清末中小学课程体系中处于核心地位,既反映了晚清中小学传统文化教育固守传统的特征,也体现了晚清传统文化教育对传统经典价值的认同和自觉传承。其二,读经讲经科又是在中国教育近代化转型的大背景下产生的,因而其内容与形式又受到西学教育的影响,从而显现出与传统经典教育不同的特征,具体表现为:课程内容注重博约相济、少读浅解;教学方法明确反对传统经典教育强责背诵的教学方法,注重循序渐进,并区分天资秉性而因材施教;注重传统文化教育的相关科目修身科、读经讲经科、中国文字和文学科等课程之间的相互融通,发挥综合教育的效能。清末中小学堂设置读经讲经科,虽然课程内容和形式都有一定的历史局限性,或者说很大程度上沿袭了传统文化经典教育,维持了经典教育所谓正统性,但课程在教学内容中对传承传统文化经典优秀内容、破解经典教育近代化转型所面临的问题等方面的探索不乏经验及成就。

【课程内容博约相济、少读浅解】

张之洞等人提出在新式中小学堂开设读经讲经科,就课程内容强调不应完全照搬照抄传统经学教育的所有内容,而是根据学生的特点及接受能力,选择切要的内容学习。"现办中小学堂,科学较繁,晷刻有限。若概令全读十三经,则精力日力断断不给,必致读而不能记,记而不能解,有何益处。且泛滥无实,亦非治经家法。兹为择切要各经,分配中小学堂内。"①依据此原则,清末的中小学学堂章程分别就读经讲经科的学科教学内容和教学程度做了不同的具体规定。

表1-7 初等小学堂读经讲经科教学内容表(每年除假期外以二百四十日计算)

学年	教学内容	周课时	每日读经讲经字数(字)	讲读程度	全年读经讲经总数(字)
第一年	《孝经》《论语》	12	40	兼讲其浅近之义	9600
第二年	《论语》《学》《庸》	12	60	兼讲其浅近之义	14400
第三年	《孟子》	12	100	兼讲授其浅近之义	24000
第四年	《孟子》及《礼记》节本	12	100	兼讲其浅近之义	24000
第五年	《礼记》节本	12	120	兼讲其浅近之义	28800

注:表中内容根据《奏定初等小学堂章程》中"读经讲经"科的相关教学内容规定整理而成。见舒新城编:《中国近代教育史资料》(中册),人民教育出版社1961年版,第416—431页。

① (清)张百熙、荣庆、张之洞:《学务纲要》,舒新城编:《中国近代教育史资料》(上册),人民教育出版社1961年版,第203页。

表1-8　高等小学堂读经讲经科教学内容表（每年除假期外以二百四十日计算）

学年	教学内容	周课时	每日读经讲经字数（字）	讲读程度	全年读经讲经总数（字）
第一年	《诗经》	12	120	讲解	28800
第二年	《论语》《书经》	12	120	讲解	28800
第三年	《书经》《易经》节本	12	120	讲解	28800
第四年	《易经》《仪礼》节本	12	100	讲解	28800

注：表中内容根据《奏定高等小学堂章程》中"读经讲经"科的相关教学内容规定整理而成。见舒新城编：《中国近代教育史资料》（中册），人民教育出版社1961年版，第431—443页。

表1-9　中学堂读经讲经科教学内容表（每年除假期外以二百四十日计算）

学年	教学内容	周课时	每日读经讲经字数（字）	讲读程度	全年读经讲经总数（字）
第一年	《春秋·左传》	9（读6讲3）	200	解说须简要	48000
第二年	《春秋·左传》	9（读6讲3）	200	解说须简要	48000
第三年	《春秋·左传》	9（读6讲3）	200	解说须简要	48000
第四年	《春秋·左传》	9（读6讲3）	200	解说须简要	48000
第五年	《周礼节训本》	9（读6讲3）	200	解说须简要	48000

注：表中内容根据《奏定中学堂章程》中"读经讲经"科的相关教学内容规定整理而成。见舒新城编：《中国近代教育史资料》（中册），人民教育出版社1961年版，第506—517页。

　　从表中可见，清末初等小学堂的读经讲经科，五年中以《孝经》、四书和《礼记》的节本为必读经典，从内容的择选而言，是比较简单的儒学经典，比较适合儿童的生理、心理和能力特点。另如按规定，一年初等小学堂学生全年的读经总数应为101800字，但实际上除《孝经》2013字、四书59617字，两科目共61600字要求学生全读以外，《礼记》本应全读，但鉴于对于小学生过于繁重，只选择"初学易解而人道所必应知者，节存四万字以内，……所读所讲，止系切于人生日用之事，无甚精深典礼"。而且，所有经典的讲读都奉行"兼讲其浅近之义"的授课原则，这基本符合清末"癸卯学制"所规定的读经讲经科选文既要字数少又要讲解浅显，以便学生理解，从而"令圣贤正理深入其心，以端儿童知识初开之本。每日所授之经，必使成诵乃已"①的读经讲经科课程宗旨。

---

　　①　《奏定初等小学堂章程》，舒新城编：《中国近代教育史资料》（中册），人民教育出版社1961年版，第419页。

高等小学堂四年的读经讲经科则以《诗经》《书经》《易经》及《仪礼》各一篇为必读经典,按每日读约 120 字,全年 240 日计算,全年应讲读 28800 字,四年共讲读 115200 字,但在实际教学中,除《诗经》40848 字、《书经》27134 字、《易经》24437 字全讲读以外,《仪礼》只讲读《丧服经传》一篇 4437 字,所以"四经"在实际教学中只讲读 96854 字,对于学生而言,课业难度不是很大,课余时间较多,易于毕业。

中学堂的读经讲经科则以主要讲读《春秋·左传》《周礼》两部儒家经典,按规定五年应读 240000 字,但在实际教学中,《周礼》的讲读采用通俗、浅显的《周礼节训本》,使五年的读经量实际为 213000 余字,这符合了《奏定中学堂章程》中规定的中学堂读经讲经科"讲读《春秋·左传》《周礼》两经,以备将来学成经世之用。讲读《左传》应用武英殿读本,讲读《周礼》应用通行之《周官精义》。此两书既本古注,又不繁冗,最于学者相宜"①的课程宗旨。

【教学方法注重讲解,循序渐进、因材施教】

清末中小学的读经讲经科对传统文化经典教育的传承不仅仅体现在教育内容方面,在诸如教学方法等其他方面也有所体现。读经讲经科在教学方法上,第一,注重讲解。提出在所有的教学方法中,讲解是最重要的,只有将经典讲解清楚,学生才能轻松领悟。尤其对于记忆力较差的学生,更应先讲解明白再让学生背诵,否则若没有讲解就"强责背诵,必伤脑力,不可不慎"。② 第二,讲究循序渐进。清末的中小学读经讲经科,针对不同年龄的儿童,安排了不同的教学进度。如上表所示,初等小学生每日读经的字数是随着学生年龄增长和认识程度的提高而逐渐增加的,由第一学年的每日 40 字,到第二学年的每日 60 字,再到第三、第四学年的每日 100 字,直至第五学年的每日 120 字,逐年递增,循序渐进,应该符合小学生的学习兴趣和特点。而到了高等小学阶段,学生年龄长了,接受和记忆的能力也增强了,相应的整个高等小学四学年每日读经的字数都增加到了每日 120 字,中学阶段更是增加为每日 200 字,读经程度的加大从始至终都以学生年龄和认知水平为依据,体现循序渐进的特征。第三,强调因材施教。因材施教是传统文化教育一贯倡导、实施的优秀教学方法,清末中小学经典教育继承了这

---

① 《奏定中学堂章程》,舒新城编:《中国近代教育史资料》(中册),人民教育出版社 1961 年版,第 507—508 页。

② 《奏定初等小学堂章程》,舒新城编:《中国近代教育史资料》(中册),人民教育出版社 1961 年版,第 426 页。

一教学方法。"对'天资聪颖'者与'资性平常'者各有适当要求,分别善待'记性过钝实不能背诵者'与'记性甚劣而悟性尚可者'。就《礼记》而言,惟全经过于繁重,天资聪颖学生可读江永《礼记约编》(约七万八千余字),其或资性平常,或以谋生为急,将来仅志于农工商各项实业,无仕宦科名之望者,宜就《礼记约编》择初学易解而人道所必应知者,节存四万字以内,俾得粗通礼意而仍易于毕业。"①第四,要求循循善诱。晓之以理、动之以情,循循善诱也是中国传统经典教育的优良教育方法,清末的读经讲经科传承了这一教学方法,在课程教学过程中要求"须尽其循循善诱之法,……晓以知耻之义",对于学童,尤其是年幼的学童,不可以训斥甚至体罚,"夏楚只可示威,不可轻施,尤以不用为最善"②。"学童至十三岁以上,夏楚万不可用。"③

以上两方面的改革表明,清末教育改革者们已经意识到传统经典教育的弊端。传统经典虽然博大精深,包含了非常优秀的文化元素,但对于心智尚未成熟、知识接受和理解能力尚不足的十几岁学生而言,很多经典学习、理解都有很大难度,如小学四、五年级学生诵读四书、五经,无论如何都超越了学生学习心理和智力能力所能接受的范畴,古代私塾中,蒙童诵读经典也常常是机械背诵、囫囵吞枣,面对艰涩难懂、佶屈聱牙、有如天书般的经典读本往往也是昏昏欲睡,难言学习兴趣。现代教育理论强调教育应从教育对象的实际出发,针对不同年龄的学生,提出不同的教育目标和任务,采用不同的教育内容和方法。对童年学生,教学内容应具体、浅显,教学方法则多采用直观教学。对少年学生,教学则要特别注意理论与实际的结合。而对青年学生,则侧重培养学生辩证逻辑的思维能力。清末的教育改革者,受西方先进教育理念的影响,已经意识到传统文化教育中存在的问题,因而对读经讲经科的教学进行了以上改革,一方面对教学内容在传统教育的基础上进行了调整,本着博约相济、少读浅解的原则,对不同年龄段学生的学习内容进行了调整,努力使学习内容符合学生的学习心理和智力水平,提高学生的学习兴趣,从而提高学习效果。另一方面,考虑学生身心发展特征,一改传统经典教育一味诵、读、背的教学方法,注重讲解,并依据学生身心发

---

① 《奏定初等小学堂章程》,舒新城编:《中国近代教育史资料》(中册),人民教育出版社1961年版,第420页。

② 《奏定初等小学堂章程》,舒新城编:《中国近代教育史资料》(中册),人民教育出版社1961年版,第426页。

③ 《奏定高等小学堂章程》,舒新城编:《中国近代教育史资料》(中册),人民教育出版社1961年版,第440页。

展特点调整教学程度,循序渐进、因材施教,让学生首先读懂、理解了所读素材的内容然后再读和记忆。这种教学方法的改革也体现了清末教育改革对先进教育理念的参悟。

【科目间相融通】

旧有儿童传统文化教育是以传统文化经典为核心的综合教育体系,传统文化经典教育贯穿始终。清末中小学堂开始实行分科教育模式,传统文化教育由传统的综合教育形式转变为修身、读经讲经、中国文字、中国文学、历史及地理科目的分科教育模式,读经讲经由传统的包罗万象的教育形态转化为一个具体的科目。而"中体西用"的教育思想又要求读经讲经科应是所有科目的核心。就此,清末中小学教育面临一个必须要解决的问题,即如何在分科教育的模式中确立读经讲经科的核心地位。在解决这个问题的过程中,科目间相融通就成了清末中小学传统文化教育的突出特征。具体表现为如下两方面:其一,德育是各科目教育目的。《奏定初等小学堂章程》规定修身科的教育目的重在对学生实施品德教育,养成儿童德性:"其要义……指示古人之嘉言懿行,动其欣慕效法之念,养成儿童德性,……以求合于爱众亲仁、恕以及物之旨。"而其他科目虽然教育形式和内容与修身科不同,但教育目的也是重在道德养成,读经讲经科"其要义在授读经文,……令圣贤正理深入其心";历史科"其要义在略举古来圣主贤君重大美善之事,俾知中国文化所由来及本朝列圣德政,以养国民忠爱之本源";地理科则"其要义在使知今日中国疆域之大略,五洲之简图,以养成其爱国之心"。① 其二,德育内容渗透于其他各科目。读经讲经科以讲授儒家经典的形式,向学生传授"圣贤正理",修身科则"修身之道备在四书",所以也以讲四书为主,而中国文字和文学科因为"能为中国各体文辞,然后能通解经史古书,传述圣贤精理。文学既废,则经籍无人能读矣",②而也以读经讲经为课程重要内容。可见,清末中小学堂的传统文化教育课程之间无论是教育形式还是内容都密切关联,自成系统,这应该也是清末教育分科之后,依然保留和设置读经讲经科的重要原因。由此可见,学校开设读经讲经科不应仅被看作是保守、落后的表现,而也应关注其对传统教育,尤其是传统德育传承

---

① 《奏定初等小学堂章程》,舒新城编:《中国近代教育史资料》(中册),人民教育出版社1961年版,第419—420页

② (清)张百熙、荣庆、张之洞:《学务纲要》,舒新城编:《中国近代教育史资料》(上册),人民教育出版社1961年版,第204页。

的作用与价值,因为优秀的传统儒学经典往往也是优秀传统伦理思想和内容的载体。

(四)中国文字、文学科的设置

清末"新学制"规定在新式小学堂设置中国文字和中国文学科,中小学教育开始有了语文课程,语文教育从传统的文史哲不分的综合教育中脱离出来,成为中小学课程体系中的一门独立学科。新设置的语文课一方面继承了语言文字和文学教育的传统,另一方面从设置之初就受到了西学的影响,因而具有固守传统和西学改良的交错性特征。

【文字和语言教育传统的传承】

1. 阅读、写作文言文。清末"新政"伊始,张之洞就中小学文字、文学教育特别强调:"中国各体文辞,各有所用。古文所以阐理纪事,述德达情,最为可贵。骈文则遇国家典礼制诰,需用之处甚多,亦不可废。古今体诗辞赋,所以涵养性情,发抒怀抱。……中国各种文体,历代相承,实为五大洲文化之精华。"[1]这里所指的中国文辞,实际就是后来用来区别白话文、特指中小学教育中代表中国传统文字、文学教育的文言文,包括古文及古诗词歌赋等。

基于传承传统文字、文学教育思想的认识及愿望,保持传统文字、文学经典在中小学堂语文课程中的优势地位有了急迫需求。"新学制"对中小学堂语文课程内容做了明确规定,要求初等小学文字课学生应学会用日常常见、常用的文字,"解日用浅近之文理"[2],高等小学文学科学生则应"通四民常用之文理,解四民常用之词句"[3]。而所谓的"日用浅近"和"四民常用"之"文理",实际上就是指传统的文言文,因为文言文依然是清末社会普遍使用的文体,算得上"日用"和"常用"。中学堂的中国文学课,因为学生对传统文言文已基本掌握,因而规定着重教授文言文写作和传统文学知识:"入中学堂者年已渐长,文理略已明通,作文自不可缓。……次讲中国古今文章流别、文风盛衰之要略,及文章于政

---

① (清)张百熙、荣庆、张之洞:《学务纲要》,舒新城编:《中国近代教育史资料》(上册),人民教育出版社1961年版,第204页。

② 《奏定初等小学堂章程》,舒新城编:《中国近代教育史资料》(中册),人民教育出版社1961年版,第420页。

③ 《奏定高等小学堂章程》,舒新城编:《中国近代教育史资料》(中册),人民教育出版社1961年版,第435页。

事身世关系处。"①

同时,所规定的文字、文学课的教学方法也颇具传统经典教学方法的特点:初等小学堂第一年以识字为主,"兼授以虚字与实字联缀之法,习字即以所授之字告以写法";第二年练习造句,"讲积字成句之法";第三、第四年则进一步练习作文,"讲积句成章之法"。② 高等小学堂第一年"读浅显古文,即授以命意遣词之法";第二年"读古文,使以俗话翻文话写于纸上";第三年"读古文,作极短篇记事文约在百字以内";第四年"读古文,作短篇记事文、说理文,约在二百字以内"。③

2. 读"有益风化之古诗歌"。《奏定学堂章程》在新式中小学堂的教学内容规定中不仅继承了文言文教育的传统及内容,而且基于涵养学生文学素养的目的,将适合中小学学习的大量优秀传统古诗词也纳入其中。初等小学以"古歌谣及古人五言绝句之理正词婉能感发人者"为主,高等小学和中学堂则读古诗歌、五七言。此外,为了保证教学质量,原汁原味的传承传统,学堂章程对诗词的选择标准和范围也做了细致规定,要求小学"惟只可读三四五言,句法万不可长,每首字数尤不可多。遇闲暇放学时,即令其吟诵,以养其性情,且舒其肺气;但万不可读律诗"。④ 具体可诵读的包括《古诗源》《古谣谚》和《乐府诗集》中雅正铿锵的诗词及李白、孟郊、白居易、张籍、杨维祯、李东阳、尤侗等人的乐府诗词、其他名家乐府中有益风化的诗词及唐宋诗人优美的七言绝句。⑤ "高等小学仍宜短篇;中学篇幅长短不拘,亦须择其词旨雅正而音节谐和者,其有益于学生与小学同,但万不可读律诗。学堂内万不宜作诗,以免多占时刻;诵读既多,必然能作,遏之不可,不待教也。"⑥

---

① 《奏定中学堂章程》,舒新城编:《中国近代教育史资料》(中册),人民教育出版社 1961 年版,第 508—509 页。

② 《奏定初等小学堂章程》,舒新城编:《中国近代教育史资料》(中册),人民教育出版社 1961 年版,第 422—423 页。

③ 《奏定高等小学堂章程》,舒新城编:《中国近代教育史资料》(中册),人民教育出版社 1961 年版,第 437—438 页。

④ 《奏定中学堂章程》,舒新城编:《中国近代教育史资料》(中册),人民教育出版社 1961 年版,第 514 页。

⑤ 《奏定中学堂章程》,舒新城编:《中国近代教育史资料》(中册),人民教育出版社 1961 年版,第 515 页。

⑥ 《奏定中学堂章程》,舒新城编:《中国近代教育史资料》(中册),人民教育出版社 1961 年版,第 514 页。

中国语文教育是以汉字为基础的民族文化教育，也是传统文化教育的重要内容。中国语文教育绵延数千年，积累了极其丰富的典籍，包括各种文体的文言文作品，尤其诗词歌赋等。同时，语文教育一直同伦理道德教育、经世济用教育、知识百科教育紧密联系，学语言同时学做人，这是历久不衰的传统。中国传统语文教育积淀的优秀传统与文化，至今具有继承与发展的重要价值。随着时代的发展，语文教育应该是现代化的，但也应该是民族化的。晚清，中国废科举、兴新学，在新式学堂中借鉴西方经验实行分科教育，语文便成为一门独立的学科，传统中小学语文教育改革也就此开启。面对西方先进文化，如何对待传统语文教育文化也就成为晚清改革教育者必须面对的问题。虽然在"中体西用"教育思想指导下，改革者做了以上一系列的改革尝试，但在接受新文化的同时，肯定承载中国传统文字、文学教育的文言文，包括古文及古诗词歌赋的价值，并依据儿童不同阶段的特点进行教学内容和教学方法的设计，这一系列改革尝试具有一定的合理性和超越时代的历史价值。

【中小学文字、文学科的西学改良】

晚清，经济、政治领域的嬗变必然反映到文化教育层面。就语文教育而言，传统文言文适应传统社会特征，在几千年的传统语文教育中长期延续。时值晚清，新的经济形式、政治力量、社会结构和文化涌现，文言文不能完全满足新社会发展的需求，由此，在文言文之外新的语言形式即白话文应运而生。白话文是以北方语言为基础，更接近于口语的语言形式。清末时期，较有规模"言文一致"的白话文运动已经形成。1887年，被誉为"诗界革命"领军人物的黄遵宪提出："盖语言与文字离则通文者少，语言与文字合则通文者多，其势然也。"①他倡导的"我手写我口"的文学创作理论对清末白话文运动影响巨大。梁启超也是清末"诗界革命"的倡导者和实践者，他对传统的桐城派古文、八股文和骈文僵化的表达形式进行了抨击。梁启超当时所作的散文就多是杂以俚语、韵语甚至外国语法，同时吸收了一些近于口语的生动语言，将深奥的文言文改得通俗易懂。他著名的《少年中国说》就是新文体的典型代表作。除黄遵宪、梁启超之外，当时的裘廷梁、陈子褒、施崇恩等人都是白话文运动的积极推动者。裘廷梁在《苏报》上发表的《论白话为维新之本》明确提出了"崇白话废文言"的口号。陈子褒则主张儿童教科书文句应适合儿童的语言，如他所言："凡雅炼者，非合式之小

---

① （清）黄遵宪：《日本国志》（下卷），天津人民出版社2005年版，第810页。

学读本,至浅至顺者乃为合式之小学读本。有如弟极欢喜,此语浅而顺,若谓弟悦甚则否矣。又如入之以豆浅而不顺,不若以豆入之之为顺矣。且童子每读一句,教者即须解一句,用浅顺文字,则童子易晓,如年初一日则童子易了了,若云元旦,则儒林古国之暗号,于六七岁之童子,何必使之困闷乎。"① 施崇恩主持的上海彪蒙书室则为了推动白话文的普及,编印出版了大量白话文教科书,且都用插图来解释实字和虚字,使学生从图画中来了解文字的用法。当时除出版白话教科书外,还出版了白话字典《绘图白话字汇》及白话地理历史书《绘图中国白话史》《绘图中国白话地理》等。

晚清的白话文运动与五四新文化运动时期的白话文运动相衔接,对中小学文字、文学教育起到很大的促进和推动作用。虽然晚清的白话文运动有一定的局限性,有着深厚的改良主义性质,但终究促进了晚清中小学文字、文学教育的通俗化。晚清中小学文字、文学教育的白话文改良主要体现如下:

1. 将白话文列入了中小学文字、文学科

《奏定学堂章程》在强调文言文教学的同时,将白话文列入了中小学文字、文学课教学内容中。规定小学文字课应"以俗语叙事,及日用简短书信,以开他日自己作文之先路,供谋生应世之要需"。② 其中"俗语"就是指口语化的白话文,可见清末初等小学堂已经要求学生学习白话文,并练习写作白话文的作文。《奏定高等小学堂章程》也规定在高等小学堂"中国文学"课中实施"官话"教学,"习官话者即以读《圣谕广训》直解习之,其文皆系京师语,每星期一次即可"。③ 虽然相对于文言文教学而言,清末中小学的白话文教学尚远远不及,但白话文课程的设置使中小学语文课程的近代走向已显而易见。

2. 课程内容融入西学元素

清末中小学语文课程的近代转移,不仅体现在课程设置层面,在课程内容层面也融入了许多西学元素。以中国近代出版业的鼻祖——商务印书馆出版的《最新教科书》(1904—1909 年)为例。《最新教科书》是清末第一套依据癸卯学制、按学年学期分学科编写的、具有深远社会影响的中小学教科书。其中的《最

---

①　陈子褒:《教育遗议》,民国四十一年排印本,第27页。

②　《奏定初等小学堂章程》,舒新城:《中国近代教育史资料》(中册),人民教育出版社1961年版,第420页。

③　《奏定高等小学堂章程》,舒新城:《中国近代教育史资料》(中册),人民教育出版社1961年版,第437页。

新国文教科书》秉承"内容选材不采古事及外国事,多及学堂事,使儿童知读书之要,多及游戏事,使儿童易有兴会……使教授时易于讲解,且多趣味"的编纂宗旨,教材内容相对于传统儿童语文教育有了近代意义的改革。具体体现为:

(1)教材收录了一些有悖传统妇道题材的课文。如《最新国文教科书》第九册就第一次收录了一直被《三字经》《烈女传》《女儿经》等传统教育读物摒弃的中国古代乐府名篇《木兰辞》。南北朝乐府名篇《木兰辞》讲述了"木兰代父从军"的历史故事,塑造了一个鲜活的爱国、孝父、聪慧、勇敢的古代女性形象。至清末,这个故事也早已被改编为戏剧、戏曲、小说等在中国流传了一千多年。但直到1906年编纂的《最新国文教科书》,《木兰辞》才第一次被中小学教科书所收录,登上了国民教育的"大雅之堂",中小学的课堂里从此响起了"唧唧复唧唧,木兰当户织"的朗读声,孩子们也第一次可以在课堂上了解、熟悉木兰这位女英雄,这是中小学教育在西方"男女平等""女权意识"等观念影响下所发生的变革。

(2)教材收录了一些反映民本意识的内容。如清末《最新国文教科书》收录了中唐诗人李绅写的《悯农》和《农夫》两首小诗就很耐人寻味。《悯农》和《农夫》虽然为很多人所熟悉,称得上是妇孺皆知,但清末之前长期以来,很少有教育读物收录其作为教育内容,就是众多的唐诗选本也几乎很少有选录。但《最新国文教科书》中这两首小诗却赫然在列,这主要是由于"西风东渐"而来的"民本""民主""人性""阶级差别"等思想意识不断加强,反映民众苦难和忧患意识的内容具有了较强的教化价值,因而"锄禾日当午,汗滴禾下土。谁知盘中餐,粒粒皆辛苦"也就成了此后孩子们再熟悉不过的教育内容。

(3)教材内容注重吸纳反映优秀历史文化和情感价值传承的素材,如寓言和历史故事等。在《最新国文教科书》中,就选录了"愚公移山""刻舟求剑""鹬蚌相争""黔之驴""守株待兔"等很多古代寓言故事。这些寓言故事蕴含深刻的人生哲理和智慧,是中华民族文明传承的宝贵资源,通过这些寓言故事可以影响和塑造学生的价值观。此外,《最新国文教科书》也选录了诸如"司马光砸缸""文彦博灌水取球""曹冲称象""孟母教子""岳母刺字"等历史故事,这些大多以著名历史人物儿时故事为题材的素材,贴近儿童的生活,符合儿童的兴趣,不知不觉地向学生传递了中华民族亘古不变的勇敢、智慧、诚实等价值观和精神追求。

清末新式中小学堂的中国文字、文学科的教育在固守传统的前提下,基于西学、白话文运动的影响实施了一定意义的改良,在中小学堂首次开设了读经讲经、中国文字、中国文学课程。"读经讲经""中国文字""中国文学"恰恰标志着中小学文字、文学教育从传统的综合教育中独立出来成为独立学科。课程内容方面,如以上结合新式学堂教科书所总结的,许多有悖传统妇道题材的、反映"民本"意识的及反映优秀历史文化和情感价值传承的素材出现在了中小学堂的教科书中,这些改良或调整为后来中小学语文课程体系的建立奠定了重要基础。

(五)修身科的"扬弃"

清末中小学修身教育虽然沿用了"修身"这样的传统德育名称,但其教育内容相对传统而言已发生了重要变化,体现为:传承了传统修身教育的很多优秀传统,依然非常注重学生良好品性的涵养;摒弃了传统德育中的纲常礼教并吸收了西方公德教育的基本教育元素。两方面的变化体现了清末"中体西用"教育思想对中小学德育的影响。

【传承传统修身教育的优秀传统】

1. 小学修身教育

清末修身课成为小学独立课程之后,一系列修身教科书陆续出版,其内容继承了很多传统德育的优秀内容。如上海达文编译书社出版的李郁编纂的《最新蒙学伦理书》(1904 年);文明书局出版的庄俞的《蒙学初级修身教科书》(1903年)、李嘉谷的《小学修身教科书》、陆基的《蒙学经训修身教科书》、刘剑白的《小学修身教科书》;上海人演社出版的《高等蒙学修身教科书》和《小学修身教科书》、田北湖的《小学修身唱歌书》(1905 年);彪蒙书室出版的《绘图蒙学修身教科书》;商务印书馆出版的《最新修身教科书》(1904—1905 年)。这些教科书内容编排的共同特点就是一般都包括对己、对家、对社会、对国家、对庶物五个方面,各方面都包括了传统德育诸如仁、义、礼、智、信、孝、恕、悌等内容。如《小学修身唱歌书》,全书分 27 个子目,其中就包括:尊人、立身、励志、卫生、体育、智育、德育、父母、弟兄、宗族、尊师、敬长、交友等传统德育的经典内容。庄俞的《蒙学初级修身教科书》则按对己、对家、对社会、对国家、对庶物五部分编排课文,很多课文诠释了传统德育理念。如第三课的课文:"牛耕于田。不勤,牧童鞭之。牛曰:吾苦甚。牧童曰:智不如人,即为人役。岂徒牛然,人亦如此。"课文后写明此课主旨:"做人之不可不智。"《绘图蒙学修身教科书》编排方式虽与其他教科书有所不同,全书 4 编,每编者按 5 课。但每编的内容不外孝、悌、敬长、重交、勤学、慎言、安贫、合群、尚武、忍气、自力、不贪、培本、虑远、爱国爱种,其中相当一部分都是传统修身教育的核心内容。

2. 中学修身教育

文明书局出版的杨志洵的《中等修身教科书》(1906 年)和姚永朴的《中等伦理学》(1906 年),前者不按课文编排,大部分内容都是以长篇形式讲述一个人对家、对人、对社会、对庶物、对国家的规范。后者则摘录本文和日本学者的伦理主张和名人嘉言懿行,但所有内容仍围绕立教、明伦、敬身的主题编排。国粹学报馆出版的刘师培的《伦理教科书》(1905 年),该教科书虽然包含批判传统伦理观的内容,但也有相当内容涉及传统个人和家族伦理。上海商务印书馆出版的蔡元培主持编纂的《中学修身教科书》(1907—1908 年),这套教科书是清末中学修身教科书的代表,其五册分别以"修己""家族""社会""国家"和"职业"命名,其内容继承了"修身、齐家、治国、平天下"的传统德育内容,具体体现在如下几个方面:

(1)"私德为主"的修身之德。蔡元培认为修身即修己。其在《中学修身教科书》第一册的《修己总论》首先强调了修己的重要意义:"人之生也,不能无所为,而为其所当为者,是谓道德。道德者,非可以猝然而袭取也,必也有理想,有方法。修身一科,即所以示其方法者也。"因此,修身是道德教育的根本,"凡德道以修己为本","夫道德之方面,虽各各不同,而行之则在己。知之而不行,犹不知也;知其当行矣,而未有所以行此之素养,犹不能行也。怀邪心者,无以行正义;贪私利者,无以图公益。未有自欺而能忠于人,自侮而能敬于人者。故之教,虽统各方面以为言,而其本则在乎修己"。其后,蔡元培详细阐述了中学生修身教育的内容,包括:其一,强身健体。要求学生讲究卫生,"节其饮食;洁其体肤及衣服;时其运动;时其寝息;快其精神"。其二,养成习惯。"习惯者,第二之天性也。其感化性格之力,犹朋友之于人也。人心随时而动,应物而移,执毫而思书,操缦而欲弹,凡人皆然,而在血气未定之时为尤甚。其于平日亲炙之事物,不知不觉,浸润其精神,而与之为至密之关系,所谓习与性成者也。故习惯之不可不慎,与朋友同。"因此,江河成于涓流,习惯成于细故,学生应慎于习惯的养成。其三,厉行勤勉。"人性之受害,莫甚于怠惰,众恶之母。"人生的一切,德行、才能、功业、名誉、财产及其他一切幸福,都是因为勤勉努力而得来的。其四,自我节制。蔡元培提出,人有诸如崇尚名誉、追求财产、向往快乐等的欲望是人之常情,人如果没有欲望,人生也就失去了意义,但是欲望过度则是有害于人的。"欢乐极兮哀情多,世间不快之事,莫甚于欲望之过度者。"其五,勇敢。蔡元培提出勇敢使人忍耐艰难,人生学业,无一能够轻而易举就成功的,人只有在艰难困境中不屈不挠,才能达到成功。强调勇敢不在体力,而在于善于应对逆境、果断、自立、自强、自信、自决、义勇及尽国民之义务等方面。其六,勤于修学。修学即学习知识。蔡元培认为人无知识,什么也不能做好,即使外表华丽也无法掩饰无知之人的浅薄,且"寻常道德,有寻常知识之人,即能行之,其高尚者,非知识高尚之人,不能行也。是以自昔立身行道,为百世师者,必在旷世超俗之人"。修学之道一是持之以恒,二是珍惜时间,三是读有益之书,四是择良师益友。其七,志于修德。修德即养成好的德性,人的一举一动,都应遵循好的道德规范,好的德性表现为讲信义、不妄语、守约定、慎言行、恭节俭、善谦逊、遵礼仪。其八,善交朋友。蔡元培提出朋友可以纠正一个人的偏见与错误,减少人的痛苦,增加人的快乐。与朋友相处应"朋友相规、朋友相助、择友宜慎、遵守信义、共患难、屈私从公"。其九,求教师长。蔡元培提出:"凡人之所以为人者,在德与才。而成德达才,必有其道。经验,一也;读书,二也;从师受业,三也。""师也者,授吾以经验及读书之方法,而养成其自由抉择之能力者也。"

(2)"以孝为本"的齐家之德。蔡元培强调家庭中父母和子女之间应以孝为本、父慈子孝。"事父母之道,一言以蔽之,则曰孝。""父母之道虽多端,而一言经蔽之曰慈。子孝而父母慈,则亲子交尽其道矣。"由此他提出,作为子女,要做到以孝为本,应"养体、养志、立名",即子女身体健康、品行端正、奋发努力是孝的行为表现。作为父母,要做到"慈",应努力尽抚养和教育子女的义务,"养子教子为父母之本务"。在抚养、教育过程中父母应宽严适中,根据子女的所长,帮助其选择职业;夫妇之间,蔡元培提倡"夫义妇和,刚柔相济";兄弟姊妹之间,蔡元培则提倡"兄友弟悌"。

(3)"公义与公德为重"的社会之德。蔡元培提出人生活于社会之中应重公义和公德。即指人与人之间应相互尊重,任何人都不侵害他人的合法权利。同时人应积极谋社会公益,谋取社会幸福,推进社会进步,"图公益、开世务"。

(4)"爱国为最"的国家之德。蔡元培强调国民的爱国之心是一个国家的命脉,是一个国家的元气。关乎一个国家的兴衰荣辱。因此,作为国家的每一个国民在享受权利的同时也应尽爱国的义务,具有爱国道德。国民爱国道德行为体现为维护国家权力、遵守国家法律、纳税、服兵役、受教育、遵守国际道德原则等各方面。

由以上几方面可见,蔡元培在《中学修身教科书》中所阐述的德育内容继承了传统德育,尤其是私德教育方面诸多优秀内容。

3. 女子修身教育

中国传统的女性教育形式上为家庭教育,教育内容是以"三从四德"为核心的传统儒家纲常礼教,教育目的主要是相夫教子。如清末学部上奏的《奏定女学堂章程折》所总结:"窃维中国女学,本于经训,故《周南》《召南》首言文王后妃之德,一时诸侯夫人、大夫妻莫不恪秉后妃之教,风化所被,普及民间,江汉诸篇,言之尤备。孔子曰:'人而不为《周南》《召南》,其犹正墙面而立也与!'盖言王化始于正家。倘使女教不立,妇学不修,则是有妻而不能相夫,有母而不能训子。家庭之教不讲,蒙养之本不端,教育所关,实非浅鲜,此先圣先王化民成俗所由必以妇学为先务也。"①传统女子教育的模式对中国社会的影响可谓至深至远。但时值清末,随着近代西学"男女平等""女性教育"等思想观念传入并逐渐影响中国,近代意义上的女子教育还是得以在中国兴起,民间女子学堂逐渐兴办。1907 年,清政府颁布《奏定女子小学堂章程》,虽然章程中仍然规定:"女子小学堂与男子小学堂分别设立,不得混合。"②但该章程的颁布还是表明女子教育被正式纳入官方学制体系中。

清末女子教育中设置了修身科。《奏定女子小学堂章程》规定女子教育"以养成女子之德操与必须之知识技能并留意使身体发育为宗旨",即培养具有传统女德、能够对家庭负责任、对子女、教育的贤妻良母。清末的女子教育与男子教育在课程设置方面存在着很大差异。虽然在学制方面,清末女子教育也是完全的教育,设有初级和高级女子小学堂,学制各四年,女子 7—10 岁、男子 11—14 岁都可以分别到初级和高级学堂。但在具体课程设置方面,女子小学堂和同时期的男子学堂相比有很大的差异。如下表所示:

---

① 《学部奏定女学堂章程》,陈学恂编:《中国近代教育史教学参考资料》(上册),人民教育出版社 1986 年版,第 739 页。

② 《光绪三十三年一月二十四日(1907.3.8)学部奏定女子小学堂章程》,朱有瓛编:《中国近代学制史料》(第二辑下册),华东师范大学出版社 1989 年版,第 657 页。

表 1-10　清末女子和男子初等小学堂课程设置比较表

课　程	周学时								
	第一学年		第二学年		第三学年		第四学年		第五学年
	女	男	女	男	女	男	女	男	男
修　身	2	2	2	2	2	2	2	2	2
读经讲经		12		12		12		12	12
国　文	12	4	12	4	14	4	14	4	4
算　术	6	6	6	6	6	6	6	6	6
历　史		1		1		1		1	1
地　理		1		1		1		1	1
格　致		1		1		1		1	1
女　红					2		2		
体　操	4	3	4	3	4	3	4	3	3
图　画			随意		随意		随意		
音　乐	随意		随意		随意		随意		
总　计	24	30	24	30	28	30	28	30	30

表 1-11　清末女子和男子高等小学堂课程设置比较表

课　程	周学时							
	第一学年		第二学年		第三学年		第四学年	
	女	男	女	男	女	男	女	男
修　身	2	2	2	2	2	2	2	2
读经讲经		12		12		12		12
国　文	9		9		9		9	
中国文学		8		8		8		8
算　术	4	3	4	3	4	3	4	3
中国历史	2	2	2	2	2	2	2	2
地　理	2	2	2	2	2	2	2	2
格　致	2	2	2	2	2	2	2	2
图　画	1	2	1	2	1	2	1	2
女　红	5		5		6		6	
体　操	3	3	3	3	3	3	3	3
音　乐	随意		随意		随意		随意	
总　计	30	36	30	36	30	36	30	36

注:以上两表系根据清末学部1904年颁布的《奏定小学堂章程》和1907年颁布的《奏定女子小学堂章程》整理而成。分别见舒新城编:《中国近代教育史资料》(中册),人民教育出版社1961年版,第416—443页;舒新城编:《中国近代教育史资料》(下册),人民教育出版社1961年版,第800—810页。

从上表清末男子和女子教育的课程比较可以明确看出,清末对男子教育重在传统儒学核心教育内容的传授,教育重心在修身,更在传统儒家经典,两门课程的课时比重占了周总课时的近1/2。修身科着重于道德培养,读经讲经科旨在培养治国、平天下之才。可见,培养品德端正、精通史略的治世之才是清末男子教育的教育目标。当然,基于西学的影响,清末男子教育的课程也相应发生了改良,地理、格致等体现西学科技教育的课程也纳入了课程体系。相比较男子教育而言,清末女子教育的教育目的则更加明确但与男子教育有根本不同,清末女子教育的课程中不仅没有读经讲经科,而全课程设置的重心集中于修身、国文、算术、体操、女红几门课程,几门课程的课时比重竟占周总课时量的近2/3,清末女子教育的目的不是意在将女子培养成为经国治世的人才,而是重在将女子培养成为具有传统美德,掌握作为女儿、妻子和母亲所需的必要知识和技艺,能担负起相夫教子家庭责任的贤妻良母。

随着女子修身教育被关注,一批女子修身教科书相继出版,传承传统优秀教育元素在清末女子德育教学内容中也有充分体现。1902年,群学社出版许家惺的《官话女子修身教科书》和《最新女子修身教科书》,这两册教科书课文分"女教""妇道""母仪"三部分,内容选择了传统女德教育中诸如反映女子立身和勇于担当重任的故事,颇有新意。1903年,清政府颁布的《蒙养院章程》就规定:"蒙养所急者仍赖家庭教育,惟有刊布女教科书之一法。应令各省学堂将《孝经》《四书》《列女传》《女诫》《女训》及《教女遗规》等书,择其最切要而极明显者,分别次序浅深,明白解说,编成一书,并附以图,至多不得过两卷。每家散给一本。……妇人之识字者即可自看自解,以供自教其子女之用。"①1905年,中国教育改良会出版谢允燮的《最新女子修身教科书》;1906年,锟记书局出版《绘图女子修身教科书》、会文学社出版何琪的《最新初等女子小学修身教科书》。其中《最新初等女子小学修身教科书》全书8册,一课一德目,如第一册的第一课讲孝行,第二课至第七课分别讲曹女投江、缇萦上书、木兰、杨香、张建之女、赵娥6个故事,第八课讲友爱,第九至第十二课则讲姊爱等4个故事,内容都是传承了传统女德教育的优秀内容,此教科书出版以后很受欢迎,次年六月就出了第五版。1907年女子教育被纳入学制体系后,修身课程成为女子小学堂和女子师

---

① 《奏定蒙养院章程及家庭教育法章程》,舒新城编:《中国近代教育史资料》(中册),人民教育出版社1961年版,第387页。

范学堂的必修课程。学部编译图书局根据儒家经训并荟萃《列女传》《女诫》《女训》《女孝经》等书,编辑出版了《女子初等小学修身教科书》,该书成为清末女子小学修身教育的重要内容。清末,由于中国社会的性质没有发生根本变化,女性的地位没有实质性的改变,西方男女平等的思想与观念刚刚传入中国,还没有对中国社会产生实质性的影响,因而,清末的《女子初等修身教科书》的内容仍然以传统女德教育内容为主,但选择了传统女德教育中积极的元素,如培养女子独立、担当及良好礼仪规范和言行举止等内容。

【摒弃传统德育腐朽内容】

清末中小学修身教科书除继承传统德育的优秀传统之外,也摒弃了很多传统德育中的腐朽内容。商务印书馆出版的小学《最新修身教科书》在思想内容上就非常注意摒弃不合时代的旧思想、旧内容。以初级小学教科书为例,每册20课,10册共200课,没有一课涉及"忠""君"两字,而是以"爱国"为主题。关于"守法"教育,则摒弃了传统的"亲隐""同罪异罚"等内容,而是选择王子犯法与庶民同罪的故事。关于"人伦",则摒弃了三纲而接受五常、五典。中学修身教科书也是如此,以蔡元培的《中学修身教科书》为例,教科书在讲"以孝为本"的齐家之德时,对于"孝"这个极具中国特色的伦理道德观念在中国传统德育内容中所包含的体现"三纲"的腐朽内容就进行了扬弃。教科书中"乱命不可从""今使亲有乱命,则人子不惟不当妄从,且当图所以谏阻之"等内容明确反映了蔡元培反对子女对父母的愚孝、盲从。教科书中有关爱国教育的内容也向学生传达了爱国不等于"爱君"的思想。强调国家不是"全天之下,莫非王土"的国家,而是公权的国家,国民对国家尽义务的同时,国家也应保障国民的权利,为国民尽义务,这些内容反映了清末德育对传统德育中"愚忠"的否定。此外,清末女子修身教育也摒弃了诸如"三从四德""缠足""包办婚姻"等传统女德教育的腐朽内容。

【吸收西方公德教育合理元素】

清末中小学修身教育不仅体现了对传统德育文化的扬弃,而且体现了对西学德育文化的吸收改良。在清末中小学堂修身科教科书中,西方德育的公义、公理、公德,自由、平等、博爱等都有体现。文明书局出版的《小学修身唱歌教科书》中"对社会"部分所列歌词最多,歌词内容也多反映西方社会"励志""公义""公德""博爱""爱国""守法"等道德规范。如"励志"一课歌词:"改良社会从实践,人格须完全。竞争场上着先鞭,吾曹幼稚年。强弱淘汰,虽说天演,人尽人事神无权。"文明书局出版的《中等修身教科书》则介绍了许多西方政治原理和伦理原理,国粹学报馆出版的刘师培的《伦理教科书》也宣传自由平等的伦理观。在这些教科书中,蔡元培编写的《中学修身教科书》中西学改良的特征表现最具代表性,具体体现如下:

1. 在修己之德中,教科书提倡自立、自强、自决。他将西方的自由思想融合到私德教育中,倡导思想自由、信仰自由,人应以自己的独立思想、意志立足社会、立足世界。

2. 在家庭之德中,教科书提倡夫妇平等,认为男女性质不同,夫妻各有本务,但男女平权,进而批判了"三从四德"的封建家庭道德。

3. 在社会之德中,教科书着重宣扬公义、公德、博爱,倡导国民积极投身量力捐财修河渠、开道路、设医院、图书馆、育婴堂、养老院及建学校等社会公益事业。这些教育内容超越了中国传统社会思想,体现了西方近代社会思想的影响。

4. 在国家之德中,教科书着重宣讲职业平等、国民平等的思想。强调任何职业中都有因成就突出而享有特殊荣誉的人,但职业本身没有高低贵贱之分;国家中国民都是平等的,每一个国民都享有相应的权利,也都应尽相应的义务,人人都有爱国、守法的义务。教科书中的这些宣扬职业平等、国民平等的思想无疑是吸收近代西方政治和法治思想的体现。

此外,即便是固守传统特征非常突出的清末女子修身教育,也同样呈现出辩证改良的特征。清末女子修身教育虽然继承了大量传统女子道德伦理教育的内容,但毕竟西方女性解放、男女平等的思想已经传入中国并逐渐影响了中国人的思想观念,西学的影响自然也是难以避免,也不应避免。清末《女子初等修身教科书》的教学内容,与传统女学读物相比,其内容中就纳入了"公德""尚武"等西学女子德育因素。教育素材也出现了诸如"拿破仑之妹""法孝女路意慈善养盲父""英女王维多利亚""西国女孩爱物之习惯"等西学女子德育的素材。正是基于教育内容和教育素材的变化,清末女子德育出现了如下几个方面的改良。

1. 提倡女子教育。清末女子修身教科书的内容有了明显的提倡女子教育的内容。如清末编写的《最新女子修身教科书(官话)》中开篇的《女学原因》和《兴女学》两篇课文从"女学兴,国家人材就兴,人材兴,国就强"的角度宣扬女子教育的重要意义。

2. 禁止女子缠足等封建陋习。女子缠足是传统中国残害女性的桎梏,为了传承这一陋习,在传统女子德育内容中,倡导女子缠足一直是重要内容。传统

《女儿经》中就宣扬"裹了足,不因好看如弓曲,恐他轻走出房门"。而清末的女子修身教科书则极力宣扬禁止和废除女子缠足,如清末的《绘图女学修身教科书》就有"不裹足,裹了足儿伤身体。从前裹足因何事,恐他轻走来拘束"的内容。有的清末女子修身教科书更是借明末张献忠破四川时,女子因为脚小奔逃不及,以致脚被割下,割下来的女子小脚堆积成山的故事,形象地说明了女子缠足对女子本身及社会造成的危害。

3. 提倡婚姻自由。中国传统社会,婚姻制度因为受儒家礼治思想的影响一直奉行"父母之命,媒妁之言",这严重影响了女子的婚姻观。清末,西方婚姻自由的观念逐渐传入并影响中国,清末的女子修身教科书进而出现了近代婚姻自由的内容,向女子宣传和提倡婚姻自由:"我们中国旧俗结婚,全凭媒人做成,爹娘做主。西国没有这个道理,听凭男女自己择配,谓之自由结婚。倘对中国人自由结婚,人家就以为无耻。但细想起来,自由结婚的男女,各自情愿,又彼此知道脾气,似乎容易和睦些。"这样的内容虽然还没有成为清末女子修身教育的普遍内容,但也足以说明清末女子修身教育的变革。

4. 倡导男女平等。清末男女平等的观念在中国社会还没有成为普遍的意识。但在清末女子修身教科书中已经出现了从男女生理差别、受教育程度差异的角度论述男女各有所长、男女平等的内容:"男长于推理,女长于速悟;男长于任艰巨,女长于理繁密。""我们中国的女人,除会些刺绣习点烹调外,其上等的,亦不过懂几句诗词,……那知女人心思材力与男人同,难道男人要求学问、明道理、干事业,女人可不必吗?"这些内容与传统女子德育男尊女卑的内容显然有本质的不同。

5. 倡导女子自立、自强。清末女子修身教科书不仅倡导男女平等、女子人格独立,更有倡导女子自立、自强的内容。例如,一些清末女子修身教科书中就设置了《自治》《女子宜自食其力》《自立》《谋生》等这样的课文,更有教科书收录了《刘凝之妻》《吴彩鸾》等课文,借两位女性刘凝之妻通过做生意实现自立,吴彩鸾凭借笔墨谋生的故事教育女子自立、自强,这些也是传统女子德育中所不曾有的内容。

清末新政十年,是中国教育大变革即近代化转型酝酿或初步探索的时代。中国教育近代化转型的历程是迫于西方列强侵略不得已开启的,因而近代化的过程实际上就是一个西化的过程,向西方学习被认为是最迫切、最应该也是最合理的选择。正是基于这种认识的影响,中国教育近代化发展过程实际上也是以经学教育为核心内容的传统文化教育制度化历程逐渐终结的过程。这个过程的变化造成了传统知识体系的瓦解,传统文化教育的边缘化和传统文化教育价值的淡化。当然这个过程不是一蹴而就的,而是漫长且曲折的,在每一个发展阶段,其传统文化教育都呈现出不同的形态与特征。具体到清末,因为是中国教育近代化转型酝酿和初步开始的起始阶段,因而传统文化教育的变革在"中体西用"思想指导下,呈现出固守传统与西学改良两方面的形态和特征,这一特征不仅体现在清末中小学的修身科,而且清末中小学所设置的读经讲经、中国文字和中国文学科也充分体现了这一特征。

综上所述,清末"新政"时期,因新教育运动被定位为以西化为主基调,因此,清末新式中小学堂不再像中国传统教育一样实行综合教育模式,而是模仿西学实行分科教育,中小学传统文化教育内容由包罗万象的儒家经典教育相应地被分科为修身、读经讲经、中国文字、中国文学、历史、地理等科目。分科后的传统文化教育主要体现了两方面特质:

其一,仍以传统教育内容为主。诸如修身、读经讲经两科,修身科以四书、《小学》、古诗歌等儒家经典为教学内容,读经讲经科则也是讲读《孝经》《论语》《孟子》《礼记》《诗经》《书经》《易经》《春秋·左传》《周礼》等儒家经典,虽然划分了科目并贯以不同科目名称,但实际的讲授内容仍以传统儒家经典为主。

其二,传统文化教育科目的教学内容中也融入了一定的新文化元素。如在中小学修身科的教学内容中,西方德育的公义、公理、公德,自由、平等、博爱等内容都有体现。蔡元培主持编写的《中学修身教科书》中,讲"修己之德"则提倡自立、自强、自决;讲"家庭之德"则提倡夫妇平等、男女平权;讲"社会之德"则提倡公义、公德、博爱;讲"国家之德"则倡导职业平等、国民平等。小学堂"中国文字"科、中学堂"中国文学"科教科书中收录的《木兰辞》《悯农》《农夫》的诗词,"愚公移山""刻舟求剑"等古代寓言以及"司马光砸缸""文彦博灌水取球""曹冲称象""孟母教子""岳母刺字"等历史故事,都第一次向学生传递了男女平等、亲民、爱民及勇敢、智慧、诚实等的人生哲理、价值观和精神追求。

清末中小学传统文化教育课程的以上诸多方面的变化不仅反映了这一时期传统文化教育课程的成就,也为后来民国时期中小学传统文化教育的发展创造了条件。当然,清末之后所爆发的辛亥革命,不仅彻底结束了中国两千多年的封建社会,也使中国近代新教育运动之路发生了变化,中小学传统文化教育近代嬗变也并未完全沿清末所划定的轨迹前行。

第二章　民国初期(1912—1919)的
中小学传统文化教育

1911 年,辛亥革命推翻了两千多年的封建专制统治,建立了中国历史上第一个资产阶级民主共和政权——中华民国临时政府。由于政体的根本变革,中国社会也发生了激进转型,"崇洋""西化"成为民国社会的主旋律,出现了所谓"共和政体成,专制政体灭;中华民国成,旧官制灭;新教育兴,旧教育灭;枪炮兴,弓矢灭;新礼服兴,翎顶补服灭;剪发兴,辫子灭;盘云髻兴,堕马髻灭;爱国帽兴,瓜皮帽灭;爱华兜兴,女兜灭;天足兴,纤足灭;放足鞋兴,菱鞋灭;阳历兴,阴历灭;鞠躬礼兴,拜跪礼灭;卡片兴,大名刺灭;路兴,城垣巷栅灭;律师兴,讼师灭;枪毙兴,斩绞灭;舞台名词兴,茶园名词灭;旅馆名词兴,客栈名词灭"①。在各种社会形态的革故鼎新中,教育形态的激进转型比较具有代表性。民国初期,各种西方教育思潮,尤其是欧美教育思潮开始逐渐深入影响中国近代教育的转型与发展。以孙中山、蔡元培等为代表的一些时彦俊才纷纷摇旗呐喊,宣传资产阶级民主主义教育思想,批判传统教育,民主主义教育思潮得以迅速兴起。民主主义教育思潮对民初教育起到了重要导向作用,使民初教育呈现激进转型的态势:新学制确立、学堂变身为学校、以"读经讲经"为代表的传统教育内容和课程被废止或削减、禁止使用清末颁行的教科书、遍招欧美各国留学生、男女同校等。民初教育也迅速显现出资产阶级民主教育的特征:在民治原则下各阶层积极主动参与教育建设,本着彻底废除旧教育、实行以公民教育为主的新教育宗旨开展教育改造、以民主协定的方式确定教育方针。民初教育无疑大大地促进了中国教育的现代化,也导致了传统文化教育的实质性变革。

---

① 　胡朴安:《余墨》,《朴学斋丛刊》1912 年第 4 期。

一、资产阶级民主主义教育思潮对中小学传统文化教育的影响

（一）资产阶级民主主义教育思潮兴起

中国传统教育是教化教育，注重伦理道德教育，显示出十分强烈的道德文化特征，但忽略人的个性和自主能力、公民意识、公民理念和公民能力的培养，这显然与西方教育理念格格不入。20 世纪初，资产阶级民主主义教育思潮作为反对封建主义和改良主义教育思想、主张民主、平等、博爱、自由的教育思想潮流开始兴起。当时，梁启超就发表《论教育当定宗旨》的文章，专题论及民主主义教育思想和新教育改革："我国国民教育之宗旨，究何在乎？曰：今日之世界，民族主义之世界也，凡一国之能立于天地，必有其固有之特性，感之于地理，受之于历史，胎之于思想，播之于风俗，此等特性，有良者焉，有否者焉。良者务保存之，不徒保存之而已，而必采他人之可以补助我者，吸为己有而增殖之；否者务刮去之，不徒刮去之而已，而必求他人之可以匡救我者，勇猛自克而代易之。以故今日各国之教育宗旨，无或有学人者，亦无或有不学人者。不学人然后国乃立，学人然后国乃强。要之使其民备有人格（谓成为人之资格也，品行智识体力皆包于是），享有人权，能自动而非木偶，能自主而非傀儡，能自治而非土蛮，能自立而非附庸，为本国之民，而非他国之民，为现今之民，而非陈古之民，为世界之民，而非陬谷之民。此则普天下文明国教育宗旨之所同，而吾国亦无以易之者也。"[①]辛亥革命后，资产阶级民主主义教育思想在教育文化领域迅速传播，陈天华、邹容、孙中山、蔡元培等都是该思潮的主要倡导者，其中蔡元培的民主教育思想影响最大。蔡元培是中国近代著名民主革命家和教育家，其民初时期的教育思想主要体现为汲取西方近代教育理论及针对当时中国社会教育改革的现实需求而提出的"养成共和国民健全之人格"的教育思想。1912 年 2 月，蔡元培发表《对教育方针之意见》一文，之后召开的中华民国第一次全国临时教育会议将该文作为民国教育宗旨议案进行审议，以至于其中所阐述的教育思想成为民初新教

---

① 梁启超：《论教育当定宗旨》，璩鑫圭、童富勇编：《中国近代教育史资料汇编·教育思想》，上海教育出版社 1997 年版，第 259—260 页。

育宗旨确立的重要依据。

蔡元培在文中激烈抨击了封建传统教育制度,并对反映西方近代教育理念的军国民教育、实利主义教育、公民道德教育、世界观教育和美感教育理念和内容进行了详尽阐述。

军国民教育即军事和体育教育,是提高国民体魄及军事意识,国家"强兵富国之主义"的保障。中国被西方列强欺凌,如果要图自卫,抵御外敌入侵,就必须实行举国皆兵,加强军事和体育教育,使国民强健。

实利主义教育即知识技能教育。中国历来实业不兴,实业经济极其薄弱,失业者众多,国家积贫积弱,因此"实利主义之教育,固亦当务之急者也"。为了富国解贫,应着重发展实利主义教育。

公民道德教育指加强以自由、平等、博爱为要旨的资产阶级公民道德教育。蔡元培提出公民道德可以弥补军国民主义教育和实利教育不足的弊病,实行公民道德教育可以使军国民教育、实利教育与道德教育互相依存,相互补充,两者"皆所以泯营求而忘人我者也"。① 同时,公民道德教育从一定意义上否定了传统德育,包括清末新式中小学堂德育宗旨中的"忠君"和"尊孔"的教育内容,在倡导资产阶级公民道德教育的同时,提出"忠君"和"尊孔"是封建道德教育的哲学基础,"忠君与共和政体不合,尊孔与信教自由相违"。②

世界观教育和美感教育。即"世界观教育,就是哲学的课程,意在兼采周秦诸子、印度哲学及欧洲哲学,以打破两千年来墨守孔学的旧习"。③ 而美感教育则是实现世界观教育的重要方式和途径。蔡元培提倡世界观教育和美感教育意在否定传统教育"忠君、尊孔"的道德教育内容,从而为确立新的、资产阶级的公民道德教育宗旨和原则奠定理论和思想基础。

(二)教育宗旨的厘定

民初,广泛传播的民主主义教育思想迅速成为具有重要影响力的教育思潮。资产阶级临时政府本着资产阶级民主主义教育思想确立了全新的教育宗旨,力

---

① 蔡元培:《对于新教育之意见》,高平叔编:《蔡元培教育论著选》,人民教育出版社 1991 年版,第 4 页。

② 蔡元培:《对于新教育之意见》,高平叔编:《蔡元培教育论著选》,人民教育出版社 1991 年版,第 7 页。

③ 蔡元培:《我在教育界的经验》,高平叔编:《蔡元培教育论著选》,人民教育出版社 1991 年版,第 707 页。

图将传统臣民教育转化为国民教育，即培养人的新人格。

1912 年全国临时教育会议在北京召开，蔡元培在发言词中阐述了其"五育"并举的教育观点："五者以公民道德为中坚，盖世界观及美育皆所以完成道德，而军国民教育及实利主义，则必以道德为根本。"①蔡元培的教育思想对民初教育产生了重要指导作用。1912 年 9 月，民国政府教育部颁布的教育宗旨就表述为："注重道德教育，以实利教育、军国民教育辅之，更以美感教育完成其道德。"②

新教育宗旨对民初中小学传统文化教育产生了深刻影响：1. 确立了全新的教育目的，即培养富国强兵的人才和健全人格的资产阶级公民。民初教育思想和教育宗旨强调公民道德教育的核心地位，突出了新教育的革命和民主意义，完全跳出了晚清"中体西用"的思想范畴，体现了资产阶级民主主义的教育理念，在中小学传统文化教育层面，意味着中小学传统文化教育将全面超越晚清既固守传统、又模仿改良的窠臼，实施全新的、纯粹的资产阶级教育性质的新教育模式，这势必会给中小学传统文化教育带来与晚清改革完全不同的转型。2. 确定了道德教育的价值取向。中小学传统文化教育是以传统伦理道德为核心内容和教育目的。民初教育宗旨确立了公民道德教育的核心地位，显然两阶段教育内容不同。但公民道德教育核心地位的强调，意味着民初中小学传统文化教育以道德教育涵盖其他各教育，因而在价值取向上与传统教育有着一致性，都是道德教育性质的教育模式。

（三）"壬子·癸丑学制"与中小学传统文化教育改革

中华民国建立之初，蔡元培主持的教育部基于"学者，国之本也，若不从速设法修旧起废，鼓舞而振兴之，何以育人才而培国脉"③的指导思想，废除清末"忠君、尊孔、尚公、尚武、尚实"的教育宗旨，确立了"五育并举"的教育方针。相对于晚清"中体西用"的教育宗旨而言，民初教育方针既与传统教育做了全面的切割，又彻底贯彻了资产阶级民主主义的教育理念。为了贯彻新的教育精神，教育部着手制定资产阶级性质的学制。1912 年 7 月，教育部组织召开全国临时教

---

① 蔡元培：《全国临时教育会议开会词》，高平叔编：《蔡元培教育论著选》，人民教育出版社 1991 年版，第 15—16 页。

② 《教育宗旨令》（中华民国元年九月初二日部令第二号），《教育杂志》第 4 卷第 7 号，1912 年 10 月 10 日。

③ 《孙中山全集》（第 2 卷），中华书局 1982 年版，第 253 页。

育会议,此次会议着重讨论并制定了新的学制,即"壬子学制"。至1913年,在"壬子学制"基础上,临时政府教育部陆续制定了一系列各级学校改革令,包括《小学校令》《中学校令》《中学校令施行细则》《专门学校令》等,并于1913年颁布。"壬子学制"与这些学校改革综合起来成为一学制改革系统,被称为"壬子·癸丑学制"。

"壬子·癸丑学制"明确了中小学的教育宗旨和课程体系。规定:小学以"留意儿童身心之发育,培养国民道德之基础并授予以生活所必需之知识技能"为教育宗旨,初、高等小学除开设修身、国文和修身、国文、本国历史、地理等课程外,均设置了诸如手工、图画、唱歌、体操及缝纫、农业等所谓生活必需的知识技能课程。1912年11月22日教育部制定《小学校教则及课程表》,又进一步强调:"凡与国民道德相关事项,无论何种科目,均应注意指示。知识技能,宜择生活上所必需者教授之,务令反复熟习,应用自如。"①中学则以"完足普通教育、造成健全国民"为教育宗旨,课程设置与小学基本相类似,除设置修身、国文、历史和地理相关国民道德和知识教育的基本课程外,还主要设置了诸如外国语、数学、博物、物理、化学、法制经济、图画、手工、乐歌、体操,甚至女子中学的家事、园艺、缝纫等大量所谓造就健全国民的知识技能课程。

"壬子·癸丑学制"使民初中小学传统文化教育的教育目标由"传统伦理道德教育"转型为了"养成共和国民健全人格",教育内容相对传统与清末传统文化教育而言也显现了两方面变化:一是传统修身教育转型为公民道德教育;二是国文科取代读经讲经科成为新课程体系的核心。因而,新的教育目标能否实现,关键取决于公民道德教育和国文教育的实施。

二、国文科取代读经讲经科

在教育部制定的一系列教育改革措施中,中小学取消读经讲经科堪称核心举措。读经讲经科是否废止俨然成为旧教育是否终止、新教育是否兴起的重要标志。

---

① 《1912年11月22日教育部订定小学校教则及课程表文(附教则、课程表)》,朱有瓛编:《中国近代学制史料》(第三辑上册),华东师范大学出版社1990年版,第117页。

（一）读经讲经科的废止

【读经讲经科成为新旧教育分水岭的原因】

清末"新政"教育改革奉行"固守传统，模仿改良"的宗旨，因此读经讲经科成为中小学固守传统、"保存圣教"、"维系纲常"的重要标志。为了"令圣贤之道时常浸灌于心，以免流于恶习，开离经叛道之渐"①，规定中小学堂必须开设以《孝经》《孟子》《论语》《礼记》《诗经》《书经》《易经》《仪礼》相关篇目为主要内容的读经讲经科，而且读经讲经科每周课时在清末初等小学堂、高等小学堂及中学堂分别为 12 课时、12 课时、9 课时，分别占各自学堂每周总课时的 2/5、1/3、1/4，远远高于其他课程，这标志着清末中小学堂建立的仍是一个以读经讲经科为核心的课程体系。由此，清末教育体制虽然实施了一系列移植、模仿西学的措施，因为读经讲经科核心课程地位的保持，终使清末教育改革未能超越中国传统教育的窠臼。

民初，以蔡元培为代表的民主教育改革者则提出废止中小学的读经讲经科。之所以将中小学教育改革的焦点集中于读经讲经科，主要是由蔡元培等人提出的"养成共和国民健全人格"的资产阶级新教育目标所决定的。其一，从人才培养而言，新教育应是着重造就民主、自由、平等、博爱型的人才，而以传统儒学经典为教育内容的传统教育培养的则是"自大、保守、专制、封闭"的人才，如蔡元培所讲："中国人向有一弊，即是自大……自大者，保守心太重，以为我中国有四千年之文化，为外国所不及，外国之法制皆不足取；……普通教育废止读经……是破除自大旧习之一端。"②可见，传统中国人国民性的养成是长期尊崇儒家经学的结果，儒家经学之所以被历代统治者奉为"神学"，甚至清末教育改革者仍视读经讲经为"保存圣教""维系纲常"的根本，其原因就在于被定为一尊的中国传统经学教育与专制人才培养的联姻。新教育人才培养目标既然是"健全人格之养成"而并非如传统教育培养"自大、保守、专制、封闭"的人才，在中小学乃至大学废止读经讲经、儒家经学教育就成为必然，从国民性改造的需要出发应废止传统经学教育。其二，从教育内容而言，读经讲课所讲授的传统经典中包含很多诸如三纲五常、愚忠愚孝、男尊女卑等腐朽、没落的教育内容。如清末中小学堂

---

① 《奏定高等小学堂章程》，舒新城编：《中国近代教育史资料》（中册），人民教育出版社 1961 年版，第 434 页。

② 蔡元培：《全国临时教育会议开会词》，高平叔编：《蔡元培教育论著选》，人民教育出版社 1991 年版，第 16—17 页。

所读经典除课程表中规定的内容外,清末政府要求学习熟背《圣谕广训》,对学生进行封建纲常道德的教化。《圣谕广训》是由康熙创制,后经雍正进一步补充完善的传统德育教材,其内容共有十六项:"敦孝弟以重人伦。笃宗族以昭雍睦。和乡党以息争讼。重农桑以足衣食。尚节俭以惜财用。隆学校以端士习。黜异端以崇正学。讲法律以警愚顽。明礼让以厚风俗。务本业以定民志。训子弟以禁非为。息诬告以全良善。诫窝逃以免株连。完钱粮以省催科。联保甲以弭盗贼。解雠忿以重身命。"①目的在于力图保持清统治的长治久安,使全国民众永久驯服效命。清末政府要求各学堂在礼堂及讲堂内悬挂《圣谕广训》,平时无论教员及学生务必一律遵奉。这些传统纲常礼教的内容与培养具有自由、平等、博爱健全人格新型人才的新教育理念和内容格格不入。其三,从教学方法而言,传统经典教育的读经讲经科在教学方法方面也存在很多弊端。读经讲经科一味采用机械式的朗读背诵方法进行教学,这种教学方法不符合先进教育原理,不利于儿童健全人格的养成。

正是基于以下各方面原因,民初中小学教育改革中,读经讲经科成为改革的核心与关键,也成了新旧教育的分水岭。

【废止读经讲经科的具体实施】

民初读经讲经科的废止并非只是通过政府的一纸公文,虽然中华民国临时政府曾颁布《普通教育暂行办法》宣布小学读经科一律废止。读经讲经科在民初得以废止的主要举措是以国文科取代读经讲经科在中小学课程中的核心地位,即构建一个以国文课为核心的中小学课程体系。如下表所示:

表 2-1　民初中小学课程体系表

初等小学					高等小学					中　学				
课程	课时				课程	课时				课程	课时			
	第一学年	第二学年	第三学年	第四学年		第一学年	第二学年	第三学年	第四学年		第一学年	第二学年	第三学年	第四学年
修　身	2	2	2	2	修　身	2	2	2	2	修　身	1	1	1	1
国　文	10	12	15	15	国　文	10	10	10	10	国　文	8	8	5	5
算　术	5	6	6	6	算　术	4	4	4	4	外国语	6	6	5	5
游戏体操	4	4	4	4	地理历史	5	5	5	5	历史地理	3	3	4	4

---

① 《大清圣祖仁皇帝实录》卷三四,台北:华文书局影印,第10—11页。

续表

初等小学					高等小学					中　学				
课程	课时				课程	课时				课程	课时			
	第一学年	第二学年	第三学年	第四学年		第一学年	第二学年	第三学年	第四学年		第一学年	第二学年	第三学年	第四学年
图　画					博物理化	2	2	2	2	数　学	4	4	4	4
手　工					图　画	1	1	1	1	博　物	3	3		
										理　化			4	4
										法制经济				2
										家　政			2	2
										裁　缝	2	2	2	2
										图　画	1	1	1	1
裁　缝					手　工	1	1	男3女1	男2女1	手　工	男2女1	男2女1	男2女1	男2女1
唱　歌					裁　缝	2	2	3	3	音　乐	1	1	1	1
					体　操	男3女2	男3女2	男3女2	男3女2	体　操	男3女2	男3女2	男3女2	男3女2
合　计	21	24	27	27		男30女29	男30女29	男34女31	男33女31		男34女32	男34女32	男37女35	男37女35

注:此表依据中华民国临时政府颁布的《普通教育暂行课程标准》整理而成,见陈学恂编:《中国近代教育史教学参考资料》,人民教育出版社 1987 年版,第 168—170 页。

从表 2-1 中可以很明确地看出在清末中小学堂占有最大比例的读经讲经科在民初中小学教育改革中全面被废止了,取而代之的是国文课,不仅初等小学、高等小学和中学校的国文课程的课时增加,每周 10 课时、10 课时和 8 课时,分别占各自每周总课时的 1/2、1/3、1/4 强,而且国文课在实施语言文字教育功能的同时,承担了以往读经讲经科的道德教育的使命,"在使儿童学习普通语言文字,养成发表思想之能力,兼及启发其智德"。国文课成为民初中小学最具核心地位的课程,民初中小学教育成为以掌握语言文字为目的的教育。以语言文字课程取代道德伦理课程,中国传统教育也因失去了原有的载体而发生了实质性变化,由伦理道德性质的教育转变为了以语言文字为主的教育。读经讲经科实际上是承载伦理道德教育职责的课程,以讲授语言文字的国文课取代承载伦理道德教育职责的读经讲经科,其目的非常明确,即将传统伦理道德教育边缘化。

(二)国文科教学目标的确立

国文本义是指本国的文字,近代指中小学语文课,称为国文科。对于国文科,叶圣陶先生曾明确总结了其本质:"国文科的目标在养成阅读能力跟写作能力,阅读跟写作又须切近现代青年的现实生活;……就一般的语文教学而言,对于前一语是没有问题的,谁不知道就为要养成阅读跟写作的能力,学校里才有国文这一科? 问题就只在后一语,切近不切近现代青年的现实生活,才是国文教学成功跟失败的分界标。"[①]叶圣陶先生着力强调了国文科的两方面特征,一是国文科是培养中小学生阅读和写作能力的课程;二是国文科的教学内容应是与学生日常生活密切相关的知识。与突出"文以载道"、严重脱离现实生活的传统儿童语文教育有了本质区别。

近代是中小学国文科诞生、发展乃至成熟的历史时期。清末民初是国文科诞生的时期。五四新文化运动时期,白话文运动、国语运动及"儿童文学化"思潮推动了国文科的发展。民国中后期中小学国文课程标准的历次改革使国文科日渐成熟,成为与传统识字、读经讲经教育有本质不同的中小学国文教育。

近代意义的国文教育始于清末,"癸卯学制"规定初等小学堂设"中国文字科",高等学堂和中学堂设"中国文学科"。中国文字科"其要义在使识日用常见之字,解日用浅近之文理,以为听讲能领悟、读书能自解之助,并当使之以俗语叙事,及日用简短书信,以开他日自己作文之先路,供谋生应世之要需"。[②] 中国文学科"其要义在使通四民常用之文理,解四民常用之词名,以备应世达意之用"。[③] 1912 年,中华民国临时政府教育部颁布"壬子·癸丑学制",其中,《小学校则及课程表》和《中学校令施行规则》分别规定在小学、中学设置国文科,至此,中小学国文科正式诞生,国文科成为近代中小学语文教育标志。《小学校则及课程表》和《中学校令施行规则》确立了民初中小学国文科的教育宗旨:小学"国文要旨,在使儿童学习普通语言文字,养成发表思想之能力,兼以启发其智德。……其材料就修身、历史、地理、理科及其他生活必须事项择其富有趣

---

① 叶圣陶:《读了〈中学生国文程度的讨论〉》,刘国正主编:《叶圣陶教育文集》(第3卷),人民教育出版社 1994 年版,第 43—44 页。

② 《奏定初等小学堂章程》,舒新城编:《中国近代教育史资料》(中册),人民教育出版社 1961 年版,第 420 页。

③ 《奏定高等小学堂章程》,舒新城编:《中国近代教育史资料》(中册),人民教育出版社 1961 年版,第 435 页。

味者用之"。① 而中学"国文要旨,在通解普通语言文字,能自由发表思想,并使略解高深文字,涵养文学之兴趣,兼以启发智德。国文首宜授以近世文,渐及于近古文,……使作实用简易之文,兼课识字"。②

从以上规定总结,民初诞生的中小学国文科的教育宗旨是由浅及深,循序渐进地培养学生阅读与写作和日常生活密切相关的文字、文学的能力。尤其突出教学内容的实用性,讲授对学生有用的知识,即"日用必需之文字"和"生活必须事项",培养学生表达自己的思想、观点,"自由发表思想"的能力。国文科所确立的教育宗旨在一定程度上是对传统教育的否定,突出体现为:

1. 突破了传统教育"文以载道"的桎梏,将"自由发表思想"确定为国文教育的目的。传统儿童语文教育从汉代以后就要求学生诵读、写作必须体现儒学正统思想,科举制度实施后,又强调严格围绕着科举考试、八股文写作而展开教学,这使传统儿童语文教育越来越成为一种僵化、脱离生活、禁锢心灵的形式化教育。民初,国文科的教育宗旨是本着培养经世致用人才的思想确立的,因此,注重教学内容的实用性及与学生生活、思想的密切关联,强调国文教育的目的是培养学生自由表达自己思想观点的能力。

2. 突破了传统语文教育"阅读"只为"作文"的藩篱,将"阅读"也作为了国文教育的重要教学目标,国文教育不仅教学生"作文",而且培养学生"通解普通语言文字""略解高深文字"的能力,使"阅读"与"作文"在国文教育中同等重要。

3. 突破了传统语文教育诵读、写作只拘囿于圣贤经典的局限,将"文学"纳入国文教育范畴,并使之成为"涵养文学之兴趣"甚至"启发智德"的重要媒介。但民初中小学国文科由于刚刚设立,而且是脱胎于传统教育,因而与传统教育还有千丝万缕的联系。如国文科的教学内容大部分仍是古文即文言文,教学方法也延续了传统儿童语文教育方法,以诵、读、背为主,这使国文教育中无论"读"还是"写"的语言文字都脱离现实生活的口头语言与白话文,因此,要达到通过国文教育使学生能"自由发表思想"的教育目标实际不太现实,这是民初国文教育本身所存在的局限性。

---

① 《教育部订定小学校教则及课程表》,舒新城编:《中国近代教育史资料》(中册),人民教育出版社 1961 年版,第 456 页。

② 《教育部公布中学校令施行规则》,舒新城编:《中国近代教育史资料》(中册),人民教育出版社 1961 年版,第 527 页。

(三)国文科教学的实施

国文科教育宗旨一经确立,教学的实施就是教育宗旨是否真正落实的关键。民初中小学国文科在教学实施过程中,教学内容的编排普遍呈现诸如宣扬资产阶级道德、传授生活和近代科学及科技知识、传承优秀传统文化教育等特点。相对于清末中小学堂的中国文学、中国文字科的教学内容而言,民初国文科教学素材更丰富,修身、历史、理科、地理、实业、国民知识、世界知识等方面的内容均有所涉,打破了传统私塾教育只教读四书五经的局限。教学内容的展现形式相对于清末更加注重浅显、生动,迎合中小学生的学习兴趣和身心特点。以民初小学国文教科书为考察中心分析,从目前所掌握的文献资料看,国文科教育宗旨确立后,民初时期的很多出版社如商务印书馆、中华书局、文明书局等都依照国文科教育宗旨编写出版了小学国文教科书,大概有12种之多。比较具代表性的如:中华书局1912年出版的汪勃、何振武的《中华高等小学国文教科书》,1913—1915年出版的戴克敦、沈颐、陆费逵的《新制中华国文教科书》,1915年出版的沈颐、杨喆的《新编中华国文教科书》;商务印书馆1912—1916年出版的庄俞、沈颐的《共和国教科书·新国文》(初小),1913—1921年出版的樊炳清、庄俞的《共和国教科书·新国文》(高小);文明书局1916年出版的金匮、顾悼的《高等小学国文读本》等。这些教科书遵循"养成共和国民之人格;注重自由平等、守法合群的资产阶级自由、平等精神和道德的教育;注重五族平等和博爱精神教育;注重诸如实业、政治、法律、军事等国民生活知识的传授;重视'矫正旧有之弊俗',继承'中华固有之国粹',启发学生的爱国心,增进学生的智德"[①]的编写原则,对民初中小学国文科教学实施的特点有充分的体现,具体如下:

【教学内容的调整】

1. 宣扬资产阶级道德

清末的中小学堂教科书,虽然减少了宣讲封建纲常礼教的课文,但大部分课本还依然主要侧重于修身、齐家、处世等方面的教育,也主要围绕几方面进行选材,如商务印书馆出版的《最新国文教科书》收录了传统儿童读物中未曾有过的《木兰辞》《愚公移山》《司马光砸缸》《悯农》《农夫》等课文,旨在大力宣扬中国的悠久文化和表彰古代圣贤和普通劳动人民的美德。同时注重"治事"教育,注重农业、工业和商业等实用知识以及常识的传授,所以教科书中出现最多的是描

---

① 《编辑共和国小学教科书的缘起》,《教育杂志》1912年第4卷第1期。

写动物、植物、气候现象和实物等的课文。而民初的国文教科书,虽然类似清末教科书内容的课文仍然有很多,但与清末教科书最实质的不同是增加了很多与民主、共和方面的选材。如《共和国教科书·新国文》的616篇课文中,宣扬资产阶级民主、自由、平等、博爱等思想观念的课文大约就占了1/10之多,诸如高等小学新国文教科书第1册开篇即是题为"国体与政体"和"民国成立之始末"的两篇课本,第1册37篇课文中,宣讲民主、共和、博爱的相关课文就有近10篇。其他5册也包括了诸篇宣扬民主、共和精神的课文。如:

民　族

　　世界人类,种族不一。古昔时代,最重血统,宗教不同,婚姻不通。所谓国家者,大抵以一民族为限。即有征服他民族,往往存歧视之心。义务不同,权利不同。压力愈大,而抵抗力亦愈大。久之,必乘机而爆发。东、西历史,盖数见不鲜也。

　　夫民族之不能混合者,推其原因,实由于专制。专制政体,一国之中,共戴一君主。恒厚视其种人,轻视他种人。阶级既分,同化益难。若夫共和国则不然,人人平等。行政之总统,立法之议员,皆由人民公举。选贤与能,无种族之区别。故能萃多数之民族,而翕然无间也。

　　我国立国最古,民族至为复杂。其最著者,曰汉,曰满,曰蒙,曰回,曰藏。他如苗、瑶、土番等族,尤不可胜数。迭相雄长,时分时合,无长治久安之策。今者民国成立,合各民族为共和国。政治上既无此疆彼界之限,种族间更无入主出奴之分。行见道一风同,互相扶持,以巩固我国家之基础焉。①

国　家

　　国家之要素有三,一定之疆土,一定之人民,一定之主权是也。沙漠之地,无一定之居民,不得为国家。游牧之民,无一定之疆土,不得为国家。既或有疆土矣,有人民矣,而主权损失,仅为他国之藩属,或受他国之保护,是亦不得为国家。完全国家者,必兼有人民、疆土及主权者也。

　　专制国家之主,自谓朕即国家。不知疆土之广,非一姓之产业;人民之众,非一家之仆隶;主权之强,非一人之威福。故谓政府为国家者,误也。

---

　　① 　樊炳清、庄俞编:《共和国教科书·新国文》(高等小学校第2册),广西师范大学出版社2013年版,第57页。

且国家者,与他之国家相对待者也。存闭关自大之见,辄夸境内为天下,自昧其国家在世界之地位。故谓天下为国家者,亦误也。

我中国地大物博,人口众多,有四千余年之历史,为世界开化最早之国。不独吾父母、祖宗经营生息于斯,非可恝然相处。即吾藐然一身,既为国家分体之一,亦自当尽其匹夫之责任矣。①

政　党

凡属立宪国,皆由人民选举议员,以组织国会。而政府地位之安否,恒视国会多数之从违。若夫民主立宪国,其总统亦由选举。故惟占选举之势力,而后能占政治之势力,组织政党者,特标其政治之主义,借以结合多数人,而得选举之优胜也。

各国之政党,有分为两大党者,英、美等国是也。英、美两政党,势力相埒,此党握政权,则彼党从而督监之,辄相消长,故政治上无专横之弊。其他各国,党派较多,政党之势力与作用,不及英、美之完备。

正常之利有四,人民争奋于政治,一也;协谋共济,使各种智德发达,二也;拥护宪政,而抗当局者少数之专制,三也;国家政策,得以持久,四也;若夫重党派而不顾正义,由运动而堕其品性,恃多数而流于专横,流弊所极,皆足以祸国而殃民。

民国成立,选举之关系日重,自不能无政党之发生,取其利,去其弊,是在国民之道德心。②

博　爱

凡人有生之初,即具爱物之性。故对于亲则为孝,对于兄弟则为友,对于朋友则为信。名虽不同,其出于爱一也。

人当幼时,日处家庭,知爱父母,见背而已。及稍长,则知爱朋友。然其量犹未广也。

孟子曰:"恻隐之心,人皆有之。"以大同言之,则凡圆顶、方踵之伦,皆当使之得所。以种族言之,则凡肌黄、发黑之人,皆当联以情谊。以国界言之,则凡四境以内之人,皆当视为同胞。禹思天下有溺者,犹己溺之也。稷

---

① 樊炳清、庄俞编:《共和国教科书·新国文》(高等小学校第3册),广西师范大学出版社2013年版,第158页。

② 樊炳清、庄俞编:《共和国教科书·新国文》(高等小学校第6册),广西师范大学出版社2013年版,第283页。

思天下有饥者,犹己饥之也。伊尹思天下之民,匹夫、匹妇,有不被其泽者,若己推而纳之沟中。张横渠曰:"天下疲癃、残疾、茕独、鳏寡,皆吾兄弟之颠连而无告者也。"呜呼!何其量之宏而爱之博耶!①

以上课文显示,民初国文科非常注重民主共和理念的宣扬,因此将有关民族、国家、政党和博爱等体现民主共和思想和政治体制的内容进行叠加,并作为教科书核心内容,充分体现了资产阶级民主主义教育思想对中小学国文教育的影响。

2. 传授生活和近代科技知识

(1)民初国文科多以儿童生活中熟悉的人和事物以及日常生活常识为题材,特别突出对儿童生活知识和技能的培养。尤其是小学,这样的内容比例更大,大约占到了1/3。同时,内容的编排遵循从易到难,从近到远逐步展开,从学生日常生活到社会知识逐渐拓展,既贴近学生生活,又极利于提高学生学习兴趣和对知识的接受,如以下两篇:

读 书

学生入校。先生曰:"汝来何事?"学生曰:"奉父母之命,来此读书。"先生曰:"善。人不读书,不能成人。"②

燕 子

燕子,汝又来乎?旧巢破,不可居。衔泥衔草,重筑新巢。燕子,待汝巢成,吾当贺汝。③

这样内容和形式的课文非常契合儿童的学习兴趣和特点,学生在轻松、活泼、生动的学习情景中学习了生活和社会的知识与技能。

(2)遵循教学内容实用性的教育宗旨,民初国文科增加了相当比例的近代科技知识,内容几乎涉及了近代工业、农业、矿业、商业、交通、印刷、保险、天文、地理等诸多方面,如:

显微镜

某儿持显微镜,置书上,见字倍大,奇之。父曰:"此镜为凸玻璃所造,

---

① 樊炳清、庄俞编:《共和国教科书·新国文》(高等小学校第3册),广西师范大学出版社2013年版,第146页。

② 庄俞、沈颐编:《共和国教科书·新国文》(初等小学校第3册),广西师范大学出版社2013年版,第118页。

③ 庄俞、沈颐编:《共和国教科书·新国文》(初等小学校第3册),广西师范大学出版社2013年版,第120页。

能放大物体。然其力仅数倍耳。其精者,以数玻璃合制一镜,视物可至千倍。"乃取镜示之。

　　儿以发对镜窥之,状如树枝,又取水一滴,置镜下,见微虫蠕蠕然,往来游泳其间。儿大喜,以告父。

　　父曰:"发之如树枝,水之有微虫,皆人目所不能见者也,而是镜能显之。由此以推,则镜力愈大,所见微物亦愈多。吾人得开广眼,皆显微镜之功也"。①

开　矿

　　人之初生,穴居野处,取草木之实,鸟兽之皮、肉,以供衣食。其日用器物,率取给于石焉。厥后人智渐辟,既知冶金之术,始则用铜、锡,继则用铁。器用日精,而文化以进。今者轮轨如织,工厂如林,其物质之文化,远迈前古。而究其由来,则亦舍煤、铁不为功。谓文野之差,视其利用矿物之度以为断,殆非过论也。

　　尝至某煤矿,乘升降机而下。初至,甚昏黑,咫尺不可辨。遥见火光荧荧,则矿工所持之灯也。洞中支巨木为柱,以防崩陷。道路四达,中设铁轨。运煤以车,曳车以马,往来道中,轰轰似雷鸣。斧凿之声,不绝于耳。矿工昼夜分三班,更番出入。窃惊其规模之巨,经费之繁。闻业者言,投资为厚,浅掘即止,必卒于失利云。②

　　这些课程旨在对学生进行科技教育,这与传统教育乃至清末中小学中国文字、文学科明显不同,体现了民初中小学国文教育的近代化转型。

　　(3)民初奉行"军国民教育"的教育宗旨,以致近代军事和体育素材也纳入了中小学国文教育,普及体育知识的课文大多以学生喜闻乐见的游戏活动和体操为题材,如:

击　球

　　冯儿善击球。欲高则高,欲低则低。进退俯仰,可连击数百次。又能向壁击之,不落地上。③

-----

　　① 樊炳清、庄俞编:《共和国教科书·新国文》(高等小学校第1册),广西师范大学出版社2013年版,第20页。

　　② 樊炳清、庄俞编:《共和国教科书·新国文》(高等小学校第2册),广西师范大学出版社2013年版,第66页。

　　③ 庄俞、沈颐编:《共和国教科书·新国文》(初等小学校第3册),广西师范大学出版社2013年版,第121页。

游　戏

午饭已毕,先生率学生集于体操场。或唱歌,或击球,或抽陀螺,随意游戏。及闻铃声,排班入课堂,无一后至者。[①]

而涉及军事知识的课文大多以中外军事人物和军事知识为题材,如:

军　人

军人,至有荣誉之人也。为军人,亦国民之义务也。生为男子,苟非犯罪废疾,靡有不当军人者。

吾国古时,本有征兵之法,全国之民,莫不当兵。惟老弱则汰之。唐宋以后,专用募兵,兵与民始分为二,于是士、农、工、商,各营其业。所谓兵者,大抵以游民充之。重文轻武,沿为风俗。国势衰颓,职此之由。诚欲转弱为强,当复行征兵之制。使凡为国民者,俱能尽卫国之责任,人孰敢侮之哉?[②]

兵　器

鸟有爪距,兽有蹄角,皆所以自卫也。国之自卫恃兵,兵所以能自卫,则恃兵器。

古者,相击之器,梃刃而已。护身之具,甲盾而已。其后有弓矢,而所击杀者渐远。有城郭,而所保护者亦渐广。然以今视之,其拙陋已甚。盖自制造日精,陆有炮台,海有战舰,攻守之具,猛烈无比。古之城郭、弓矢,至此皆无用矣。[③]

3. 传承优秀传统文化教育

民初中小学国文科本着批判继承的教育原则,摒弃了传统教育中宣扬封建等级秩序等腐朽、没落的内容,重视和继承优秀传统道德和传统文化教育,涉及爱国、孝悌、友爱、信义、尊敬、勤勉、良好生活习惯养成等传统道德和文化的素材占有相当的比重。如下表的统计:

---

① 庄俞、沈颐编:《共和国教科书·新国文》(初等小学校第4册),广西师范大学出版社 2013 年版,第 195 页。

② 庄俞、沈颐编:《共和国教科书·新国文》(初等小学校第8册),广西师范大学出版社 2013 年版,第 432 页。

③ 庄俞、沈颐编:《共和国教科书·新国文》(初等小学校第8册),广西师范大学出版社 2013 年版,第 433 页。

表 2-2 民初初等小学《共和国教科书·新国文》教科书中的传统文化教育内容汇总表

内容 课文 教科书	爱国	孝悌	友爱	信义	尊敬	勤勉	良好生活习惯	传统文化教育
第一册		第 22、23、38 课兄妹、姊妹游戏; 第 28 课在家中孝父母			第 28 课入学校敬先生; 第 48 课家中迎客	第 24 课打扫卫生		
第二册		第 9 课抱弟弟 第 35 课问候兄长	第 14 课同学友爱		第 27、45 课家中待客	第 6 课讲卫生; 第 25 课早起扫卫生; 第 41 课勤勉自立		
第三册		第 23 课孝亲; 第 27 课教弟; 第 40 课贾易	第 26 课张元; 第 34 课梁儿		第 38 课路遇先生	第 10 课洒扫; 第 39 课勤学	第 9 课指甲; 第 24 课勿贪多	第 5 课文彦博; 第 14 课七曜日; 第 15 课司马光
第四册	第 1 课我国; 第 50 课敬国旗	第 7 课爱弟; 第 24 课赵至; 第 25 课亲恩	第 26 课母羊求救	第 15 课诚实童子; 第 42 课守规则; 第 43 课戒诳语	第 40 课敬老; 第 8 课陪客		第 21 课洁净; 第 23 课不误时; 第 41 课运动	第 29 课器具; 第 36 课匡衡; 第 37 课甄女; 第 46 课宇文深
第五册		第 10 课家信		第 30 课假书; 第 50 课告假			第 48 课戒吸烟	第 6 课黄帝; 第 7 课嫘祖; 第 15 课禹; 第 16 课汤武; 第 39 课孔子; 第 40 课孟子; 第 41 课孟母
第六册		第 10 课兄弟	第 50 课朋友	第 43 课义马				第 8 课秦始皇; 第 9 课万里长城; 第 17 课汉武帝; 第 18 课马援; 第 27 课班超; 第 28 课诸葛亮; 第 44 课唐太宗
第七册				第 8 课投报			第 39 课勿窥私书; 第 40 课勿听私语	第 7 课亲属; 第 11 课岳飞; 第 12 课明太祖; 第 45、46、47 课清季外交之失败

续表

内容 课文 教科书	爱国	孝悌	友爱	信义	尊敬	勤勉	良好生活习惯	传统文化教育
第八册	第 13 课爱国						第 20、21 课戒轻率; 第 29 课赌博之害	第 1、2、3 课国史大概; 第 18 课赵奢

表 2-3　民初高等小学《共和国教科书·新国文》教科书中的传统文化教育内容汇总表

教科书	传统文化教育课文
第一册	第 6 课陶潜的"桃花源记"、第 7 课周敦颐的"爱莲说"、第 8 课白居易的"杏园中枣树"、第 17 课岳飞的"良马对"、第 18 课韩愈的"马说"、第 21 课李文炤的"勤训"、第 22 课李文炤的"俭训"、第 28 课白居易的"凌霄花"、第 29 课柳宗元的"黔之驴"、第 30 课柳宗元的"永某氏之鼠"、第 31 课柳宗元的"临江之麋"
第二册	第 14 课杜甫的"出塞"、第 18 课柳宗元的"区寄"、第 19 课方苞的"与陈沧洲书"、第 20 课刘因的"高林孔子庙记"、第 21 课程颐的"养鱼说"、第 22 课欧阳修的"养鱼记"、第 26 课刘基的"漆贾"、第 30 课龚自珍的"病梅馆记"、第 31 课苏轼的"记游定惠院"
第三册	第 7 课苏轼的"日喻"、第 8 课王禹偁的"黄冈竹楼记"、第 9 课白居易的"凶宅"、第 16 课韩非子的"乐羊秦西巴"、第 22 课韩愈的"师说"、第 23 课崔瑗的"座右铭"
第四册	第 12 课刘德新的"戒赌博"、第 13 课刘德新的"戒酗酒"、第 17 课苏洵的"木假山记"、第 26 课岑参的"白雪歌"
第五册	第 3 课孔子、第 4 课道教、第 5 课苏辙的"快哉亭记"、第 6 课苏轼的"黠鼠赋"、第 17 课欧阳修的"纵囚论"、第 18 课欧阳修的"伶官传序"、第 20 课李固的"与黄琼书"、第 21 课韩愈的"与孟东野书"、第 25 课"触詟说赵太后"、第 26 课薛瑄的"猫说"、第 34 课欧阳修的"醉翁亭记"、第 35 课刘基的"吴王夫差"、第 37 课"木兰诗"
第六册	第 2 课曾国藩的"原才"、第 5 课李绂的"别籍异财议"、第 6 课苏轼的"赤壁赋"、第 7 课苏轼的"后赤壁赋"、第 8 课魏学洢的"核舟"、第 9 课司马光的"葬论"、第 10 课韩愈的"讥堪舆"、第 11 课苏轼的"记与欧公语"、第 15 课苏洵的"六国论"、第 16 课苏轼的"留侯论"、第 22 课方孝孺的"赠王仲缙序"、第 23 课马援的"戒兄子严敦书"、第 24 课韩愈的"原毁"、第 27 课韩愈的"祭田横墓文"、第 28 课欧阳修的"连处士墓表"

注:以上两表内容依据《共和国教科书·新国文》(初等小学校全八册、高等小学校全六册),广西师范大学出版社 2013 年版整理而成。

　　从以上整理的内容分析,民初中小学国文科课程中的传统文化教育内容选择与编排主要体现了两方面特点,一是摒弃了传统教育中有关忠君以及宣扬封建纲常礼教等的相关内容,其原因主要是因为这些内容与民国政府"民主、共和、平等、博爱"的民主精神和教育宗旨不仅不相吻合,甚至背道而驰。二是继承了传统文化中契合时代精神的内容,如与"健全共和国人格"教育理念相融通,传统道德文化所包含的"爱国、孝悌、友爱、信义、尊敬、勤勉、良好生活习惯"等内容就成为民初国文科的重要内容。如:

孝　亲

朱儿事亲孝。每得食物,必以奉母。一日,至姑家,姑给以果饵,儿不食。姑问故,对曰:"将携归奉母也。"①

亲　恩

人初生时,饥不能自食,寒不能自衣。父母乳哺之,怀抱之。有疾,则延医诊治。及年稍长,又使入学。其劳苦如此。为子女者,岂可忘其恩乎?②

以"友爱"教育为题材的课文:

同学友爱

东西邻　两学生　一姓张　一姓王　早餐后　同入学　功课毕　同还家③

朋　友

程、董二生,居同里,学同校,相爱如昆弟。久之,董生随父游北京。往别程生,怅惘不已。程生曰:"男儿志在四方,尔我情况,当邮书以达之。"董生诺之而别。④

以"尊敬"教育为题材的课文:

家中迎客

有客至　看我父　我迎客　入室内　父见客　问姓名　父坐右　客坐左⑤

---

①　庄俞、沈颐编:《共和国教科书·新国文》(初等小学校第3册),广西师范大学出版社2013年版,第140页。

②　庄俞、沈颐编:《共和国教科书·新国文》(初等小学校第4册),广西师范大学出版社2013年版,第198页。

③　庄俞、沈颐编:《共和国教科书·新国文》(初等小学校第2册),广西师范大学出版社2013年版,第75页。

④　庄俞、沈颐编:《共和国教科书·新国文》(初等小学校第6册),广西师范大学出版社2013年版,第335页。

⑤　庄俞、沈颐编:《共和国教科书·新国文》(初等小学校第1册),广西师范大学出版社2013年版,第53页。

路遇先生

余儿行路中,遇先生,鞠躬行礼,正立路旁。先生有命,儿敬听之;先生有问,又敬答之。俟先生去,然后行。人皆称为知礼。①

此外,良好生活习惯养成也是民初"新国民"教育的重要内容,因而民初国文、修身等相关科目的课程内容很多是批判传统腐朽生活方式、积极倡导良好新生活习惯的。在《共和国教科书·新国文》中,有很多篇课文继承了传统教育中良好生活习惯教育的内容,诸如《守规则》《戒诳语》《洁净》《节饮食》等课文。

守规则

唐生粗浮。师戒之曰:"学生在校,何时,不可妄言妄动。授课之室、体操之场、憩息之所,皆有规则。汝宜谙习之。"唐生守师训,渐以谨慎闻。②

戒诳语

司马光幼时,与姊共弄胡桃,欲脱其皮,不得。姊去,一婢以汤脱之。及姊复来,光告姊曰:"吾能脱之矣。"其父适见之,呵曰:"小子何得诳语?"光自是改过,终身无诳语。③

【教学内容展现形式的变化】

民初中小学国文科的教学实施不仅注重选材的调整、充实,而且注重教学内容展现形式的变化。虽然大部分教学内容依然是文言文,但强调浅显、生动。

1.采用浅显文言文形式,便于学生识记。民初国文科选材基本上继承了传统儿童读本的编纂传统,课文编排由简到繁;语句多以短句、儿歌为主;语句结构简约、整齐,读起来朗朗上口。这样的课文编排使学生在轻松愉快的朗读中认记了一些与生活有关的字、词和句。例如,课文:"明月出,虫声四起,时高时低,时远时近,其声不一。"④"有农夫,住山下,编茅为屋,编竹为篱,日初升,荷锄出,日将落,荷锄归。"⑤语言生动活泼,极容易被儿童接受。

---

① 庄俞、沈颐编:《共和国教科书·新国文》(初等小学校第 3 册),广西师范大学出版社 2013 年版,第 155 页。

② 庄俞、沈颐编:《共和国教科书·新国文》(初等小学校第 4 册),广西师范大学出版社 2013 年版,第 215 页。

③ 庄俞、沈颐编:《共和国教科书·新国文》(初等小学校第 6 册),广西师范大学出版社 2013 年版,第 216 页。

④ 庄俞、沈颐编:《共和国教科书·新国文》(初等小学校第 2 册),广西师范大学出版社 2013 年版,第 65 页。

⑤ 庄俞、沈颐编:《共和国教科书·新国文》(初等小学校第 2 册),广西师范大学出版社 2013 年版,第 77 页。

2.注重以图释义。民初小学尤其是低年级教科书的课文中很多课文配有插图,有的是借助插图展现主题。如《周游世界》①的课文中就绘有一张清晰的世界地图,通过地图使文字内容一下子生动形象了很多,好像世界就在学生眼前,学生通过地图很容易地就周游了世界。有的借助插图加深学生对课文内容的印象。《灯塔》②的课文,开头就配有一张形象的灯塔插图,让学生对课文内容印象深刻。有的借助插图作实例说明。如《公债》③一课,附上了各国公债表,通过图表对课文内容进行了进一步的解释,非常便于学生理解和记忆课文内容。

从以上分析可见,民初国文科课程内容及语言形式的变革,反映了这一时期中小学传统文化教育一方面顺应民主主义教育改革的趋势,注重对儿童进行民主、共和、平等、博爱、科技、健康等方面的教育,另一方面注重与民主主义教育理念相契合的优秀传统道德和传统文化的教育,这标志着民初中小学传统文化教育的现代化转型和实质性转向。在民智初开的民国初期,中小学传统文化教育在国文科层面上实现了新旧教育的均衡,合乎时代进步要求,给人耳目一新之感。

三、传统修身教育转型为公民道德教育

(一)公民道德教育宗旨的确立

所谓公民道德教育就是指以资产阶级的"自由、平等、博爱"为教育内容的德育,是个人私德教育与社会和国家公德教育相结合,且以公德教育为核心的德育体系。时任教育总长的蔡元培就强调自由、平等、博爱"三者诚一切道德之根源,而公民道德教育之所有事者也"。④ 1914年,署名啬广的学者发表《中国教育上固有之特色及今后教育之要点》一文,就民初新德育,即公民道德教育进行了解读:"凡教育之目的有二:个人教育及社会教育是也。个人教育,以养其特

---

① 庄俞、沈颐编:《共和国教科书·新国文》(高等小学校第4册),广西师范大学出版社2013年版,第171页。

② 庄俞、沈颐编:《共和国教科书·新国文》(高等小学校第4册),广西师范大学出版社2013年版,第216页。

③ 庄俞、沈颐编:《共和国教科书·新国文》(高等小学校第4册),广西师范大学出版社2013年版,第175页。

④ 蔡元培:《对于新教育之意见》,高平叔编:《蔡元培教育论著选》,人民教育出版社1991年版,第2—3页。

殊之人格;社会教育,以养其共同之精神。有特殊之人格,则谓之完人。君子比德于玉,即磨莹人格,使无暇类之谓也。有共同之精神,则能爱其群,老吾老以及人之老,幼吾幼以及人之幼,是国家社会之所由发达也。盖人既有身,不能不接于事物,有所行动,终日行动不可不有道以处之,对己者为私德,对人者为公德。故教育之要,未有不归宿于德育者也。虽然德育云者在内非在外,使博闻强记而不能变化其心思气质,犹被狙猿以冠裳,何足责矣?故当先充之以善恶之知识,激之以义务之观念,然后其行为有所制,莫不为正,而邪者远矣;莫不为善,而恶者退矣。流被社会蒸为风俗,非平日涵养教训之功,奚至于是哉?"①

中华民国建立后颁布的《中华民国临时约法》从法律上确认了中华民国主权在民,全体国民一律平等,依法享受选举、参政、居住、言论、信教等项自由权利的"自由、平等、博爱"的公民观,为开展公民道德教育提供了制度保证。随后,蔡元培即明确提出"五育并举,以公民道德为中坚"的教育指导思想,为公民道德教育实施提供了思想指导。1912 年 9 月,民国政府教育部公布新的教育宗旨:"注重道德教育,以实利教育、军国民教育辅之,更以美感教育完成其道德。"②正式确立了以公民教育为核心的德育方针。依据这一教育宗旨,公民道德教育很快落实到了中小学德育课程体系中。

民初,随着读经讲经科的废止,中小学德育的重任主要落在了修身课程上。随着公民道德教育指导思想的确立,民初中小学的德育课程虽然在课程名称上依然称为修身科,教育内容也兼顾传统德育因素,但其教育宗旨与内容已经发生了转移。清末中小学堂修身科的教育内容主要以传统伦理道德教育为主,呈现的依然是以传统的"忠、孝、悌、仁、恕"为主要内容的私德教育特征。而民初中小学修身科的教育宗旨则由传统儒家私德教育转变为以公民道德教育为核心,兼顾传统德育。小学旨在"涵养儿童之德性",初等小学虽然强调首先以私德如孝悌、亲爱、信实、义勇、恭敬、勤俭、清洁等诸方面中比较贴近儿童生活、符合儿童行为特点、易于儿童履行的内容为德育重点,但也"渐及于对社会对国家之责任,以激发进取之志气,养成爱群爱国之精神"③;高等小学德育则在初小的基础上重点以爱群爱国

---

① 啬厂:《中国教育上固有之特色及今后教育之要点》,《中华教育界》1914 年第 16 期。

② 《教育部公布教育宗旨》,舒新城编:《中国近代教育史资料》(上册),人民教育出版社 1961 年版,第 226 页。

③ 《教育部订定小学校教则及课程表》,舒新城编:《中国近代教育史资料》(中册),人民教育出版社 1961 年版,第 456 页。

精神教育内容为主;中学德育则更加注重"养成道德上之思想情操,并勉以躬行实践,完具国民之品格。修身宜授以道德要领,渐及对国家社会家族之责务,兼授伦理学大要,尤宜注意本国道德之特色"[1],教学内容"第一学年是持躬处世和待人之道;第二学年是对国家之责务和对社会之责务;第三学年是对家庭及自己之责务和对人类及万有之责务;第四学年是伦理学大要和本国道德之特色"[2]。

从教育宗旨角度而言,与清末中小学修身教育相比,民初在"道德革命"和民主主义教育思想的影响和直接推动下,以"公德",即维护社会、国家秩序的道德为主体的公民道德教育(也可称为新人格教育,但与公民教育尚不是一个概念,下一章有进一步说明)取代了以"私德"为核心的传统德育成为德育的核心内容,随着公民道德教育影响的不断扩大,公民道德教育课程在其后整个中小学德育课程体系愈来愈占有显著地位,这当然显示了德育的进步化趋向。

(二)公民道德教育的实施

确立了公民道德教育宗旨,设置了相关课程(民初中小学公民道德课程依然称为修身科),下一步要做的自然就是将公民道德教育落实到学校课程的教学内容中。民初,随着中小学设定修身科,各种版本的中小学修身教科书相继出版。其中,沈颐、戴克敦、包公毅编写并由教育部审定、1912年6月始由商务印书馆出版的《共和国教科书·新修身》,缪文功编、1912年北京中华书局出版的《中华中学修身教科书》,沈颐、范源濂、董文编、教育部审定、1913年由上海中华书局出版的《新编中华修身教科书》,戴克敦、沈颐编、1913年北京中华书局出版的《新制中华修身教科书》等比较具有影响力并被广泛使用。这一时期的中小学修身教科书从内容到形式都有一定的共同性,大多分初等小学、高等小学和中学三种类型,分别适用于不同年龄段的学生;内容编排都宣称以养成儿童完全人格为宗旨,将公民道德教育分为个人道德、学校道德、家庭道德、社会道德和国家道德五个方面;内容表述形式采用图画与文字相结合的方式,初等小学教科书以图画和图画与文字结合为主,高等小学和中学教科书则主要是文字表述;内容编排遵循从易至难、循序渐进。如《新编中华修身教科书》(初等小学校,共八册)

---

[1]　《教育部公布中学校令施行规则》,舒新城编:《中国近代教育史资料》(中册),人民教育出版社1961年版,第527页。

[2]　《教育部公布中学校令施行规则》,舒新城编:《中国近代教育史资料》(中册),人民教育出版社1961年版,第535页。

的"编辑大意"就明示："本书根据教育部颁定之教育宗旨养成儿童完全之人格，……首二册全用图画，惟按课标列德目，使得遵行之备。三册以下图画与文字并列，图画悉与事实相应，文字则自十字左右起逐渐增加，绝无躐等之弊。……前四册多用假设、寓言及故事，后四册兼用故事、格言及训词。"①下面，以教科书为考察中心，就民初中小学公民道德教育的实施分析如下：

表2-4　初等小学德育主要内容分类表

年级	分册	个人道德	学校道德	家庭道德	社会道德	国家道德
一	第一册	仪容、早起、清洁、应对、友爱、慎食、衣服、温习、勤学、游戏、休息	入学、敬师、爱同学、课堂规则、操场规则	孝父母		
	第二册	守时刻、好学、守秩序、诚实、整理、专心、勤操作、公平、礼节、竞争尚武、扶助他人		亲恩、敬老、敬客	公德、爱生物	
二	第三册	起居、卫生、清洁、节饮食、惜物、惜时、好学贮蓄、正直、礼貌		爱亲、事亲	睦邻、去争、合群、爱同类、济贫	
	第四册	勇敢、镇定、戒惰、整洁、卫生、食礼、爱物、友爱、礼让、守信、不妄语、投报、不拾遗、御侮、尚武			职业	
三	第五册	自省、求己、惜时、惜物、整理、节俭、戒赌博、养生、运动、信实、让功		家庭、孝勇、恤族、敬长、善待童仆	友爱、公德、	
	第六册	技能、善学、自治、责己、不妄取、隐恶、宽容、忠勤、仁勇、仁慈			择友、友谊、睦邻、公益合群	爱国、国旗
四	第七册	自重、改过、去伪、立志、御侮、恒心、坚忍、名誉、知耻、谦虚、慎言、戒烟酒、去迷信			治产、职业、廉洁、报德	
	第八册	尚义、宽厚、重自治、戒贪争、戒躁进		孝道、兄弟慈幼	公益、守法律、尊重名誉、对外人博爱	服兵役、纳税、教育、选举、好国民

———————

① 范源濂、董文编：《新编中华修身教科书》，中华书局1913年版，第1页。

表 2-5 高等小学德育主要内容分类表

年级	分册	个人道德	学校道德	家庭道德	社会道德	国家道德
一	第一册	道德、求己、自助、不畏难、循序、专一、励志、自省、慎言、韬晦、戒食、贮蓄、节用、清洁、节饮食、习勤			职业	
	第二册	友爱、爱敬、念旧、高义、正直、不拾遗		孝道	公德、扶弱、救恤、慈善、公义、忠烈、义勇、果敢、自由、平和、爱众	
二	第三册	勉学、惜阴、存诚、卫生、勤勉、储蓄、立志、习惯			规则、名誉、悔励、戒迁延、安贪、戒荒嬉、谦逊、戒赌博、廉介、知足	
	第四册	守信、报德、正直		孝道、爱兄、祖先、睦族邻	商业道德、义勇、公益、公德、合群、博爱、济众、行恕、爱生物	教育、纳税
三	第五册	知识、祛感、专一、如坐忍耐、自奋、励志、自守、修省、改过、勤俭、戒奢啬、戒贪、惜物、尚勇、警游惰、躬行		家庭教育		
	第六册	强毅、武勇			师弟、交友、责善、戒轻薄、度量、宽容、义勇、公益、公众卫生、博爱、慈善、仁厚、公德、公义	报国、国民义务

注:以上两表内容根据沈颐、戴克敦、包公毅编《共和国教科书·新修身》(初等小学校,共八册)教科书的
　　主要课文篇目整理。

民初小学德育的内容体现了传统德育向公民道德培养的转型,公民道德教育的主要内容包括国民道德培养、公德教育、权利义务教育乃至身心健康教育等几个方面。从以上课文篇目的设置和课文内容分析,民初小学德育从教育内容上基本实现了这一转型。具体体现为:

1. 注重国民道德教育

民初的德育,其教育宗旨为培养共和国的"国民","国民之对于国家,必同负有重任,故凡为国民者,顾名思义,曰:我为中华民国国民,中华民国即我国民之国家也"。① 国民既不同于传统德育着力培养的"臣民",也不等同于后来的"公民",具备如下三方面的道德品性:

(1)良好的私德。民初小学道德教育非常注重私德培养。但此时的私德教育与中国传统德育的私德教育已有本质的不同。传统私德教育是在严格遵循封建"三纲"原则的基础上进行的,目的是让儿童从小就学习封建等级伦理的内容,所以在传统儿童德育读物中充斥了许多讲授"天道""人道""命""分"等方面的内容,可以说传统私德教育目的是培养"臣民"。民初的私德教育,摒弃了传统德育中的封建腐朽内容,继承并发扬光大了传统德育中涵养儿童德性的诸如孝悌、亲爱、信实、义勇、恭敬、勤俭、清洁等私德培养的许多优秀内容。在《共和国教科书·新修身》教科书中编排了诸多涉及此类内容的课文。如《爱亲》:"父往他乡,女随母,送于门外,请你早归。"②《事亲》:"黄香九岁,事父至孝。百夏则扇枕席,冬由以身温被。"③就教育儿童从小孝敬父母。《贮蓄》:"左儿家贫,母与以钱,不肯妄用。贮之匣中,用以买书。"④则教育儿童懂得节俭。《正直》:"韩康入山采药,卖之于市。三十余年,口不二价。"⑤则培养儿童养成信实的品质。此外,《礼貌》:"门外客来,迎入室中。正立客前,对客行礼。"⑥《友爱》:"放假回家,兄招妹,往庭中,同拍球。"⑦《清洁》:"王儿好清洁,头常沐,身

---

① 缪文功编:《中华中学修身教科书》(第3册),中华书局1912年版,第33页。

② 沈颐、戴克敦、包公毅编:《共和国教科书·新修身》(初等小学校第3册),广西师范大学出版社2012年版,第66页。

③ 沈颐、戴克敦、包公毅编:《共和国教科书·新修身》(初等小学校第3册),广西师范大学出版社2012年版,第67页。

④ 沈颐、戴克敦、包公毅编:《共和国教科书·新修身》(初等小学校第3册),广西师范大学出版社2012年版,第65页。

⑤ 沈颐、戴克敦、包公毅编:《共和国教科书·新修身》(初等小学校第3册),广西师范大学出版社2012年版,第70页。

⑥ 沈颐、戴克敦、包公毅编:《共和国教科书·新修身》(初等小学校第3册),广西师范大学出版社2012年版,第71页。

⑦ 沈颐、戴克敦、包公毅编:《共和国教科书·新修身》(初等小学校第3册),广西师范大学出版社2012年版,第68页。

常浴,衣服常洗。"①则重在培养儿童恭敬、亲爱、清洁等方面的品德。以上的课文,以简洁、通俗、明快的语言向儿童传授了作为一个共和国国民应该具备的最基本国民道德要求。

(2)具有博爱的道德品性。民初德育将博爱纳入了中小学德育范畴,弥补了传统私德教育狭隘的局限性。如:

爱生物

世间生物,人为最灵。然鸟兽之属,其智力不如人。而爱生命,惮苦痛,则与人同。故凡利物为怀者,宜尽其爱护之情焉。

夫人之智力,诚非其他生物所能与抗。然惟其不能抗也,宛转于刀俎之间,匍于鞭笞之下,其状乃益可悯。虽云利用生物,可供役使,可充食用,然以役使食用而过其分,或至于无端虐杀,岂仁者所为欤?

豢养禽畜,欲其滋长而繁息也。故必丰其刍豆,安其居处,时其作息。幼稚无知,有好侮弄生物,以为笑乐者,尤宜戒约。盖残忍之念,日积日深。初以施诸禽畜者,久且施诸人类,则其害不可胜言矣。②

诸如这样的内容,在民初中小学修身教科书中已有很多。

(3)身心健康的素养。自民初始,"人"被看作了自然人而不仅仅是社会人或政治人,作为自然人,身体健康也就成为"人"之所以为人的重要特征体现,因此,民初修身教科书设置了很多教育儿童注重身体健康、养成良好生活习惯的内容,使共和国新国民教育的内容更加丰富。如:

卫　生

吕不韦曰:"不处大室,不为高台。味不众珍,衣不燀热。"华佗曰:"人体欲劳动。劳动则谷气自销,血脉流通,病不能生。"此诚养生家之言也。惟其言各有片长,未足尽卫生之旨。盖凡起居动作,饮食衣服,诚宜致慎。余如日光必充,空气必洁,沐浴必勤,睡眠必时。有一失当,亦易致疾。昧者不察,或则囿于习惯,而以为当然。或则纵其嗜欲,而不加裁制。酝酿所积,驯致伤生。此何异明知疾病足以死人,而故陷其身欤。

西谚有云:"健全之精神,恒宿于健全身体之中。"吾人事业正多,责任

---

① 沈颐、戴克敦、包公毅编:《共和国教科书·新修身》(初等小学校第3册),广西师范大学出版社2012年版,第60页。
② 沈颐、戴克敦、包公毅编:《共和国教科书·新修身》(高等小学校全六册),广西师范大学出版社2012年版,第91页。

綦重,所恃者精神耳。欲得健全之精神,舍卫生未由也。①

正是基于以上内容的改革,民初儿童德育相对于清末儿童德育而言,实现了在继承优秀传统德育内容基础上从传统私德教育向国民道德教育的转型。

2. 注重公德教育

民初儿童德育改革并未停留在私德教育改革的层面,而是在完善和丰富私德教育的同时,还增加了诸如公德教育、权利义务教育等体现社会道德教育和国家道德教育(或称为政治道德教育)的内容。在公德教育方面,民初,因受西方民主主义思想的影响,"人"不仅越来越被看作"自然人",而且也越来越被看作"社会人",人是在社会中生存和发展的,人应该努力追求社会的和谐、美好,使社会秩序井然,人才能得到充分的发展。因此,遵守社会秩序,维持社会和谐就成为现代国民的道德准则。基于此,民初中小学修身教科书设置了许多体现社会道德即公德教育的内容,各版本几乎各册教科书中都设置了诸如"公德""公益""公共卫生""商业道德""尽职""信用""社会秩序""社会进步"等内容。通过这些篇目向学生传授了社会道德的内容和理念,这是民初之前儿童德育所未曾有的内容。如:

公　德

某富翁家拥巨资,居某乡。修桥砌路,好行其德,乡人咸称为善士。

翁年六十矣,其生日,乡人聚而祝之。佥曰:"翁好善,天将重报之。"

翁曰:"吾岂望报哉。且吾所为,亦何足为善。吾观吾国之街道,狭隘逼仄,高低不齐。便溺狼籍,尘垢飞扬,秽浊所蒸,酿成疾疫。吾尝抚膺叹息,谓古者觇国,视其道路,今世文明之国,亦兢兢于是。观其辟租界于我国者,市街之整洁,亦可见一斑矣。今我国官吏不之顾,人民亦无肯醵资以治之者,吾亦被其害者之一人也。吾不可以不尽吾力。吾力有限,而仅仅行之于吾乡。吾乡既免疾疫之害,而吾亦与其益矣。吾方歉于吾愿之不克尽偿,而遑敢望报乎?"②

借文中捐资修桥砌路的故事,向学生传授了每个人都应努力推动社会公共事业建设的公德理念。

---

① 沈颐、戴克敦、包公毅编:《共和国教科书·新修身》(高等小学校全六册),广西师范大学出版社2012年版,第54页。

② 沈颐、戴克敦、包公毅编:《共和国教科书·新修身》(高等小学校全六册),广西师范大学出版社2012年版,第94页。

再如"公益"一课：

公　益

绍兴张贤臣，读书晓大意。年三十，游京师。逐什一者二十余载，殖千金。慨然曰："可以归矣。"归而敦善行。贫无炊，寒无襦，死无槥，颠连无告者，力拯之。三十年无倦态。山阴县西北有湖，纵横十里许，风狂，舟辄覆。贤臣议筑石塘其间。使舟行塘内，则可避风，不复覆矣。阅七岁而塘成。所费数千金，皆贤臣捐资及筹募为之。由是塘可步，步可纤。往来者感其德，建祠祀焉。①

此课文则向学生传授了"一群之利益，即个人之利益"的公益道德理念。

3.公民素养教育

公民素养教育是民初中小学各科目非常突出的课程内容。所谓公民素养教育，即养成平等、自由、进取、有为之德。如下，清末与民初小学德育教育的比较，直观反映了清末到民初德育从培养臣民素养到公民素养的变化。

表2-6　清末与民初小学修身教科书德目比较简表②

书名和出版社	对个人、对家庭	对国家、对社会
《最新修身教科书》(第6、7册)，商务印书馆1906年版	敬祖、孝悌、互敬、贞操、笃厚、宽恕、刚直、摄生、戒浮躁、力行、慎密、自信、戒迷信、自重、果敢、辨义利、治产	忠勇、爱国、信义、责任、报国、义侠、博爱、忠义、礼让、廉耻、守法
《新制中华修身教科书》(第6、9册)，中华书局1913年版	孝行、友爱、惜时、整洁、戒迷信、勤劳、习惯、节用、自省、殖产、诚实、摄生、度量、立志、正直、谦逊、择友、礼仪、践约	自由、平等、独立、博爱、公益、秩序、公德、爱国、报国、义务、信用、抚恤、好国民、自治、尽职、勇气、权利、义务、仁慈、崇尚进步

商务印书馆出版的《共和国教科书·新修身》教科书的"编辑大意"强调："本书以养成共和之道德为目的，注重独立、自尊、自由、平等、爱国、乐群诸义。"依据以上宗旨，教科书编排了很多涉及公民素养教育的课文，如《人权》和《国民义务》的课文等。学生通过这些课文的学习，懂得了权利是人人都享有的，自由、平等是人的尊严体现，每个人的权利与尊严都应得到尊重和维护，权利和义

---

① 沈颐、戴克敦、包公毅编：《共和国教科书·新修身》(高等小学校全六册)，广西师范大学出版社2012年版，第93页。

② 田海洋：《民初公民教育兴起及思想的导入与传播》，《求索》2011年第9期。

务是对等的,每一个国家的公民都有纳税、服兵役、遵守法律、接受教育、遵守社会秩序等义务,如《人权》课文所讲:

人　权

人权者,人人所自有,而非他人所能侵损者也。析而言之,有对于公众之权,有属于个人之权。

组织社会,参与政治,选举议员,举吾学识之所及,皆得发布于外,以求有益于人类。此人权之对于公众者。

信教自由,营业自由,生命自由,财产自由,意志所在,即权力所在,非他人所得干涉,此人权之属于个人者。

具此伟大之人权,但能各保其权,而不相侵犯,任所欲为,无施不可也。①

民初各版本中小学教科书有关共和精神的课文篇目还有很多,通过这些篇目使学生接受了西方近代以来的公民道德教育的基本内容,在传统修身教育之外感受到公民教育的熏陶。

综上所述,民初中小学传统文化教育是以养成"共和国民之人格"为目的。辛亥革命后,孙中山、蔡元培等为代表的资产阶级革命家、教育家普遍认为,中国教育应着眼于现代文明教育,故应着重改革教育宗旨,使中国教育与西方接轨。而改革教育,培养现代化新型人才,提高国民素质最关键者体现为"健全人格"教育,即重在培养具有德、智、体、美素质的人才。这种"健全人格"教育宗旨体现于中小学传统文化教育改革中,首先,是一种完全教育改革,体现了"五育并举"的教育宗旨;其次,是一种自主教育改革,使中小学传统文化教育的内容和形式体现出了自主、自立、自尊、自重、民主和平等的特点,克服了中国传统教育奴性的教育内容和形式;再次,是一种国民教育改革,使中小学传统文化教育内容中增加了大量适应社会生活与生产的知识和技能以及大量现代科技的知识,德育内容中除了私德教育的内容外也增加了公德、公益、仁慈、互助、博爱等内容,使私德教育转化为了国民教育。民初中小学传统文化教育的变革,着眼于养成"国民之人格",改变了传统教育"精英教育"的传统,使中小学教育转化为了普通教育。这种教育目的的变革,不仅反映了民初中小学传统文化教育的特征,

---

① 沈颐、戴克敦、包公毅编:《共和国教科书·新修身》(高等小学校共六册),广西师范大学出版社 2012 年版,第 149 页。

也体现了民初中小学传统文化教育的改革成果。

　　民初中小学教育虽然废止了读经讲经科,但并未否定优秀传统文化的传承,优秀传统文化的内容在中小学修身、国文乃至历史、地理等科目的内容中得到了一定程度的沉淀与传承(当然,这并不能说明读经讲经科就应该完全被废止)。从民初中小学修身和国文科的教科书内容看,涉及传统德育优秀教育内容如孝悌、亲爱、信义、尊敬、勤勉等方面的课文仍占有相当比例。正是因为这些优秀传统教育内容不仅反映了中国传统社会人的精神价值追求,而且也与近代道德与文化理念共融共通,因而才沉淀到民初中小学传统文化教育内容中得以传承。

第三章　民国中期(1920—1927)的
中小学传统文化教育

　　1912 年 1 月开始,刚刚登上政治舞台的南京临时政府实施了资产阶级民主主义教育体制,教育目标由清末的臣民教育向国民教育转变。中小学各学科新编教科书编排了大量体现自由、平等、博爱思想的内容。民初的教育改革在我国近代教育发展史上应是一个历史性的进步,是近代教育进步成就的初步体现。但是,民初的教育方案,虽然算得上"新",使中国几千年的传统教育焕然一新,但却算不上"实"。民初教育蓝图中的很多内容并未来得及真正落到实处、形成制度,即便有些已经转变为制度,也未能很好取得实效。因此,民初教育改革既远远不能适应我国近代社会乃至教育自身发展的需要,更未产生深入的影响,可能当时的普通受教育者也未能真正感受到民国教育与传统教育有什么本质不同。

　　民国经历袁世凯称帝闹剧的短暂岁月后,即进入了军阀割据、混战的北洋军阀统治时期。至 1928 年南京国民政府成立前的十余年北洋军阀时期,社会政治处于一个极度缺乏权力中心的涣散及动荡状况,与此形成鲜明对照的是在思想领域呈现民主、自由、平等、科学等思想一路高歌猛进的情形。新文化运动、五四运动相继兴起,民主、科学思想日趋普及;第一次世界大战的爆发为中国民族经济的迅猛发展创造了条件和空间,经济的发展凸显了之前教育的不足与弊端,突出了实业教育或职业教育的现实需求;1915 年 5 月新文化运动后,大量留美学生纷纷归国,欧美教育家相继来华讲学,在教育界渐居领导地位,使欧美的教育思潮,特别是以"教育实验""儿童本位""教育即社会"为核心观点的美国实用主义教育思潮在教育界得以广泛传播,将民初的民主主义教育进一步推向深入,并日渐影响民国中期教育发展。

一、实用主义教育思潮及对中小学 传统文化教育的影响

（一）实用主义教育思潮的兴起

19 世纪末 20 世纪初，资产阶级教育思想性质的实用主义教育思潮在美国兴起。美国现代哲学家、教育家杜威（John Dewey，1859—1952）是主要代表人物。其教育思想主旨是反对传统经院式教育，主张社会和自主教育；反对传统学校课程，主张教学内容适应社会发展的需要并以儿童为中心。如杜威所言："教育最根本的基础是在于儿童活动的能力。"①

新文化运动和五四运动期间，为了深入地开展资产阶级思想启蒙，宣传民主、科学、人权乃至进化论等思想，思想界和文化界对传统思想和道德进行了猛烈批判。教育界相应地也形成了反对传统教育、深化资产阶级民主教育改革的态势。实用主义教育思潮恰恰迎合了中国教育变革的现实需求，新文化运动和五四运动先后在中国广泛传播，杜威的大量著作，《我的教育信条》《学校与社会》《儿童与教材》《经验与教育》《今日的教育》《民本主义与教育》等被译成中文，在中国出版发行。《教育杂志》从 1916 年到 1918 年刊登了一系列宣传杜威教育思想的文章。陶行知在 1919 年第 3 期《时报》的《教育周刊》上也发表了《介绍杜威先生的教育学说》的文章，推介实用主义教育思想。1919 年创刊的《新教育》杂志在其创刊号上专门开辟了"杜威专号"，刊登胡适、蒋梦麟等人实用主义教育主张的文章。杜威更是亲自来华进行讲学，宣传实用主义教育思想。1919 年 5 月 1 日到 1921 年 7 月 11 日，杜威来到中国讲学两年多时间，使实用主义教育理论在中国的传播达到了高潮。杜威的学生也积极组织社团，创办刊物，宣传实用主义教育思想。1919 年，蒋梦麟、胡适、郭秉文、陶行知、姜琦等人组建了教育共进社，并出版了《新教育》月刊。之后《新教育》成了宣传实用主义教育思想的主阵地，而教育共进社后来与另外一个教育社团组织即实际教育调查社合并，组成了中华教育改进社。而中华教育改进社在当时中国的教育改革中起着

① ［美］杜威：《我的教育信条》，赵祥麟、王承绪编译：《杜威教育论著选》，华东师范大学出版社 1981 年版，第 7 页。

举足轻重的作用,许多美国教育家包括杜威的来华,都是由该社促成的。随着日渐广泛的传播,实用主义教育思潮适应了自清末即开始酝酿、民初初步实施的中国教育界改革传统教育的需要,成为民国中期流传最广、影响最大的一种教育思潮。其突出的影响体现为1922年"壬戌学制"的制定和国学教育运动的兴起。

(二)"壬戌学制"与中小学传统文化教育改革

【"壬戌学制"的制定】

实用主义教育思想的实质就是倡导教育民主化,以及教育与社会生产、生活的紧密联系。它是新文化运动的一个有机组成部分。在实用主义思想的影响下,民国教育界从发展资产阶级民主主义教育出发,在坚持民国初期教育宗旨的民主精神的同时,提出了革新教育宗旨、改革学制的积极诉求。1919年10月,全国教育联合会第5届大会讨论通过的《全国教育联合会呈教育部请废止教育宗旨宣布教育本义案》就提出废止民初教育宗旨,制定体现实用主义原则的教育本义取而代之:"从前部令公布之教育宗旨(注重道德教育,以实利教育、军国民教育辅之,更以美感教育完成其道德),请明令废止。北京教育调查会所议定之'养成健全人格,发展共和精神',请明令以宣布为教育本义。"①此后,随着新思想影响的深入,制定一个既符合中国国情又适应儿童发展的新学制的呼声越来越高。1922年9月,全国学制改革会议召开,会后公布了《学制系统改革案》即"壬戌学制"。

"壬戌学制"明确了学制改革的实用主义教育标准:适应社会进化之需要;发挥平民教育精神;谋个性之发展;注意国民经济力;注意生活教育;使教育易于普及。② 这些标准充分体现了实用主义教育精神对传统教育的改造。"教育适应社会进化之需要",一改中国传统教育"学以致仕"的理念,强调教育服务于社会,以促进社会发展为目的,无论教育内容还是教育方法都与社会发展需要相一致;"发挥平民教育精神",一改传统教育"精英教育"特征,强调普通教育、普遍教育,教育面向所有学生,适应不同学生的不同教育发展需求;"谋个性之发展",一改传统教育"整齐划一"的教育特点,强调教育应充分考虑不同学生的不

---

① 《1919年全国教育联合会呈教育部请废止教育宗旨宣布教育本义案》,朱有瓛编:《中国近代学制史料》(第3辑上册),华东师范大学出版社1990年版,第108页。

② 《大总统颁布施行之学校系统改革案》,璩鑫圭、唐良炎编:《中国近代教育史资料汇编·学制演变》,上海教育出版社2007年版,第1008—1009页。

同学习特点、学习兴趣,因材施教,教育以学生为中心;"注意国民经济力",一改传统教育与社会脱节的弊端,强调教育应与社会发展阶段相适应,办"力所能及"的教育;"注意生活教育",一改传统教育内容陈旧、保守特征,强调教育以生活与生产实践的知识技能为主要内容,以实践性、应用性为教育目标;"使教育易于普及",一改传统教育呆板、晦涩的弊端,强调教育内容浅显易懂,教育形式活泼、生动,迎合学生的学习心理与特征。总之,"壬戌学制"在制定过程中,充分遵循了实用主义教育理念,同时充分考虑了中国教育的实际状况,在此基础上制定了一系列改革措施。

改革中小学学制。实行中小学各六年学制,其中小学前四年为义务教育,初级中学三年,为普通教育;高级中学三年,包括普通教育和职业教育两种形式。相对于之前民初颁布的"壬子·癸丑学制"而言,突出的改革一是缩短了小学学制,由初级小学四年、高级小学三年缩短为小学六年。二是延长了中学的学制,改四年制为六年制,这样的改革充分考量和适应了中小学生智力、心理和学识特点。三是高级中学除普通教育外增设职业教育,这改变了"学而优则仕"的教育传统,这是在充分评估不同学生的不同学识和智力水平基础上所进行的改革,是实用主义教育原则在中小学教育改革中的体现。

【中小学传统文化教育的改革】

"壬戌学制"颁布后,各个学校在教学中缺乏可供参照的统一、具体的课程标准,学制改革设想难以切实落实到学校教学实践中,因此,制定与"新学制"相匹配的课程标准迫在眉睫。全国教育会联合会鉴于此,召集各学科教育、教学专家组建了新学制课程标准起草委员会着手制定新学制课程标准。经过充分的调查、讨论,1923 年 4 月 25 日,起草委员会制定出了中小学《新学制课程纲要》。《纲要》依照新学制的宗旨及教育现状,对中小学课程进行了改革,具体内容如下:

1. 小学设置国语(课时占总课时的 30%)、算术(课时占总课时的 10%)、社会(前四年社会科由卫生、公民、历史、地理合并而成,课时占总课时的 20%)、自然和园艺(课时占总课时的 12%)、工用艺术(课时占总课时的 7%)、形象艺术(课时占总课时的 5%)、音乐(课时占总课时的 6%)、体育(课时占总课时的10%)八科目。[1]

---

① 《新学制课程纲要总说明》,课程教材研究所编:《20 世纪中国中小学课程标准·教学大纲汇编:课程(教学)计划卷》,人民教育出版社 2001 年版,第 110 页。

2. 初级中学设置社会科(由公民、历史、地理合并而成,22 学分)、言文科(包括国语和外语两科目,前者 32 学分,后者 36 学分)、算学科(30 学分)、自然科(16 学分)、艺术科(包括图画、手工、音乐三科目,12 学分)、体育科(包括体育和生理卫生两科目,前者 12 学分,后者 4 学分)六科目为必修课,共 164 学分。

以上课程改革对中小学传统文化教育的影响集中体现为:

1. 国语科取代国文科成为一门包括语言、读文、作文和写字内容、在小学课程中所占比例最重的综合和核心课程。

2. 公民科取代传统道德教育核心课程——修身科成为中小学德育课程,并与历史、地理科一同构成了社会科这样的一门综合课程。

学制、传统文化教育课程的变化,势必会相应地使传统文化教育教学实施和教学内容发生相应的改变。

(三)国学教育运动的兴起

清末,"中体西用"思想指导下的教育改革,即便是在新式中小学堂,中国传统文化教育也占有一席之地。清末的教育改革者创设新式学堂的同时,特设许多"存古学堂"以传承传统文化教育。民国初期的教育改革则可谓脱胎换骨的教育变革,传统文化教育核心内容即儒家经典教育在中小学被取消,即便是在大学,传统经典教育也被"五马分尸",湮没于其他学科之中,传统文化教育发生了实质性变革。民国中期,新文化运动和五四运动后,西方教育思想、制度对中国教育变革产生了深刻影响。随着"壬戌学制"的颁布,西方实用主义教育原则被落实为了具体的教育制度的教育内容,这意味着中国传统文化教育更进一步的衰落。正是这种中国教育近代化变革过程所表现出的"西化"教育逐渐从"务新"到"务实",传统文化教育日渐失落的态势,激活了当时一些中国知识分子和思想家对中国传统文化的警醒,再加上当时很多各阶层人士认为当时在社会道德领域所出现的诸如传统价值观失落、传统道德沦丧等社会问题与传统文化教育弱化有着密切关系。基于这样的历史背景与条件,民国中期以蔡元培、王国维、陈寅恪、梁漱溟、章太炎、邓实、唐文治、吴宓等为代表的一部分有强烈忧患意识的教育家、文化名流,提出了革新和复兴中国传统文化教育的思想,并实施了一系列试图挽救和复兴传统文化教育的措施,国学教育运动进而在 20 世纪 20 年代兴起。

国学教育运动兴起之初影响程度和范围尚比较有限,至 20 世纪 30 年代初的国际联盟教育考察团对中国教育状况的调查事件,国学教育运动发展至高潮时期。

1931 年 9 月 30 日,受南京国民政府邀请,以欧洲国家的教育家为主体组成的国际联盟教育考察团来华考察。考察团所撰写的《中国教育之改进》的考察报告书尖锐地指出了中国教育近代化变革过程中漠视本国优秀传统文化教育,一味机械模仿西方的危险,强调:"新中国必须振作其本身之力量,并从自有之历史,文献,及一切真属固有之国粹中抽出材料,以建造一种新文明,此种文明,非美非欧,而为中国之特产也。"①

国际联盟教育考察团的教育考察使国学教育运动在 20 世纪二三十年代得以兴起并迅速发展。对于这一时期传统文化教育运动的兴起与发展及其所形成的教育影响,当时的教育界人士甚至学生都有过切实的总结和评价,如湖南省长沙一中 1931 届普四班毕业生秉震就曾就中学国文科的改革如此总结:"我国自戊戌政变以后,废科举、兴学堂,国文教学由墨经贴义一变而为策论,蓬蓬乎呈现了文字解放的趋势。民国成立以后,五四运动以来,复经富有新时代思想的学界巨子胡适之、蔡元培辈的鼓吹,白话文学几乎有推翻旧文学、开辟新纪元的气势,而旧文学者流也鼓起勇气,向新文学发动进攻。"②这段话很精辟地总结了民国中期基于新文化和五四运动的影响及国学教育运动兴起所形成的新旧文化的争战。紧接着,秉震就新旧文化的冲突对中学国文教育所形成的影响谈了自己的观点:"在这个新旧斗争最激烈的时期,各个教师有各自的教学主张是必然的现象。所以要认识现在国文教学应取的原则,就要从世界国文教学的真价值和社会需要上,来判定现代国文教学应取的原则,所以我认为其原则为:要顾及新旧两方面的普通知识的获得。……高中国文教材选择的标准,……文学方面,不宜采取干涩寡味的,如所谓诘倔聱牙之类;亦不宜采取艳丽纤靡的,如六朝文之软弱不振;务宜以流利而且雄壮,足以引发学生欣赏与观摩的。理论方面,要注重议论壮阔,气势磅礴的,同时要顾及结构精警的,不可采取玄之又玄的哲理文章,因为这类文章太超越实际用途。思想方面,要采取适合现代潮流的思想或在历史上确有价值的思想结晶,以培养学生纯正、勇敢的精神,但不可

① [德]C.H.Becker,[法]P.Langevin,[波兰]M.Falski,[英]R.H.Tawney:《中国教育之改进》,国立编译馆 1932 年版,第 20 页。
② 秉震:《高中国文教学的我见》,湖南省长沙一中编:《中国名校丛书——湖南省长沙一中》,人民教育出版社 1997 年版,第 85 页。

过于趋新。"①

　　国学教育运动是基于实用主义教育思潮影响中国教育,在教育改革专注于教育的实用性、社会性,传统教育一定程度上被漠视的背景下兴起。传统文化教育运动自兴起之时就专注于加强中小学传统文化教育,这使国学教育运动与实用主义思潮一起共同影响了民国中期的中小学教育。由此,国学教育运动对中小学教育的影响也成为考察民国中期中小学传统文化教育的一个重要视角。

二、国文科转型为国语科

　　"壬戌学制"和《新学制课程纲要》对中小学教育的显著改革就是国语科取代之前的国文科及教学内容的"儿童文学化"。之所以发生这样的变化,追根溯源是基于实用主义教育思潮影响而兴起的国语运动、白话文运动和"儿童文学化"思潮对中小学语文教育的影响。

(一)国语运动和"儿童文学化"思潮的兴起

【国语运动的兴起】

　　国语运动兴起于20世纪20年代,国语运动之所以兴起与儿童语文教学内容所长期沉淀的积弊和实用主义教育思潮影响下所形成的"儿童本位"的教育理念密切相关。

　　传统儿童语文的教学内容固然有许多优秀之处。如结构完整,既是"语"的教育也是"文"的教育;内容丰富,既识"文"也传"道"。但也存在很多问题,具体表现为:"语"和"文"方面,重文轻语。即儿童语文教学内容的表现形式——语言,多是精雕细琢的书面语,而生活化、口语化的语言和文字内容则很少,即使像《三字经》《百家姓》《千字文》这样的蒙学语文教材也有很突出的这方面特征。如《三字经》中"稻粱菽,麦黍稷,此六谷,人所食。马牛羊,鸡犬豕,此六畜,人所饲"这些句子,教儿童识的都是日常生活中的植物和动物,但使用的却是书

---

① 秉震:《高中国文教学的我见》,湖南省长沙一中编:《中国名校丛书——湖南省长沙一中》,人民教育出版社1997年版,第85—86页。

面语,工整、对仗有余,生动、活泼不足,与儿童生活化、口语化的语言相去甚远。"文"与"道"方面,重道轻文。"道"主要是传统儒家的道德理念,其在传统儿童语文教材内容中日渐突出,而教材内容的文学化则被忽视。如《三字经》中"为人子,方少时。亲师友,习礼仪。香九龄,能温席。孝于亲,所当执。融四岁,能让梨。弟于长,宜先知。首孝弟,次见闻。知某数,识某文"这样的句子,儿童在读时,很难受到文学熏陶,但却潜移默化地接受了传统道德的影响,尤其至明清时期,八股文盛行,教材内容从一定意义上成为了一种文字游戏,文学化特征更是渐行渐远。

正是基于以上问题,至民国中期,在实用主义教育观的影响下,从"儿童本位"的教育理念出发,中小学语文教学从形式到内容发生了显著改革。

20世纪初,首先发端于文学领域,以"民主"和"科学"为主题的新文化运动思潮迅速波及教育领域,具体表现就是以统一国语和言文一致为目的的国语运动和白话文运动的兴起。最初国语运动、白话文运动只限于知识界和思想界,如一些人士发行白话报刊,实行文言改白话的改良。至五四运动前夕,国语运动和白话文运动已开始影响中小学语文教育领域,屡屡有人发出应该采用白话文编写中小学国文教科书的呼声。苏州教育界的一些教育人士甚至已经着手编纂白话文的国文教材。时任教育总长张一麟对此明确表达了支持的态度,来自官方的声音无疑是对国语运动和白话文运动的莫大鼓励。1916年,中华书局正式出版了中国第一部白话文教科书——《新式教科书》,而教育部对这部教科书采用白话文编写给予了积极评价:"该书最新颖处,在每册后各加附课四课,其附课系用官话演成,间有与本册各课相对者。将来学校添设国语科,此可为其先导、开通风气,于教育前途殊有裨益。至各册所用文句,其次序大致均与口语相同。令教员易于讲授,儿童易于领悟。在最近教科书中,洵推善本。"①至1917年,文学领域以胡适、陈独秀为代表发表文章积极呼吁国语统一、言文一致。

教育、文学领域的相互呼应终使中小学国文课程改革被提上议事日程。1919年4月17日,周作人、胡适、马裕藻、刘复、朱希祖、钱玄同等人提出了《国语统一进行方法》的改革方案,倡导统一国语从小学入手,将小学《国文读本》改为《国语读本》。② 1920年1月,教育部正式通令全国:"兹定自1920年秋季起,

---

① 《中华教育界》1916年第五卷第一期。
② 《教育公报》1919年第6卷第9期。

凡国民学校一二年级,先改国文为语体文,以期收言文一致之效。"①

国文改国语,白话文取代文言文意味着中小学语文课程的教学目的、内容、教材、教法必将发生深刻变化。正如之后的小学《开明国语课本》所体现的,教学内容表现形式上突出图文并茂、相得益彰,语言文字生动活泼,更接近学生实际社会生活;教学内容上则更情境化,多为反映儿童生活环境和社会事物的童话、寓言、故事、传说等。

【"儿童文学化"思潮的兴起】

教科书改文言为白话文虽然得到了教育部即官方的许可,但接踵而至的一个问题便是国语科教学内容的选择。这时一些激进的思想家、教育家乃至文学家在"儿童本位"思想指导下,大力倡导国语教育"儿童文学化"。1920 年,周作人发表系列关于儿童教育的文章,强调:"儿童教育,是应当依了他内外两面生活的需要,适如其分的供给他,使他生活满足丰富。"②郭沫若更是进一步明确:"儿童文学,无论采用何种形式(童话、童谣、剧曲),是用儿童本位的文字,由儿童的感官以直塑于其精神堂奥,准依儿童心理的想象与感情之艺术。"③"儿童文学化"思潮的日渐兴起,使儿童文学纳入中小学国语教育成为必然。1922 年 8月,商务印书馆出版了吴研因、庄俞等编校的《儿童文学读本》(1—12 册),标志着中小学国语教科书初步实践了"儿童文学化"。"儿童文学化"教科书,不但语言"儿童化",生动活泼,而且内容也"儿童化",浅显、有趣味,非常契合儿童的语言特点和生活。儿童文学化的国语教科书潜移默化地改变了儿童的语言习惯,也逐渐成为 20 世纪 20 年代以后被教育界推崇的教科书类型。1923 年 6 月颁布的《小学国语课程纲要》明确规定小学国语课程选材以儿童文学为主,这标志着"儿童文学化"国语教科书得到官方正式认可。

"儿童文学化"国语教科书无论是内容素材还是语言形式都更贴近儿童生活。儿童文学的要素可以分为内容和形式两个方面,内容方面可分为理想的文学和写实的文学两大类,内容方面的要素可以概括为七种:要富于想象的,要富于情感的,要思维纯正的,要切合环境的,内容要积极的,不违背时代精神的,意义简单而要多变化的。形式方面可以分为韵文、散文两大类,韵文方面的包括要

---

① 《小学国文科改授国语之部令》,《申报》1920 年 1 月 18 日。

② 周作人:《儿童的文学》,《新青年》1920 年第 4 期。

③ 郭沫若:《儿童文学之管见》,新文化书社 1934 年版,第 195 页。

音调自然的,要字句清浅的,要有美感的;散文方面的包括言语要合自然次序的,层次要明晰的,叙述要活泼的,用字要由浅入深的,用字要日常应用的,生字发见的次数要多。如果照这样的编辑儿童用书必可达到儿童自己欣赏自己的目的,并且可以养成他读书的趣味。①

(二)国语教育的改革

【小学国语教育的改革】

国文科改国语科之初,怎样通过注音字母和语体文完成识字、写字、阅读、写作、听说等任务? 标准为何? 学者们对涉及"国语"教学的类似问题尚不很清晰。因此,1923 年 1 月,新学制课程标准起草委员会邀请吴研因、叶圣陶、胡适分别主持小学、初级中学和高级中学的国语课程标准起草工作。吴研因是近现代语文教育发展史上著名学者,长期从事小学语文教学著作,在语文教学、教材和理论研究方面有丰富经验。吴研因思想深受实用主义教育思想影响,认为社会、学生和学科知识是小学国语科教育的重要中心,但小学国语课程教学更应着重考量学生的特点和要求,教学内容应"体合学生生活,和他的某一发展期的智力感情意志不背驰"。② 认为传统儿童国语教育的缺陷在于"教书的往往死守着教科书,看他好比'金科玉律'一般,依照了教下去;也不管他时期颠倒、程度深浅、分量多少、学生是否需要"。③

正因为吴研因等人在制定新学制小学国语课程标准的过程中,在学生、社会和学科知识三者中坚定地选择了"以学生为中心",加之当时"儿童文学化"思潮的盛行,因而以"'儿童文学'为中心"成为新学制小学国语课程标准制定的宗旨。1923 年,吴研因主持编订的《新学制小学国语课程纲要》就规定:

> 练习运用通常的语言文字,引起读书趣味,养成发表能力,并涵养性情,启发想象力及思想力。
>
> 第一、二学年着重练习简单演说、简单会话、童话;诵读儿歌、谜语等;认识重要文字。
>
> 第三学年着重练习演讲童话、笑话、历史故事、小说等;诵读童话、传记、

---

① 参见魏寿镛、周侯于编:《儿童文学概论》,商务印书馆民国二十三年版,第 26—35 页。
② 吴研因:《小学校和初级中学校的课程草案》,《学制课程研究号(教育杂志第十四卷号外)》,上海商务印书馆 1922 年版,第 153 页。
③ 吴研因:《文字的自然教学法》,《教育杂志》1922 年第 14 卷第 3 期。

剧本、儿歌、谜语、故事、诗、杂歌等;练习写简单的应用文和说明文。

第四学年练习演说;诵读传记、剧本、小说、儿歌、民歌、谜语、故事、诗等;阅读儿童书报和参考书;练习写作实用文、说明文。

第五学年练习辩论会;诵读传记、小说;阅读报刊和图书;练习写作实用文、记叙文、说明文、议论文。

第六学年注重演说的练习;可酌加浅易文言的诗、文的诵习;注重指导阅普通的日报;注重行书的练习,加通行草书的认识。①

相对于民初小学国文科课程目标及内容,《新学制小学国语课程纲要》的小学国语教育表现了以下几方面的改革:

1.将"识字"与"阅读"分开。传统教育通常是在阅读中教学生识字,学生读《三字经》《百家姓》《千字文》的过程就是识字的过程。但《新学制小学国语课程纲要》则规定识字是"认识重要文字",即日常使用的文字,阅读则是读"儿歌、谜语、童话、传记、剧本、故事、诗、杂歌等'儿童文学化'的作品",以落实"引起读书趣味","涵养性情,启发想象力及思想力"的课程目标。

2."阅读"与"写作"分离。"读写一致"是传统儿童语文教育一贯始终的教育原则,国语教育则一改这一传统,将读写分离。规定:"写作",第一、二学年注重练习"简单语言"的写作;第三、四学年则着重"通信、条告、记录"等实用文、说明文的练习写作;第五、六学年在练习说明文、应用文的同时进行议论文的写作。而"阅读"六学年都以"儿童文学化"作品为主,可见,"读"和"写"的内容完全不统一。

3.将"语言",即"说"纳入国语课程教学内容中。可以说这是对之前国文科和传统儿童语文教育的最重要改革。国文科和传统儿童语文教育的教学内容主要是"识字、写字、阅读和写作",即便有"说"也是和"读"一体的。基于国语运动的深入影响,吴研因等人认为语言应该是"活的",而不应是"死的",不能只停留在书面而应最终服务于学生的生活。因此,小学国语教育应注重"语言"教学,教学生掌握语言而不仅仅是文字。因而在《小学国语课程纲要》中有了小学"语言"教学内容的规定,包括"演进语、会话、童话讲演、笑话、史话、小说的讲演,普通的演说,辩论会"等内容。而且,语言训练循序渐进、贯穿小学国语

<hr />

① 《新学制课程标准纲要小学国语课程纲要》,课程教材研究所编:《20世纪中国中小学课程标准·教学大纲汇编:语文卷》,人民教育出版社2001年版,第13—14页。

教育始终。

为了适应小学国语课程教学内容的调整,《小学国语课程纲要》对国语科的教学方法也做了相应的改革,对阅读、识字、作文的教学方法做了调整,规定:"读文,注重欣赏、表演,取材以儿童文学为主;文字,注重反复练习曲作文,注重应用文的设计、研究和制作。"除此之外,特别对"语言"教学方法进行了规定:"初年多用演进法,以后多用会话、讲演、表演。"①这是对民初国文科和传统儿童语文教育教学方法的创新,是国语教育改革成果的体现。

【中学国语教育的改革】

初级中学国语课程标准的拟订者叶圣陶先生在20世纪20年代也是深受实用主义教育思想影响,主张教育应以社会和儿童为本位。他曾积极进行"学生本位"的教学实践,在教学中充分尊重学生的学习与兴趣。他也曾在学校创办农场、银行、书店、阅览室等,为学生创造社会实践基地。此外,叶圣陶先生积极进行白话文文学创作,发表了大量的白话小说、散文、诗歌和杂感。1923年,叶圣陶先生遵循"以儿童为中心"的宗旨,主持编订了《新学制初级中学国语科课程纲要》(以下简称《纲要》)。《纲要》规定:

使学生有自由发表思想的能力。使学生能看平易的古书。引起学生研究中国文学的兴趣。

第一段落:(子)读书。精读:传记,小说,诗歌,兼及杂文,语体约占四分之三;取材偏重近代名著。略读:于附表所列书籍内,选读若干种。(丑)作文:命题的或不命题的作文,文体译作语体的译文,及笔记,演说,辩论等;并随时用比较和归纳的方法,作文法的研究。作文以语体为主,兼习文言文。(寅)写字:练习楷书,行书。注重正确,洁净,敏捷。得兼及名人书法的赏鉴,和碑帖的临写。

第二段落:(子)读书。精读:记叙文,言论文,小说,诗歌,杂文。取材不拘时代,语体约占四分之二。略读:同第一段落。(丑)作文:作文,译文,笔记,演说,辩论和归纳的文法研究。作文仍以语体为主,兼习文言文。(寅)写字:同第一段落。

第三段落:(子)读书。精读:记叙文,议论文,小说,诗歌,杂文。语体

---

① 《新学制课程标准纲要小学国语课程纲要》,课程教材研究所编:《20世纪中国中小学课程标准·教学大纲汇编:语文卷》,人民教育出版社2001年版,第14页。

约占四分之一。略读同第一段落。(丑)作文:作文,译文、笔记、演说、辩论和系统的文法研究,兼及修辞学大意。作文语体文体并重。(寅)写字:同第一段落。①

以上规定,相对于民初国文教育而言,改革焦点集中于以下两个方面:

1.将"读文"分为"精读"和"略读"两部分。读书讲究精读和略读相结合是传统文人、学者传承的优秀读书传统。叶圣陶先生不仅继承了这一优秀传统,而且将它编写进了国语课程标准,使阅读训练在民初国文科的基础上更加具体、完善。不仅如此,《纲要》还对学生精读与略读的书目做了非常具体的列举,如规定略读书目包括:"传统文学经典及近代文学著作:小说:《西游记》、《三国志演义》、吴敬恒的《上下古今谈》、胡适的《短篇小说》、鲁迅的《小说集》;近代西方文学经典和译作包括:法国大仲马的《侠隐记》和《续侠隐记》、《天方夜谭》、周作人的《点滴》、《欧美小说译丛》和《域外小说集》、赵元任的《阿丽思梦游奇境记》、林纾译的小说若干种;戏剧:元、明、清经典戏曲中酌选符合国民教育宗旨且适合学生阅读能力的戏剧作品,如《汉宫秋》《牧羊记》《铁冠图》等,近译西洋剧本内酌选诸如《易卜生集》(第一册)等;散文作品则多以民国时期的著名文人的作品和反映民国政治、文化、社会问题的作品为主,包括梁启超文选、章士钊文选、胡适文选等及文学革命问题讨论集、社会问题讨论集等。"②

2.将"作文"细化为"作文与笔记""文法讨论"和"演说与辩论"三部分。改革的初衷体现为:第一,促进"文法"的创新,避免作文与"文法"脱节。传统语文教育和民初国文教育都非常注重作文,但侧重点应该更集中于作文的书面写作训练,虽然也注重譬如"文法",但对"文法"的实践运用即和作文的对应关系没有给予足够关注。国语教育将"文法"研究从作文环节中分离出来,促进了"文法"的不断完善,也避免了作文与方法的脱节。第二,使课内作文与课外作文相结合。以往作文训练多是在课内进行,国语教育则强调了课外作文的价值,提出作文与笔记,即课内固定的作文训练与课外灵活的笔记训练相结合。增强了作文课程的教学效果。第三,增加口头作文训练。传统的作文教学多是书面作文训练,即便民初的国文教育也是如此,国语教育增加了作文课的"演说与辩论"

---

① 《新学制课程标准纲要初级中学国语课程纲要》,课程教材研究所编:《20世纪中国中小学课程标准·教学大纲汇编:语文卷》,人民教育出版社2001年版,第274—276页。

② 《新学制课程标准纲要初级中学国语课程纲要》,课程教材研究所编:《20世纪中国中小学课程标准·教学大纲汇编:语文卷》,人民教育出版社2001年版,第276页。

环节,加强口头表达的训练。不仅增强了作文课程的教学效果,更重要的是使作文更贴近学生的生活,提高了学生表达思想的能力。

以上中学国语教育改革既体现了叶圣陶先生多年实践国文教学的经验,也展示了传统语言教育的优秀成果,同时也反映了五四新文化运动以来新文化思想的影响,其改革成果有重要的现实价值。

民国中期国语教育奉行儿童本位。儿童本位的教育变革可谓这一时期国语教育改革最为突出的成果体现。如教学内容的改革,一改传统儿童语文教育以教者为主的教育传统,而是注重一切都从学生角度思考,内容选择依据儿童认知特点,以儿童文学为主,充分考虑和重视了儿童的接受能力;语言形式为了与儿童日常生活的口语相符合,奉行"以能够掌握语体的书面语为目的"的原则。这些改革都表明民国中期的国语教育注重以儿童为本,处处顾及儿童的生活、兴趣、能力和需要。这对以后乃至当今中小学语文教育的改革都有重要的启示意义。

(三)国语教育的实施

民国中期,在新教育思潮及教育发展现状影响下萌发的中小学国语教育改革,不仅完善了国语课程标准,国语教育的实施,尤其是教学内容也发生了很显著变化。具体表现为:一是国语教育内容的"儿童文学化"。内容编排从简到繁,循序渐进,力求使教学内容符合每一阶段儿童认知特点。二是传统文化教育内容的增加。实用主义教育思潮冲击下而兴起的国学教育运动对中小学国语教育也产生了重要影响,国语课程中传统文化教育的内容明显增加。

【国语教育的"儿童文学化"】

1922 年学制改革后,各家出版社纷纷依据新学制编撰出版中小学教科书。其中商务印书馆编辑出版了"新学制教科书"系列、中华书局出版"新小(中)学教科书"系列、世界书局则出版了"新学制小学教科书"系列。这些新学制教科书遵循"凡思想上含有危险分子,道德上略有消极色彩,以及种种不合儿童生活的,本书都所不取。……于字句严谨之中,而取材行文均极活泼;材料多可表演,句法也极合儿童语言的自然次序"①的编纂原则,与"天子重英豪,文章教尔曹"

---

① 庄适、吴研因、沈圻编:《新学制国语教科书》(小学校初级用第 1 册),商务印书馆 1923 年版,封二。

的传统儿童读物不同,不再摆出"高台教化"的面孔,对儿童进行训示式的教育,而是体现出对儿童人格的尊重。在编纂思想上,强调迎合"儿童兴趣"的原则;内容选择、不再是经典说教,而是切合"儿童生活",以儿童文学的各种体裁展现儿童生活的方方面面,同时也将大量当代科学知识融入教学内容之中,而且参酌中西,择优选材,改变了中国古代教育只重"传道"而轻视"奇艺技巧"的弊端;语言风格不再是单一的平铺直叙,而是讲究韵味,多采用了诸如比喻、拟人、排比、倒装等灵活多样、生动活泼的语言形式;编排上则图文并茂,凡有形可象、有事可指者,皆附有图画。民国中期中小学国语教科书"儿童文学化"的具体特征主要体现在以下几个方面:

1. 内容选择儿童文学体裁的儿歌、童话、寓言、民谣、笑话、传说、故事等,增强了教材的趣味性和文学性。以庄适、吴研因、沈圻等编写的《新学制国语教科书(小学校初级用)》(共八册)为例,其课文就几乎全部是儿歌、童话、寓言、民谣、笑话、故事等,充分体现了这一特征。

(1)儿歌类的课文。第一册第一课《狗,大狗,小狗》就是一篇活泼生动,描写儿童日常生活场景的儿歌,极切合刚刚上小学的儿童的年龄和兴趣特点:

大狗跳,小狗跳,大狗叫,小狗叫,大狗小狗,叫一叫,跳一跳。[①]

第二册第一课《这本书儿》则是一篇关于儿童学习生活的儿歌:

这本书儿

你也爱,我也爱,这本书儿真不坏。这面有故事,那面有诗歌;诗歌真是好,故事真是多。故事多,诗歌好,图画也不少。快快看下去! 有没有大的牛、羊,小的鸟?[②]

(2)童话类的课文。童话一向是儿童最喜闻乐见的体裁,《新学制国语教科书》(小学校初级用)的各册都编入了大量童话,以儿童的语言和想象,向儿童讲述了某些哲理和思想。第二册就有两篇美的童话故事:

谁把铜铃挂在猫颈上

老鼠怕猫。小老鼠说:"我们把铜铃挂在猫颈上。猫一动,铜铃就响。我们听见响声,知道猫来,就可以赶快逃走了。"大老鼠说:"很好很好! 谁

---

① 庄适、吴研因、沈圻编:《新学制国语教科书》(小学校初级用第 1 册),商务印书馆 1923 年版,第 1 页。

② 庄适、吴研因、沈圻编:《新学制国语教科书》(小学校初级用第 2 册),商务印书馆 1923 年版,第 1 页。

去把铜铃挂在猫的颈上呢?"①

蚂蚁漂在水里

地上有许多米。蚂蚁知道了,开了洞门出来搬。天下雨了,雨水冲到洞里去。洞外的蚂蚁漂在水里,洞里的蚂蚁也漂出来。一张树叶漂来了,许多蚂蚁都嚷着说:"船来了,船来了,我们赶快上船呀!"②

(3)寓言类的课文。寓言结构简单,多用借喻手法,主人公可以是人,可以是动物,也可以是其他生物,使富有教育意义的主题或深刻的道理在简单的故事中体现。如第五册第二课的两则寓言故事就很有代表性:

采木料

笨人国的人民,要盖一座议事厅。许多笨人都到山上去采木料。笨人把采得的木料,一根一根的扛到山下去。扛到末了一根,扛的人没有留心,木料一脱手,骨碌碌滚到山下去了。笨人看见木料自己会滚,都很奇怪。一个笨人说:"可惜我们没有让他自己滚下去!"一个笨人说:"我们去把木料扛上来,再让他滚下去!"大家都说:"好的,好的。"许多笨人就把山下的木料一起扛到山上,再让他一根一根的滚下去。③

什么东西可以装满房间

先生叫两个学生来,给他们每人一个银元,吩咐他们说:"我要你们各人去买一件东西来,把这黑暗的房间装满。"两个学生听了先生的吩咐,就各自去买。一个买了许多干草,回来,真的把房间装满。先生摇摇头说:"笨极了!这样一来,人都不能进去;这房间一点没有用处了!"一个买了一盏油灯,回来,把油灯点着,对先生说:"先生!我拿灯光来装满这黑暗的房间了。"先生说:"好!这才是聪明的办法。"④

(4)民谣类的课文。民谣是儿童生活中常常能听到的,非常熟悉,课文中编入民谣想必小学生一定会非常感兴趣,《新学制国语教科书》(小学校初级用)基

---

① 庄适、吴研因、沈圻编:《新学制国语教科书》(小学校初级用第2册),商务印书馆1923年版,第9页。

② 庄适、吴研因、沈圻编:《新学制国语教科书》(小学校初级用第2册),商务印书馆1923年版,第11页。

③ 庄适、吴研因、沈圻编:《新学制国语教科书》(小学校初级用第5册),商务印书馆1923年版,第1页。

④ 庄适、吴研因、沈圻编:《新学制国语教科书》(小学校初级用第5册),商务印书馆1923年版,第3页。

于儿童的这一心理编入了很多儿童耳熟能详的民谣。第二册的两篇民谣就充满童趣：

摇　船

　　摇摇摇！向前摇。一划一划穿过桥。想起来，真好笑：有脚的桌子家里坐，没脚的船儿出外跑。①

外婆桥

　　摇摇摇，一摇摇到外婆桥，外婆叫我好宝宝："糖一包，果一包，还有饼儿还有糕。你要吃，就动手；吃不完，拿着走。"②

　　(5)笑话类的课文。笑话一定也是儿童非常喜欢的体裁，能让儿童在欢快的笑声中学习知识。《新学制国语教科书》(小学校初级用)中就编写了很多很契合儿童兴趣特征的笑话：

不倒翁

　　说你呆，你很呆；装着笑脸口不开，胡子一大把，样子像小孩。说你呆，你不呆；把你一推你一歪，要你睡下去，你又站起来。③

　　(6)故事类的课文。在听故事中学习知识也是儿童的一个学习特点，《新学制国语教科书》(小学校初级用)由此编写了很多生活故事、历史故事及自然故事。如第二册中的一个很有生活情趣的小故事：

让开点

　　一个人，拿了一碗油，走到街上，嘴里喊着说："让开点，让开点，留心！油来了，油来了。"许多人都让开了。一个人，骑了一匹马，走到街上。嘴里也喊着说："让开点，让开点，留心！马来了，马来了。"许多人也都让开了。一个人，拿了一只篮，走到街上。嘴里喊着说："让开点，让开点，留心！篮来了，篮来了。"许多人对他看了一看，都不让开。④

　　2.语言拟人化、口语化，生动活泼、讲究韵味。《新学制国语教科书》(小学

---

①　庄适、吴研因、沈圻编:《新学制国语教科书》(小学校初级用第2册),商务印书馆1923年版,第12页。

②　庄适、吴研因、沈圻编:《新学制国语教科书》(小学校初级用第2册),商务印书馆1923年版,第13页。

③　庄适、吴研因、沈圻编:《新学制国语教科书》(小学校初级用第2册),商务印书馆1923年版,第17页。

④　庄适、吴研因、沈圻编:《新学制国语教科书》(小学校初级用第2册),商务印书馆1923年版,第50页。

校初级用)中的课文大部分采用物话的形式,以拟人化的语言,同时借用比喻、排比等修辞方法来编写的,语言风格非常符合儿童日常生活的口语。如其第一册第一课开篇就一改传统儿童读物"人手足尺"的语言形式为"狗、大狗、小狗",使"死"的内容一下子变"活"了!类似这样让动物、生物"讲人话"的课文在教科书中可谓比比皆是,粗略统计了一下,共八册的《新学制国语教科书》(小学校初级用),每一册中都有三分之二课文的主人公或是动物或是生物,也正因为此,曾有人称这一时期的中小学国语教育是"从人到狗"的时期,也有人称为是"猫狗教育"时期。这种语言形式或有很多问题,比如容易误导儿童,使其不能区别人与动物的不同。但不可否认的是,这些教科书语言形式的改革确实增加了当时尤其是小学国语教育的趣味性、实用性和口语化,使教育内容大大贴近了儿童生活,正如吴研因所言,这种物话的教科书就像"有趣的画报、电影周刊"。

3. 内容编排图文并茂,希图提升儿童的兴趣。《新学制国语教科书(小学校初级用)》不仅内容注重儿童文学化、语言注重拟人化、口语化,而且以内容的编排形式上也很注重贴近儿童生活,突出的表现就是讲究图文并茂,可以说凡有形可象、有事可指的课文内容,几乎都附有图画说明。在《新学制国语教科书(小学校初级用)》八册课本中,不仅一、二、三年级使用的前几册,为了适合低龄学生的年龄特征,提高儿童的学习兴趣,增强对学习内容的理解力,每一篇课文都配有插图,就是高年级使用的第八册中,很多课文同样也都附有与课文内容相应的插图。图画既解释了文字内容的含义,也使文字内容变得生动、活泼,图文共趣,相得益彰。如第八册最后的两篇课文第四十九课《游戏历(一)》和第五十课《游戏历(二)》,两篇课文以每年十二个月儿童生活中一些典型的生活场景为题材编写了十二首小诗,如描写一月的"堆雪人:一月里腊梅带雪开;把雪花堆做雪乖乖。肥头胖脸呆呆坐,只恐怕天晴日出来";二月的"放花筒:二月里梅花白又红;到夜来点火放花筒。兰花竹叶般般有,最好看,鬑鬑头上聚黄蜂";三月的"放纸鸢:三月里杏花颜色娇;纸鸢儿放得果然高。他飘飘只想随风去,要留心一把手牵牢",以及四月的《玩杨柳球》、五月的《老鹰捉小鸡》、六月的《拍麦》、七月的《捉七子》、八月的《斗草》、九月的《滚铁环》、十月的《捉迷藏》、十一月的《跳绳》、十二月的《踢毽子》。十二首小诗不仅文字优美、生动活泼、韵味悠长,编写者还为每一首小诗都配上了插图,课文一下子变得生趣盎然!

以《新学制国语教科书(小学校初级用)》为代表的中小学教科书反映了民国中期中小学国语教育注重教学内容的儿童文学化,这无疑是中小学语文教育改革的积极体现。中国传统语文教科书的教学内容多是从古典经典中选出的文言文,教学形式以讲读、背诵文言以及识字教学为主。学生从教科书中学到的语言与儿童日常生活中的口语严重背离。近代以来,传统枯燥乏味的文言文讲解,忽视学生学习兴趣的问题愈来愈受到一些语文教育家的重视,更有很多学者、教育家提出了应重视中小学国文、国语教材内容编纂的趣味性:"国文教材,若是不合儿童的兴味,那就是死的。即使教者确定他在社会上是有用,对于国民教育是有益,儿童也鲜能注意他。勉强去学的东西,总是不能十分融会贯通的。"①由此,儿童文学越来越成为民国中期中小学国语教科书的主要内容。

　　另外,儿童文学尤其是大量童话进入中小学国语教科书,从一定程度上也推进了自新文化运动以来就倡导的白话文的合法化。自 1920 年,白话文开始进入中小学国语教科书,随之,儿童文学大量编入中小学国语教科书,这进一步巩固了白话文在中小学语文教育中的合法地位。因为儿童文学较之其他白话文,语言更浅显、内容更生动、形式更活泼,这些无疑契合了儿童生活和儿童生活中的口语特征,因而,儿童语文教育的儿童文学化无形当中推动了语文教育对白话文的日趋认可与接受。当然中小学语文教育的过度儿童文学化也有他的弊端,即由于过度追求儿童文学化,强调儿童的学习兴趣,往往也会出现忽视教学内容的兴趣性与知识性、思想性的结合,这必然影响语文教育的效果和目的。

　　【传统文化教育内容增加】

　　国学教育运动的兴起与发展,对民国中期的中小学传统文化教育变革确实产生了重要影响,突出的体现就是虽然这时期中小学课程中没有明确的所谓"传统文化"课程,但一些相应课程,如国语课程,传统文化教育内容增加。下面以 20 世纪二三十年代的几所中学的国语科为例进行考察。

　　一是创办于 1910 年的南京金陵中学。金陵中学当时详细规定了学生必读和选读的传统文化教育经典书目。其中,初中学生必读书目包括:《孟子》《曾文正公家书》《三国演义》《西游记》等,选读书目包括:《三国志》《历代史略》《清朝全史》《古诗源》等(规定学生在其中选读两种)。高中学生必读书目包括:《水浒传》《儒林外史》《论语》《大学》《中庸》《左传》《诗经》《史记》《秦政治思想史》《中国哲学史大纲》《传统文化必读》《书目答问》等。选读书目规定了六大

---

① 杜佐周:《国文教学的几个问题及现在一般儿童读书能力的测验》,《教育杂志》1923 年第 15 卷第 7 期。

类,学生至少要选读每一类中的一种书目,其中甲组中就包括《易经》《书经》《礼记》《周礼正义》《春秋公羊解诂》《春秋谷梁传》和《经学通论》。以上书目可以说涵盖了中国传统文化教育的精华内容。可想这些内容的学习,一定会大大提高和增强学生的中国文化素养和底蕴。

二是创办于 1920 年、在 20 世纪二三十年代可谓江南中国传统文化教育重镇的苏州中学。当时的苏州中学不仅网罗了大批当时全国知名的传统文化教育大师如沈颖若、钱穆、吴梅、陈去病、季崇元及后来的吕思勉等任教,而且其传统文化教育课程水准要求也是相当之高。以国文课为例,按照当时苏州中学国文研究学会(钱穆、沈颖若是核心成员)制定的《国文学程纲要》的规定,高中学生高二学年结束后,"传统文化基础""学术研究之观念"的课程应讲授学习完毕,而高三年级国文课程学习结束后,则要求学生能明晰中国古今学术思想的变迁,能对古今学术思想提出自己"新颖"的批评观点,并指出前人对古今学术思想考评"未发义、未确义"之处。① 至于以上规定标准高低程度,有学者做过一个比较,即将苏州中学以上高中国文课程教学标准与南开中学 1929 年的高中国文课程标准进行比较。按当年的《南开中学一览》所记载的国文科的教学旨趣为:"1. 培养学生立身处世之根本态度;2. 期望学生能感受本国文化之精神以孕育本国国民性;3. 培养学生学习国文之兴趣,并陶冶学生优美的情绪及情操;4. 启发、纠正、整理学生之思想以使之、正确而清晰;5. 扩充学生观察及思想之范围,以增进其智力;6. 指示学生学习之途径及方法,使其有自动研究之能力;7. 辅导学生作'学术深造'或'职业应用'之准备。"②南开中学高中国文课的课程标准与苏州中学比较,显然是一般意义的普通教育标准,而苏州中学则旨在培养精英型的学术化人才,标准之高可见一斑。

此外,苏州中学国文研究学会在制定国文课程标准的同时,也非常详细地罗列了学生阅读的国文课程书目,其中精读书目包括:

《段注说文解字》《说文释例》《说文句读》《说音》《小戴记选读》《周礼选读》《今文尚书》《诗经选读》《论语集注》《论语正义》《论语通释》《孟子集注》《孟子正义》《左传事纬》《左传菁华录》《战国策评注》《庄子集释》《墨子闲诂》《管子义证》《韩非子集释》《庄校淮南子》《淮南鸿烈解》《重印

① 参见金德门编:《苏州中学校史》,苏州大学出版社 1999 年版,第 122 页。
② 杨志行等编:《解放前南开中学的教育》,天津教育出版社 1989 年版,第 270—271 页。

秦刻列子》《史记菁华录》《汉书菁华录》《后汉书》《春秋繁露》《新序说苑》《论衡》《楚辞集注》《史通通释》《文史通义》《国故论衡》《梁任公近著》。

泛读书目大致有：

《诗经原始》《诗经学》《古诗源》《尚书去伪》《论语要略》《荀子哲学》《孟子学案》《史记探源》《世说新语》《读通鉴论》《汉学师承记》《章实斋年谱》《先秦政治史》《楚辞研究》《楚辞新论》《中国哲学史大纲》《东西文化及其哲学》《清代学术概论》《玉台新咏》《陶注陶渊明诗》《李白诗》《杜甫诗》《张籍诗》《韩愈诗》《白居易诗》《杜牧诗》《苏东坡诗》《陆放翁诗》《中国诗选》《屯田词》《稼轩词》《白石道人歌曲》《词选》《桃花扇》《长生殿》《红楼梦》《梦溪笔谈》《水浒后传》《徐霞客游记》《龚自珍书集》《饮冰室合集》《胡适文存》《宋元戏曲史》《戏剧概论》。①

以上书目充分体现了当时苏州中学传统文化教育的成就与水平，确实致力于让学生系统学习与掌握中国传统教育文化的优秀遗产，进而力求培养学生"有新颖之批评，并能留意前人考评之未发义、未确义"的能力。

三是浙江上虞的春晖中学。当时学校的国文教师、民国时期著名传统文化教育家、文学家夏丏尊（1922 年至 1924 年任教春晖中学）先生以注重新教育改革的同时，也非常强调中学传统文化教育。当时针对初中国文课是否教授文言文的问题，中国国文教育界有两种不同认识，一种观点主张文白兼授，而另一种观点则提出应彻底废止文言文。夏丏尊就此问题的争论明确阐明了自己的观点，提出学生从小学到大学可以不学习写作文言文，但到中学阶段，学生应该具备读解文言文的能力。文言文是中国传统文化的载体，如果学生没有阅读文言文的能力，如何传承中国传统文化？ 同时，他也强调要控制文言文在中学国文课程中所占比重，提出文言文以占初中全部课文的十分之三四为宜，而且精读和泛读的文言文课文一定要精选。1923 年，夏丏尊先生在春晖中学主讲国文课程，而这一年学校规定初二第一学期国文课程精读的文言文课文就包括《文史通义·文理》《史通·叙事》《孔雀东南飞》《墨子·兼爱》《荀子·性恶》以及《论衡》的《问孔》《齐世》和相当数量的唐宋诗词，开列的文言文泛读书目则为《论语》《孟子》《老子》《庄子》《墨子》《荀子》《韩非子》《吕氏春秋》《史记》《论衡》《史通》《文史通义》《文心雕龙》《通鉴辑览》《古诗源》《唐诗》《宋词》《元曲》等

---

① 金德门编：《苏州中学校史》，苏州大学出版社 1999 年版，第 126—127 页。

优秀传统文化教育经典。由此可见夏丏尊先生的传统文化教育思想对春晖中学传统文化教育的影响以及传统文化教育在春晖中学占有的重要地位。

四是北京师范大学附属中学。民国中期,北京师范大学附属中学国文科开设了很多选修科,其中的文字学、中国哲学史、中国文学史课程都包括了很多传统文化教育的内容。文字学课程着重讲授中国文字的变迁、文字之构造(内容涉及六书总说、六书名称及次第、象形、指事、会意、形声、转注、假借)和训诂举例(内容包括形训例、音训例、文训例、以共名释别名例、以雅言释方言例、以今释古例、以此况彼例)几方面的内容;中国哲学史主要讲授史前三代中国传统哲学思想的起源以及诸子百家和西汉、东汉、魏晋、佛家、唐代、宋代、元代、明代及清代历代哲学和哲学思想;中国文学史则规定主要讲授周以前文学、周秦文学以及两汉三国、两晋南北朝及隋、唐五代、两宋、金元、明、清和现代文学,内容涉及各个时期的诗、骚、词、歌、赋、散文、戏曲、小说等。从以上可见传统文化教育的经典内容在民国中期普通中学课程内容中所占的比重。

综上所述,20世纪二三十年代的国学教育运动是基于民国中期新文化和五四运动的影响,在教育近代化民主变革深入发展的背景下兴起的,其对中小学教育的影响应进行理性评价。

其一,国学教育运动的兴起从一定程度上宣示了传统文化和民族精神的珍贵价值。民国中期是中国教育近代化转型的关键时期,是中国教育实质变革的时期,国学教育运动的兴起很明确地显示,教育的近代化绝不等于西化,也绝不等于中国传统文化、中国传统教育的边缘化。国学教育运动本着教育实现近代化的同时,也应保留和传承中国优秀传统文化和教育的宗旨,而弘扬传统文化教育,弘扬民族精神。因此可以说,民国中期国学教育运动的兴起有其重要的积极意义和价值。

其二,中小学需要传统文化教育。自清末,特别是进入民国时期,随着中小学教育近代化变革的不断深入,传统文化教育在中小学教育中日趋被边缘化,这是一个不争的事实。中小学传统文化教育的课程内容越来越少,而西学的内容,从语言到近代科学、科技,从人文到社会、自然科学的知识和内容越来越成为各级教育关注和重视的教育内容。以1922—1928年北京第一实验小学课程设置为例,6年间开设的包括公民科、国语、数学、历史、地理、理科、体育、外国语在内的12门科目中,不仅传统文化教育的课程大大减少,只有国语、历史、地理这几门课程,而且这门课程所占课时比重也很小。如历史课,第一学年所设课时与地理、理科和观察科一起才占全学年总学时的 11%,第二学年 12%;第三学年仅 4%,第四学年则为 5%,第五、六学年都只为 7%。① 因此,中小学加强传统文化教育,以科学的方式传授传统文化,诵读传统经典,提高中小学传统文化素养,增加传统文化底蕴,增强中小学生的民族精神是近代以来中小学教育本身的诉求。

其三,传统文化教育不是万能的。在肯定民国国学教育运动的成就和积极意义的同时,也应理性地认识到,民国时期,即便是主张传统文化教育的人士有时也将传统文化教育的功能估价太高,将一些不良社会现象和社会问题的出现都归于传统文化教育的衰落,而同时也将削除和解决这些社会现象和问题寄希望于传统文化教育的复兴。但事实上,导致各种社会问题出现的原因是多方面的,绝非仅仅是因为传统文化教育的衰微。传统文化教育的复兴也不能解决所有的问题,过分地夸大传统文化教育的作用与漠视传统文化教育同样有害。因此,林砺儒先生特别强调过对待传统文化教育的正确态度和原则:"一是民众化,须是人人皆能享受的,尤其是小学教育。二是现代化,须以现代生活为重。……经书里固有可贵的微言大义,但似不能说全部经书悉合现代生活,尤不能说现代生活之需要皆可求之于经书。"②

三、公民教育取代公民道德教育

近代中小学德育是在传统儿童修身教育基础上,受西方德育文化影响而确立、发展的。晚清中小学堂传承传统儿童德育设置修身科,更多以传统德育为内容;民初,受西方公民道德教育思想影响,中小学校虽设置依然名为修身科的德育课程,但其教育内容已转化为了公民道德教育,即吸收传统"私德"教育内容,但以资产阶级"公德"教育为主的德育形式;五四新文化运动后,西方公民教育思想在中国广泛传播并对中国教育产生了深刻影响,公民教育取代公民道德教育成为中小学德育的趋向,直至 1922 年新学制公民科被确定为中小学德育教育课程。

---

① 北京第一实验小学编:《北京第一实验小学》,人民教育出版社 1997 年版,第 58—61 页。
② 林砺儒:《对于读经的意见》,北京师范大学校史研究室编:《林砺儒文集》,广东教育出版社 1994 年版,第 692 页。

（一）公民科的设置及教育宗旨的确立

【公民科的设置】

传统文化教育是伦理道德教育性质的教育，"修身、齐家、治国、平天下"是传统文化教育的核心内容。如《礼记·大学》所言："古之欲明明德于天下者，先治其国；欲治其国者，先齐其家；欲齐其家者，先修其身。"旧有儿童传统文化教育则主要以修身教育为主。

晚清，新式中小学堂仍是以修身为第一科。清政府颁布的《奏定中小学堂章程》对各级学堂的仪节、堂规、舍规予以规范，修身科的课程内容以个人道德修养养成教育为主，涉及家庭、社会和国家的责任意识教育则以忠孝意识涵养为主。如中学堂的修身科，教学内容便是摘讲陈宏谋（1696—1771）编纂的《五种遗规》，并选读有益风化的古诗歌。这实际上就是清末中小学堂的德育，其性质即为："教育者为之浚其灵明，定其趋向，纳其身心于中正之轨道，俾得自为修养，应于万事而有自裁的能力，此为至要。"①

民初，在资产阶级民主主义教育思想指导下，中小学修身教育为公民道德教育或称为国民道德教育所取代，虽然在课程名称上依然称为修身科，但教学内容已由以往的"修己""治人""敬君"转变为"自治""爱国"。如果说传统修身教育着重于"私德"，即个人道德修养的养成，其实传统修身教育也不乏"公德"教育，只不过所谓的"公德"教育纯粹是"忠君"教育。民初的修身教育则实际上是国民道德教育，也是一种个人道德修养教育的体现，即人格教育，但其不仅吸收了传统"私德"教育的内容，而且更加强调"公德"教育，这时的"公德"教育已有了新的内涵，指"自由""平等""博爱""爱国"。

五四新文化运动后，在思想文化领域兴起的"道德革命"以及广泛传播的民主教育思想使公民教育得以进一步宣传。有学者提倡以发展个性、完善人格为目的的公民教育，有学者则宣称用各种方法培养学生的公众意识、法律意识及爱国精神，提倡以"责任心的发展，民治精神的实现，增进公共幸福为目的"②的公民教育。观点虽然不尽相同，但公民教育理念已深入人心。公民教育思想的广泛传播推动了中小学德育的改革发展，1922年颁布的新学制，正式将中小学修身科改为公民科。

---

① 王茇:《自治的训育》，《教育杂志》1914年第6卷第9号。
② 徐元善:《小学校公民教育之五大问题》，《新教育杂志》1925年第10卷第1期。

【公民教育问题的探讨】

新学制确立公民科为中小学德育课程后,民国中期教育界对公民科教育宗旨进行了积极探讨。

1.关于教学目的。学者常道直先生在其 1924 年 1 月发表于《教育杂志》上的《小学公民科教学法》一文中就特别强调:"课程中所有各种学科,各有其存在之目的。教师须要先认清了这目的,然后教授时精神才有所专注,而不致流于散漫。"①张粒民先生则提出小学公民教育的目的,"概言之,在养成明达之公民;演绎言之,则了解自己和社会之关系,启发改良社会之常识与思想,养成适于营现代生活之习惯"。即中小学公民教育不仅加强个人道德修养教育,而且强化公民道德养成;不仅传授公民知识,而且进行公民训练。

2.关于教学实施。就公民课的教学实施,学者们普遍提出公民知识和公民训练两种教学相结合。张粒民引用当时《初等教育》杂志第一卷第二期所载《公民科和公民训练》一文中的一段话来谈小学公民教育的教学实施问题:"第一,是培养儿童公民的意识,使儿童知晓个人和社会相关的道理,确立正当的人生观,发生道德上的理想。第二,是培养儿童参与公共事业的兴味,就是使他对于公众事情,有极大的愿力,肯自发的、诚意的去做。做的时候,具持一种持久的精神,不倦不怠,一若责任所在,自不能不竭力干的。第三,是培养儿童公民的习惯,如守秩序,帮助人家,讲究公众卫生等事情,都须养成了习惯,而后他们到社会上去,自然能尽着本分做事。"②张粒民在以上观点基础上,进一步提出了翔实、全面的小学公民教学和课外训练的具体实施方案,不仅规定了不同年级的公民教学目标、教学内容与教科书,而且强调了公民教育应课上教学与课外实践训练相结合,实际上突出了课外训练在公民教育教学过程中的重要意义。民国中期很多学者赞同并重申了张粒民的观点。天民在其《公民教育论》一文中就重申中小学公民教育应将传授公民知识、培养公民精神及实施公民训练三者相结合:"所谓最善良之公民,专为精通法律政治等学问之人,此与彼已能暗诵圣书之儿童,再于学校授以宗教上初步的注解者,厥误维均。……夫关于公民科、法律、宪法、国民经济、国家组织、国家事业等之知识,实为公民所必需。……故教育者,必以意志之实行为主,置重于善良习惯之养成,而后此等知识,始发生

---

① 常道直:《小学公民科教学法》,《教育杂志》1924 年第 16 卷第 1 期。
② 张粒民:《小学校之公民教育》,《教育杂志》1924 年第 16 卷第 4 期。

价值。"①

3.关于教科书编写。中小学设置公民科的同时,中小学公民科教科书的编写也被提上了议事日程。民国中期中小学公民教育取得的显著成就与这一时期的公民教科书有密切关系。这一时期的学者群体对教科书的内容及编选标准等问题都进行了深入研究和讨论,有的还直接参与并指导了中小学公民教科书的编选。

张粒民就详细列举了公民教科书公民知识教学内容编选的 38 项标准和公民训练内容编选的 4 项标准,包括:"有寻常法律之知识;有求知新法律之习惯;有服从法律精神及条文之习惯;以自身为国家团体之一份子,而有协力促进本国幸福之志愿;以自身为本乡团体之一份子,而有协力造就本乡幸福之志愿;以自身为世界团体之一份子,而有协力造就全世界人类幸福之志愿;对于他人之权利,有尊敬心;对于他人之服务,有欣赏心;有合礼之习惯;有保全个人健康,以服务社会之观念"等以及"本科教学以'智''仁''勇'为中心;教授例话,宜以动作言语表示至诚之感情,勿为肤泛不切或精析之讨论;教授例话,宜示以故事之题目,勿示德目。德目但为教师内定之教材要旨;每逢学年学期之始,加学年始之训诫及学期始之训诫"②的标准。

以上有关中小学公民教育相关问题的思想、观点为民国中期中小学开展公民教育、教学提供了重要指导,也为公民教育宗旨的确立创造了重要思想条件。

【公民教育宗旨的确立】

修身教育、公民道德教育向公民教育的转变,是民国中期新学制颁布后中小学德育的根本性变革。这个变革反映了以西方公民教育理念为指导造就新公民的中小学德育教育实践的实施。1923 年 6 月,北洋政府教育部刊行《新学制课程标准纲要》,正式取消了清末以来注重道德教育的修身科,取而代之以公民科,这意味着公民科被正式纳入了学校教育的课程体系,这也标志着以私德教育为主的传统德育退出了中小学教育体系。同年,中国最早的公民科教科书——熊子容主编、商务印书馆出版的《公民教育》正式出版。

20 世纪 20 年代公民教育取代修身教育,其原因一是西方民主主义教育思潮对民国教育改革的直接影响,可以说公民教育承载了国人对具有共和精神的

---

① 天民:《公民教育论》(续),《教育杂志》1916 年第 8 卷第 6 期。
② 张粒民:《小学校之公民教育》,《教育杂志》1924 年第 16 卷第 4 期。

健全国民的诉求。二是国内教育人士对传统道德和道德教育的反思。如民传统文化者丁晓先先生所言:"旧时的修身科,注重在个人道德的修养,着眼点在个人方面,目的在修养成功一个矩步规行的循良佳子弟;虽也可算在人格修养上用工夫,但因其含有'各人自扫门前雪'的意味,只是人格上片面的修养。即使达到了所期望的目的,也未必即可适合共和国民的资格。"①

1923年,民国政府颁布的《新学制课程标准纲要小学公民课程纲要》和《新学制课程标准纲要初级中学公民学课程纲要》详细规定了"使学生了解自己和社会(家庭,学校,社团,地方,国家,国际)的关系,启发改良社会的常识和思想,养成适于现代生活的习惯"②的中小学公民科教育宗旨。

中小学公民教育宗旨的确立标志着公民教育成为中小学德育的重要内容,中小学德育已完成了由修身教育向近代公民教育的转型。公民教育核心是对人的尊重,教育内容包含社会公民所必须具备的权利、义务和各种社会知识以及人生观、价值观甚至世界观等,培养的是人的社会意识和国家意识,即公民意识,这恰恰是传统修身教育或缺的内容。当代著名学者资中筠曾精辟界定了公民和公民意识:"'公民'的观念与'臣民'是对立的。公民意识起于独立的个人意识的觉醒,对自己权利和义务的充分认知,最重要的是对社会的主人翁感。"③民国中期的中小学公民教育正是本着培养合格公民和养成学生公民意识的目的进行了积极教育探索,成就了民国中小学教育史上的华彩篇章。

(二)公民教育的实施

民国中期,民主主义教育思潮推动了公民教育的进一步发展,1922年"壬戌学制"的颁布,标志着公民教育真正落实到了基础教育中。虽然公民科在中小学课程中存在时间并不长,南京政府成立后,即于1928年取消了公民科,以党义科取而代之,1932年虽然又改党义科为公民科,但也只是有限度地恢复了"公民训练"课。④,但民国中期的公民教育在中国近代中小学教育史上还是书写了精彩篇章。

---

① 丁晓先:《小学社会科教学概要》,《教育杂志》1924年第16卷第1期。
② 杨贤江起草、委员会复订:《小学公民课程纲要》,课程教材研究所编:《20世纪中国中小学课程标准·教学大纲汇编:思想政治卷》,人民教育出版社2001年版,第11页。
③ 资中筠:《资中筠自选集·感时忧世》,广西师范大学出版社2011年版,第41页。
④ 参见陈侠:《近代中国小学课程演变史》,福建教育出版社2007年版,第57页。

　　"壬戌学制"颁布、公民科设置后,北洋政府教育部即组织相关专家学者着手编纂新学制公民教科书。这一时期出版的公民教科书很多,中华书局的《新小学教科书·公民课本》《新小学教科书·社会课本》《文体公民教科书》,商务印书馆的《新法公民故事教本》《新法公民教科书》《新学制公民教科书》以及世界书局的《新学制小学教科书·高级公民课本》等都是小学使用的公民教科书。商务印书馆的《新著公民须知》《新学制公民教科书》《新撰初级中学教科书·公民》《现代初中教科书·公民》及中华书局的《新中学公民课本》则是这一时期初中公民课教科书。以上公民教科书从形式到内容反映了这一时期公民教育的特征。形式上注重以儿童心理特点为依归,避免抽象的说理和呆板的叙述。内容上为了弥补传统德育个人修养教育有余、公德教育不足的弊端,侧重于现代公民教育,即便全部是道德教育内容也不单独讲授而是融入公民教育内容之中,注重养成学生的团体意识、服务意识等社会精神。下面以 1923 年 7 月由商务印书馆出版,杨贤江编纂、王岫庐、李泽彰校对的《新法公民教科书》(高级小学校用)和周鲠生编的《新学制公民教科书》(初级中学校用)为考察中心,就民国中期中小学公民教育的实施进行分析。

　　【小学公民教育的实施】

　　1. 明确了公民教育的教学目标。《新法公民教科书》共两册,是供小学五、六年级使用的公民课程教科书。编者在其《编辑大意》中就明确了该教科书的教学目标:(一)"本书自成一圆周,教材内容包含个人生活、家庭生活、学校生活、乡市生活、国家生活以至国际生活。一方谋补充小学前期公民科的教材,他方则期完成一个好公民的资格"。(二)内容特重"团体组织、政治常识及地方自治,取材标准以适应社会需要、儿童能力为根据;叙述方法以合于儿童原则为依归。凡是抽象的说理,呆板的记录,均力求避免。关于个人道德的事项,也不采用特标德目的形式,而即容纳在公民道德之中"。该教科书所确定的这一教学目标与近代公民教育思想所阐述的公民教育目标完全一致,也符合"新学制"小学课程纲要中公民科的教育宗旨。

　　2. 确定公民教育的核心内容。公民教育的核心内容概括讲就是养成学生社会公民精神和政治公民精神的教育内容,高级小学用的《新法公民教科书》就是围绕这一公民教育核心内容而编排的。

　　(1)加强社会公民精神的养成

　　第一,养成学生团体意识。教科书两册 40 篇课文中涉及这方面内容课文就有 7 篇,包括《游戏的规则》《集会的方法》《会议法》《我们的学校》《我们的家庭》《我们的社会》《我们的国家》,从家庭、学校、社会乃至国家范围中以符合儿童认知和心理特点为标准选材,培养学生的团体意识。如第一册第四课《我们的学校》讲的是学生熟悉的学校中的事,向学生传达了团体思想和理念。

我们的学校

　　我们入学校已经是第五年了。但我们明白为什么要入学校吗？是不是为了识字、为了算账呢？不是的。我们入学校,乃是为了做一个好的公民。要做一个好的公民,不单会识字、算账罢了,还须有强壮的身体,活泼的精神、办事的才干和关于社会及自然的常识。

　　我们在学校里要读书、要游戏、要做工,就是为达到做一个好公民的目的。我们还有许多团体和许多机关,如级会、小青年会、图书馆、新闻社、救护队、银行、商店等等,都是为我们练习办事、增进知识、养成服务习惯而设的。更有许多集会,如演说会、游艺会、恳亲会等等,也是为我们发表意见、促进才识、增多趣味而开的。总之,以上种种事情,无非养成我们有好公民的资格罢了。

　　学校里有许多规则,这是为维持秩序和使我们读书做事得着便利而设的。譬如规则里说,在教室内要安静,校内公物要爱惜,就是为了这个缘故。我们只要明白游戏场里规则的用处,也可以明白学校里规则的用处。所以我们对于学校规则,应该要遵守。

　　学校里有许多教员和职员。我们对于他们应该敬爱,却不应该畏惧。因为我们的身体、知识、技能、道德种种,都靠他们来启发,来指导。他们很热心、很诚恳的教育我们,我们怎好不敬爱他们呢？

　　我们做学生的,要勤学,要守时,要留心健康,要遵守规约,要爱护校舍及公物,要敬爱师长及同学,又要尽力团体的事业。因为这种种习惯,是一个好学生所应有的。[1]

第二,养成学生社会服务意识。《新法公民教科书》主要为高级小学即小学五、六年级使用,因而教材内容依据学生的年龄和心理特征及接受知识的能力,编排了从社会到国家作为社会公民和国家公民所应具备的公民知识、公民意识和公民行为培养的教学内容,注重培养学生社会服务意识。如第二册第四课

---

　　① 杨贤江:《杨贤江全集》(第六卷),河南教育出版社 1995 年版,第 789—790 页。

《公益事业》一文很通俗、简洁地向学生讲授了社会公益知识,旨在养成学生热爱社会公益、投身社会公益事业的社会服务观念和行为。课文节录如下:

公益事业

所谓公益事业,是指种种关于公共利益的事业。因为人的生活是不能离社会而独立的。人与人须互相帮助,所以各个人都要尽心力于公益事业,才合做人的道理。

讲到公益的事业,却有许多种类。现在只讲几种重要的。

一种是关于建筑的。一个城市或一个乡村,应该有一所公共会堂,为本地住民聚会行乐之地。譬如议事、结婚、宴会等等,都可在这里举行。

一种是关于教育的。一个地方应该设立许多小学校,足以容纳本地的学龄儿童。又应设立半日学校、夜学校、补习学校,以便成人求学。此外如图书馆、博物院、阅报社、宣讲所等启发知识、提高道德的机关,也应开办。

一种是关于实业的。如筹设展览会、陈列所,建造工厂,开垦荒地,振兴商场,种植森林,改良农事等,都是增进人民生利能力、减少地方贫困的方法。

一种是关于救济不幸的人的。如设立医院、养老院、育婴院、盲哑学校等等,都是表现人类同情、普及人群幸福的方法。

还有如公共安宁、公共卫生、公共娱乐、公共交通等,也都属于公益事业范围以内。

我们现在知道了公共事业的重要,就应各尽能力使他发达。有许多事,就在学校里可以实行的,我们也曾想到吗?①

第三,养成学生社会参与意识。社会参与意识和行为的养成也是现代公民教育的重要内容。每一个公民都是社会的一分子,因此,每一个公民都有责任和义务参与和建设美好社会。由此,《新法公民教科书》也将养成学生社会参与意识作为主要教学内容进行编排。如第二册的课文《社会恶习》《市自治》《地方美景》《个人习惯》《平民政治》《选举》《租税》《社会组织》《家庭组织》《妇女运动》《劳动运动》《职业》《经济活动》等,这些课文非常诚恳、明晰地向学生讲述了社会参与的方方面面。如其中《社会恶习》一文,就以学生的表达方式讲述了社会恶习的表现、危害以及小学生行动起来积极参与抵制社会恶习的责任。课文内

---

① 杨贤江:《杨贤江全集》(第六卷),河南教育出版社 1995 年版,第 809 页。

容超越了传统个人修养德育的范畴,从公民道德、社会责任的视角向学生传达了现代公民精神。课文节录如下:

社会恶习

一个有恶习惯的人,不能算做好人。一个有恶习惯的社会,也不能算做好社会。我们生在有恶习惯的社会里,就会沾染这种恶习惯。所以,我们为改良个人和社会的生活起见,应该把社会的恶习惯揭发出来加以矫正。

我们中国的社会里,实在有许多恶习惯到处流行。现在单举出几种重大的,使我们有所警觉。

第一种恶习惯是迷信。譬如信风水、信禁忌、信八字、求签问卜、迎神赛会等等,都是耗费财力、障蔽真理的。我们现在读了书,便该明白道理。自己固然不可有这种迷信,还要劝告家人、亲友不可再做这种不合理的事情。

第二种恶习惯是依赖。我国有许多做父母的,生平积聚许多钱财,对于社会公益事业不肯捐助,单想遗传给子孙。做子孙的就有所依赖,对于读书也不高兴了,做事也不情愿了,只知乱用钱财,游闲度日。但是因为乱用,因为游闲,就会陷于穷困。于是个人堕落,社会也要受着他的坏影响了。

第三种恶习惯是不守规约。譬如开会常要迟到,名胜古迹常要毁坏。他们只想随便,不管秩序。这种心理,实在是最害事的。我们要做一个好公民,该把这种恶习惯完全打破。

第四种恶习惯是轻视女子。我国女子向来不许读书,不许交际,不许服务社会,不许干与政事。她们不算自己做人,只算是男子的附属物。到了现在,这种恶习虽已改去不少,但仍有许多地方不能和男子立于同等的地位。这须靠我们少年男女的努力了。

以上种种恶习,我们都有改正的责任。我们不要以为,年纪小可以不管。要知道,年纪大的人或者已有了这种恶习,就不容易希望他们改良了。[①]

(2)重视政治公民精神的养成

政治公民意识与精神也是现代公民教育的主要内容,因此,政治公民教育也是民国中小学公民科的重要内容。但在这一方面,中小学存在差异。政治公民教育在中学是重点内容,而小学基于小学生的年龄、心理与认知特点,则主要侧重于公民道德教育,而政治公民教育只偏重于常识教育。《新法公民教科书》作为高

---

① 杨贤江:《杨贤江全集》(第六卷),河南教育出版社1995年版,第811—812页。

级小学公民科用书,就以小学生的表述方式编排了一定分量的政治公民常识教育内容,如课文《我们的国家》《国体与政体》《法律》《国会》《政府》《法院》《公民的权利》《公民的义务》《学制》《户口》《公安》《我们的世界》《国际关系》《国际公法》等。如第二册第十九课《国际公法》就简单、明了地介绍了国际公法的基本常识。

国际公法

现代国际关系日趋复杂,因而有一种国际间利害共通的法则。这种法则,就叫国际公法。

古代的人,当战争的时候,固然要虐杀敌人。就在平时,也常要虐待或欺侮异族的人。历代有许多战争,就由于种族、宗教、习俗的差异而引起的。但后来因为交通发达、商务推广、民智进步,渐渐因利害相关而产生国际公法。

国际公法与国内法有一点不同的地方。国内法有司法行政等机关来强制执行,国际公法却没有这种机关,因此就有人疑虑国际法不能算做法律。这种错误,是由于误解法律的意义。其实,法律的要素不专在强制力,而在于秩序观念和共通利害。况且犯了国际法的国度,虽没有特定的机关去制裁他,却终要受全世界公论制裁的。欧战时,德国的无限制沉击,招世界公论的反对,这便是一个明证。照这样看来,国际法又何尝没有制裁呢?

孔子说:"四海之内皆兄弟也。"这是我国先哲的名言。只要世界人类都能富有同情,根据正义,则凄惨的战祸自然可免,而和平的幸福也得永保了。①

最后,《新法公民教科书》以一篇《公民资格》的课文作为教科书的最后一个教学内容,既作为小学公民教育的总结,又告诉小学生作为一个好公民所必需的资格。

小学公民教育将教育目标定位于培养"好儿童"和"好国民",而不局限于"好学生",注重养成的是学生的公民意识、公民精神和公民行为。教学内容的编排不是局限于讲授公民知识,而是注重与儿童熟悉的家庭生活、学校生活、社会生活等紧密联系起来,使学生在熟悉的情境中,熟悉的事物、熟悉人物和社会现象中学习和体会甚至实践现代公民知识,强调学以致用。此外,小学公民教育教学形式也多种多样,除课堂讲授外,常常结合学生的特点,以适合儿童的方式

---

① 杨贤江:《杨贤江全集》(第六卷),河南教育出版社 1995 年版,第 822—823 页。

表述教育内容,并通过演讲、表演等形式实施教育。这也是这一时期小学公民教育的成功之处。

【中学公民教育的实施】

周鲠生编写的《新学制公民教科书》(初级中学校用)共三册,教学内容包括公民理论知识和国家政治体制知识。这样的内容编排与小学阶段的公民教育有所不同,不再侧重于公民个人道德修养、常识及行为规范教育,而是更加专注于社会公民和政治公民的道德、意识、精神培养,使学生在了解公民教育基本知识的前提下,进一步较系统地了解社会、国家,进而养成现代公民意识和精神,并树立社会和政治变革的自觉。内容从社会生活扩大到国家生活再扩大到国际生活,涵盖从选举制度到代议制度,国家、法律、法治精神等公民政治生活的各个方面。范围涉及从人民权利到人民义务、从国家领土到国家主权、从政党到政府,从国家到国际等。

1. 社会公民意识和精神养成的内容。《新学制公民教科书》第一册共有 16 篇课文,其中就有 10 篇的内容直接涉及社会公民意识和精神养成的内容,包括《服务》《整齐》《节俭》《储蓄》《共同生活》《互助》《个人的习惯》《对于不幸的同情》《爱惜公有物》《会场规则》的课文。这些课文的内容和之前修身教科书和小学公民教育的教学内容相比,更加专注于公民社会生活道德和意识与精神的修养教育,不再涉及个人道德修养教育。

2. 国家政治体制建制方面,重点向学生讲授了中华民国国家组织,包括民国政治的变迁、民国组织要素、国会、大总统、国务员、法院、地方政府、民国宪法等内容;法律,包括法律的概念、法律的渊源、法律与道德、法系之分类、法律之分类、民法、刑法等内容。目的是培养学生现代公民意识和精神。如课文《中华人民的权利义务》向学生详细讲授了传统修身课教学内容中从未有过的公民权利和义务的内容:

> 一、人民之身体非依法律,不得逮捕、拘禁、审问、处罚;二、人民之家宅,非依法律,不得侵入或搜索;三、人民有保有财产及营业之自由;四、人民有言论、著作刊行及领会、结社之自由;五、人民有书信秘密之自由;六、人民的居住迁徙之自由;七、人民有信教之自由。人民有请愿于议会之权。人民有陈述于行政官署之权……①

---

① 周鲠生:《新学制公民教科书》,商务印书馆 1923 年版,第 10—11 页。

民国中期中小学公民科的确立，完成了中国中小学德育由传统修身教育向近现代公民教育的全面转型，公民科成为基础教育阶段德育的核心课程，修身科从此退出了中小学德育的历史舞台。当然在这一转型过程中，修身科虽然不复存在，但传统修身教育的内容，"不仅没有被削弱，反而有加强的趋势"①。此外，民国中期中小学公民教育虽然在制度上得到了确认，在公民教育实施过程中也有很多成功经验，但公民教育教学实施中也出现了一些值得关注的问题，如公民教育既"没有享受国内教育对于其他课程同等的待遇"，也被"以为'公民'乃旧式修身科的替代者"。② 公民教育之所以受到这样的待遇，究其原因主要是公民文化在近代中国的薄弱。公民在当时的近代中国还是新鲜事物，没有多少中国人知道公民究竟意味着什么，更谈不上公民文化的形成，由此公民教育更是不可思议的事情，因而公民教育过程中一些中小学校的教师仍拿修身的内容来上公民科也就在情理之中。因此说，新学制虽然确立了公民教育的法定地位，但在教育实践中，公民教育在民国中期仍然处在一个"试行的幼稚时期"③。

综上所述，民国中期以西方实用主义教育思想为指导，中小学传统文化教育课程发生了更为实质性的改革，修身科彻底为公民科所取代，公民教育内容既与优秀传统道德教育宗旨和内容一脉相承，又着重吸纳了自由、平等、博爱等公民教育内容。国文科改为国语科，实现了对传统儿童语文教育和民初国文教育的重要变革。国语教育克服了国文教育偏重文言文及以"作文"为核心的教育模式，在国文教育的基础上更加注重培养学生阅读、语言表达的能力，即便是在"作文"环节，也着重训练学生的口语表达。同时，教学素材大量采用白话文及儿童文学作品，提倡白话文和"儿童文学化"的中小学语文教育改革，这些都代表了民国中期学国语教育改革的成就。此外，国语运动的兴起，中小学国语教育传统文化内容的增加也是这一时期中小学国语教育具有现实意义的具体表现。

---

① 彭基相：《公民的训练》，《教育杂志》1924 年第 16 卷第 9 期。
② 徐元善：《小学校公民教育之五大问题》，《新教育》1925 年第 10 卷第 1 期。
③ 徐元善：《小学校公民教育之五大问题》，《新教育》1925 年第 10 卷第 1 期。

第四章 抗日战争之前及局部抗战时期（1928—1937）的中小学传统文化教育

清末到民国中期,中小学传统文化教育经历了从传统向现代化的转型。在这一过程中,既对中国优秀传统文化教育有所继承,更深受西方现代民主主义、实用主义教育思潮的影响,体现自由、平等,民主、共和等精神的内容渗入中小学传统文化教育中,中小学传统文化教育无论是教育内容还是形式都有根本性转变。1927 年 4 月,随着刚刚成立的南京国民政府对教育的强化管理,三民主义教育思潮日趋影响教育领域,所谓国民教育内容充斥到中小学的各个科目中,中小学传统文化教育由此被涂上浓厚的"政治功利化"的色彩。

一、三民主义教育宗旨的确立及其对中小学传统文化教育的影响

（一）"党化教育"的兴起及向三民主义教育的转变

民初及五四新文化运动时期,源自西方的民主主义和实用主义教育思潮在教育思想领域先后占据主流地位,对各个层面教育的实施都产生了重要影响。1922 年新学制的制定、中小学传统文化教育先后展现的公民道德教育和公民教育的转型都是突出体现。但南京国民政府建立后,巩固统治和促进统一成为重中之重,加强教育的系统化与规范化管理,使之发挥维护政治统治的作用成为教育发展的方向。1927 年 7 月,国民党中央教育行政大会通过《国民政府教育方针草案》,草案基于国民党"以党治国"的理念提出"党化教育":"所谓党化教育就是在国民党指导之下,把教育变为革命化、民众化、科学化和社会化,⋯⋯是完

成政治革命和社会革命的工具。"①由此可见，"党化教育"实际上就是使教育与国民党的事业紧密结合，建立"以党义宣传、党德养成"的教育体制。至于党化教育的内容，《国民政府教育方针草案》也提出了 12 个方面，其中有关加强中小学军事训练、体育训练及行为规范的强化等充分体现了党化教育的实质，如规定："各学校应增设军事训练，我国民众外受帝国主义的压迫，内受军阀及其走狗的凌虐，一定要提倡尚武精神，讲求军事教育，才可以御外侮，定内乱。嗣后各小学须一律设童子军，中学及大学须一律增加军事训练；学校应注重体育训练。军事训练和体育训练有别，早为教育家所认识。因为军事训练在造就军国民以备国家不时之需，而体育训练则以养成健全体格的国民；学生运动应统一在党的指挥之下……把学生运动统一在党的指挥之下。我们一方面注意青年的利益，他方面要使青年为民众谋利益，所有非党的指挥的小团体斗争一律禁止。……这就是说在党之指挥之下，学生运动应与教育政策一致才可免种种矛盾和冲突。"②党化教育方针一经确立，南京国民政府则越来越强化教育作为国民党意识工具的作用，党化教育在各地各级教育中都得以落实。

　　教育具有政治、经济、文化等多方面的社会功能，这是教育的本质特点。南京国民政府过于强化教育的政治功能而弱化教育其他社会作用的党化教育自然招致教育界、思想界民主人士的诟病。1928 年 2 月，有学者就发表文章，对当时小学党化教育进行了尖锐抨击："我们看见许多学校，尤其是小学校，实施他们所谓的'党化教育'。他们的方法是：（一）课程中尽量采用党的教材，……常识课中尽装着国民党里的一切政纲。音乐课必唱'革命之歌'。形艺也学'革命画报'……（二）仪式上竭力模仿党的形式，……"③党化教育的"名不正，言不顺"使南京国民政府意识到统一教育宗旨势在必行。1928 年 5 月，第一次全国教育会议召开，会议通过了《废止党化教育名称代以三民主义教育案》，党化教育为三民主义教育所取代。

（二）三民主义教育宗旨的确立

　　党化教育转化为三民主义教育后，对三民主义教育宗旨和内容的统一与确

---

　　① 韦悫：《国民政府教育方针草案》，舒新城编：《近代中国教育史料补编》，上海中华书局 1930 年版，第 17—18 页。

　　② 韦悫：《国民政府教育方针草案》，舒新城编：《近代中国教育史料补编》，上海中华书局 1930 年版，第 8—14 页。

　　③ 研者：《党教育》，《上海教育》1928 年第 1 卷第 1 期。

定经历了一定历史过程。1928 年大学院向中央执行委员会第五次全体大会提出的草案中对三民主义教育的宗旨做了初步表述:"恢复民族精神,发扬固有文化,提高国民道德,锻炼国民体格,普及科学知识,培养艺术兴趣,以实现民族主义。灌输政治知识,养成运用四权之能力;阐明自由界限,养成服从法律之习惯;宣扬平等精神,增进服务社会之道德;训练组织能力,增进团体协作之精神;以实现民权主义。养成劳动习惯,增高生产技能,推广科学之应用、提倡经济利益之调和,以实现民生主义。提倡国际正义,涵养人类同情,期由民族自决,进于世界大同。"①对三民主义教育的这一解读代表了当时国民党知识界的认识。但南京国民政府训练部在拟定的《党义教育大纲提案》中对以上观点提出了批评,认为大学院宣言所阐述的观点,"对于三民主义教育之真谛,既无所阐明,而于教育与党之关系,尤乏实际联络"②,提出三民主义教育应"以发扬民族精神,提高民权思想,增进民生幸福,促成世界大同为宗旨"③。之后召开的国民党中央执行委员会第五次全体会议对训练部提案进行了审议,并将训练部所提出的三民主义教育宗旨修正为:"中华民国之教育,以根据三民主义,发扬民族精神,实现民主政治,完成社会革命,而臻于世界大同为宗旨。"④直到 1929 年 3 月 25 日,国民党第三次全国代表大会第十一次会议讨论并发布了教育宗旨决议案,最终确定了三民主义教育宗旨:"中华民国之教育,根据三民主义,以充实人民生活,扶植社会生存,发展国民生计,延续民族生命为目的;务期民族独立,民权普遍,民生发展,以促进世界大同。"⑤1931 年 6 月 1 日颁布的《中华民国训政时期约法》将三民主义确立为中华民国教育的根本原则,从而三民主义教育宗旨以法律的形式确定下来。

三民主义教育宗旨的确立,南京国民政府陆续制定了一系列各级教育的实施方针与原则并建立了比较完备的教育法规体系,确立了教育法的基本原则,将

---

① 《第一次全国教育会议议决之教育宗旨》,中华民国教育部中国教育年鉴编审委员会编:《第一次中国教育年鉴》(甲编),开明书店 1934 年版,第 10 页。

② 《党义教育大纲提案》,中华民国教育部中国教育年鉴编审委员会编:《第一次中国教育年鉴》(甲编),开明书店 1934 年版,第 10 页。

③ 《中央训练部向中央执行委员会常委会提出之原案》,中华民国教育部中国教育年鉴编审委员会编:《第一次中国教育年鉴》(甲编),开明书店 1934 年版,第 10 页。

④ 《中央训练部向中央执行委员会第五次全体大会提出之修正案》,中华民国教育部中国教育年鉴编审委员会编:《第一次中国教育年鉴》(甲编),开明书店 1934 年版,第 10 页。

⑤ 《国民政府公布之中华民国教育宗旨》,中华民国教育部中国教育年鉴编审委员会编:《第一次中国教育年鉴》(甲编),开明书店 1934 年版,第 8 页。

教育行政、教育目标、教育宗旨，教学内容、教育设施和教育经费等各方面都纳入了法制体系，确立了政府对教育的主导权，这一系列措施都一定程度上促进了教育的发展。同时，三民主义教育宗旨，突出了三民主义的民族主义特征，并通过强化传统文化教育论证民族主义教育的合理性和纠正自民初以来过度追求"西化"对教育的不利影响，使各级教育的民族精神、爱国主义和优秀传统道德教育得以发展和加强。但三民主义教育对各级教育的消极影响也很突出，集中体现就是在民族主义教育的旗帜下，传统文化教育中不合时宜甚至没落的东西被人为强化。例如，将三民主义教育等同于服从、信仰领袖教育，将传承"忠、孝、仁、爱、信义、和平"诸美德与践行领袖所提倡的"礼、义、廉、耻""涵养公诚朴拙之精神"的德育相提并论。这种倾向直接导致了这一时期比如中小学军事训育的实施、读经讲经运动的兴起等教育复古主义现象的出现。因而，三民主义教育宗旨本质上是通过提倡和加强国民道德教育实现加强国民党政治统治的目的，这虽然客观上促进了优秀道德教育的发展，但也使教育出现了"政治功利化"和复古主义倾向，所以三民主义无法真正传承和发扬光大传统文化教育。

（三）中小学传统文化教育的"三民主义化"

【加强国民道德教育】

三民主义教育宗旨及国民道德教育实施方针确立后，在各级教育确立国民道德教育、贯彻三民主义教育精神就成为南京政府建立后在教育领域的一项重要工作。中小学作为基础教育更为南京国民政府所关注。

1929 年 8 月，南京国民政府教育部颁布《中小学课程暂行标准》，作为法规性质的文件，规定小学设置包括党义、国语和社会科在内的 9 门科目，中学设置包括党义、国文、外国语、历史、地理和党童子军在内的 13 门课程。[1] 首次将三民主义教育以"党义科""党童子军科"的名义编排进了中小学课程体系中，并明确"党义一种由中央党部训练部主持"[2]以取代之前的公民科。同时，规定在相关科目的教学内容中增加三民主义教育素材："根据三民主义，加入关于三民主

---

① 课程教材研究所编：《20 世纪中小学课程标准·教学大纲汇编：课程（教学）计划卷》，人民教育出版社 2001 年版，第 117、119 页。

② 课程教材研究所编：《20 世纪中小学课程标准·教学大纲汇编：课程（教学）计划卷》，人民教育出版社 2001 年版，第 116 页。

义化的材料,删除违反三民主义的一切。"①《中小学课程暂行标准》虽然还未就三民主义教育目标、教育内容和教育方法等做出明确具体的规定,但将三民主义作为课程编写进一个学制法规性质的文件中,就充分说明三民主义教育精神和原则对中小学教育的影响。

1932 年 10 月,教育部颁布正式的《中小学课程标准总纲》,正式课程标准对1929 年的暂行课程标准进行完善,其中最主要的修正体现为两方面:

1. 明确规定了三民主义教育性质的中小学教育总目标。"小学应根据三民主义,……发展儿童身心,……以养成知礼知义爱国爱群的国民。"②这一教育目标着重于培养学生德、智、体、美全面发展的同时,更注重道德教育。虽然没有明确、细致地规定道德教育的内容,但也已粗略划定了中小学道德教育的范畴,涉及国民基本道德素养教育,包括私德教育和公德教育;民族道德教育,强调着重培养学生爱国、爱党、爱民族的道德品质两方面。

2. 将体现三民主义教育内容的"党义科"调整为小学"公民训练科"和中学"公民科"。随着党化教育向三民主义教育的转化,1932 年的正式课程标准将1929 年暂行课程标准中的党义课程调整为公民教育课程,小学设置公民训练科,着重于对学生的公民行为训练,中学则在对学生进行公民训练的同时设置公民科,公民科的教学内容除党义外,增加道德、政治、法律及经济等素材,加强对学生的公民意识、观念和知识素养的养成教育。这一课程的调整有两方面的意义:1. 党义科改为公民训练和公民科,既解决了思想界、教育界对党化教育的歧义和排斥,也通过将党义科的教学内容融入公民、公民训练、国语、社会和自然等科目中,从一定程度上加强了国民党的政治思想教育。2. 中小学设置公民训练和公民科。不仅使公民教育成为中小学德育的核心内容,而且通过强化公民行为训练和公德、私德及爱国、爱党、爱民族教育加强国民道德教育。因而,1932 年正式课程标准公民训练和公民科的设置使中小学国民道德教育被实质性强化了。

1936 年,为了更进一步加强对教育的统一管理和控制,更充分地发挥教育的政治功能,南京政府教育部重新修正颁布了修正版《中小学课程标准总纲》。相对于 1932 年正式课程标准,此次课程标准的修正集中体现两方面:1. 将国民

---

① 课程教材研究所编:《20 世纪中小学课程标准·教学大纲汇编:课程(教学)计划卷》,人民教育出版社 2001 年版,第 117 页。

② 课程教材研究所编:《20 世纪中小学课程标准·教学大纲汇编:课程(教学)计划卷》,人民教育出版社 2001 年版,第 123 页。

道德教育的教育目标具体化。正式课程标准相对于之前的暂行标准虽然明确规定了中小学国民道德教育的目标,但对国民道德教育的内容与范围并未具体表述。1936年为了强化中小学国民道德教育,修正的课程标准不仅将国民道德教育继续确立为中小学教育的总目标,而且规定了国民道德教育的具体内容和范围,强调:培养儿童民族意识;养成爱护国家复兴民族的意志与信念;培养爱护人群利益大众的情绪;培养公德及私德……①2.修正课程标准不仅依旧将中小学教育目标定位于国民道德教育,而且明确、具体地表述了中小学国民道德教育的内容包括了身心健康教育、民族意识教育(涵盖爱国、爱民族、爱党等的教育)和国民基本道德素养教育(涵盖私德、公德、公民意识、审美意识和生产、生活知识技能教育),这实质上是强化政治教育的体现。经过这一次课程改革,中小学传统文化教育从一定意义上演化为了国民道德教育。

【恢复读经讲经】

南京国民政府成立十年间中小学传统文化教育"三民主义化"的另一方面表现就是恢复中小学国语教育的"读经讲经"。民初,随着近代教育思想的广泛传播、新教育制度的确立、新教育体制的构建,传统教育理念、模式、教育体制逐渐或淘汰、或转型以迎合新教育发展的需求,这应该说是一种顺应时代发展潮流的体现,也是必然而为之,有其合理性。但民初在蔡元培等人的倡导下废止中小学读经讲经科,不仅是基于读经讲经作为传授传统社会价值观的经典教育形式已然无法也不可能适应新教育的需要,更是基于政治转型的需要。民初,随着中华民国即资产阶级民主共和性质的政治国家的建立,维护封建专制统治的儒家经典自然不可以再读再讲,由此传授儒家经典的读经讲经科则被不分青红皂白地废止。可以说,儒家经典并非一无是处,而是因为政治转型的需要被无条件地废止。既然读经讲经科被废止有其政治层面的原因,即基于封建专制向民主共和政体转型的需要,而不仅仅是因为教育内容和教育形式的不合时宜,那么可以推断,假设政治风云再次发生变化,出现民主共和向封建专制倒退的情形时,基于维护专制政治统治的需要,读经讲经也极有可能会被无条件恢复的。历史恰恰验证了这一假设,袁世凯复辟帝制时期,即在中小国民学校恢复了读经讲经科,南京国民政府时期,蒋介石为了维护其军事统治政权,也倡导并积极地采取

---

① 《小学课程标准总纲(民国二十五年)》,课程教材研究所编:《20世纪中小学课程标准·教学大纲汇编:课程(教学)计划卷》,人民教育出版社2001年版,第132页。

措施恢复中小学"读经讲经"。

南京国民政府恢复中小学读经讲经主要是基于政治诉求。20 世纪 30 年代,政治思想纷呈、流派众多。三民主义、马克思主义、自由主义以及其他社会思潮都有其重要影响,中西思想文化的交融与冲突尤为激烈,出现了思想价值体系失范的局面。同时,蒋介石通过军事政变建立南京国民政府后,政权的合法性一直广受质疑,并遭到各方政治势力的挑战。各派军阀势力、汪精卫为代表的改组派、西山会议派、日本帝国主义在中国东北扶持的伪满洲国政权以及共产党建立的苏维埃政权都对南京国民政府政权的合法性提出了挑战甚至否定。由此,以蒋介石为代表的南京国民政府为了重新整合思想,重构已经失范的思想价值体系,论证并稳固其政治统治,教育上积极确立三民主义教育宗旨,强化民族主义教育,也正是在民族主义教育的庇护下,以读经讲经为代表的复古主义教育倾向开始显现。

1929 年 3 月,南京国民政府颁布《三民主义教育实施原则》,要求"普通教育……以陶融儿童及青年'忠、孝、仁、爱、信、义、和平'之国民道德……为主要目的"①,将恢复传统道德教育确立为了普通教育的教育方针。1933 年 6 月 18日,国民党西南执行部和国民政府西南政务委员会常委陈济棠向西南政务委员会提出学校恢复读经的提案,提出"(一)由教育厅将《孝经》《四书》摘其'忠、孝、仁、爱、礼、义、廉、耻'编为经学教科书;(二)大、中、小各级学校以经学为主科,每星期至少授课六小时;(三)作文命题,经学题应占其半;(四)唱歌一科,将诗经及古圣贤之雄壮诗词采入,以'养成浩然之气';(五)考试成绩,以操行为重"②的多项各级学校恢复读经的具体措施。1934 年,广东省教育厅公布了《广东省中小学经训实施办法》,规定小学每周增加九十分钟,为经训时间;中等学校各级每周讲读经训两小时;高级小学以孝经及经训读本为课本,中等学校以四书为课本;教学方法上经训教师应本"因时制宜"之义,同时注重经训,即注重实践,以收身体力行之效。③

综上所述,1928—1937 年抗战之前的十年间,南京国民政府通过几次的学制修正,加强了中小学国民道德教育和传统文化教育,借此确立了三民主义

---

① 顾树森:《中国历代教育制度》,江苏教育出版社 1981 年版,第 281 页。

② 中国人民政治协商会议广东省广州市委员会文史资料研究委员会编:《广州百年大事记》(下),广东人民出版社 1984 年版,第 444—445 页。

③ 《陈济棠、肖佛成提倡中小学读经案的办理经过——黄麟书在联合纪念周报告摘录》之《附抄广东省中小学经训实施办法》,广东省档案馆编:《陈济棠研究史料:1928—1936》,广东省档案馆1985 年版,第 313—314 页。

的教育宗旨。

二、中小学国语教育的"儿童本位化" 与"三民主义化"

民国中期,因为深受实用主义教育思潮的影响,"壬戌学制"并未确立明确的中小学教育宗旨。中小学教科书多以教学内容适应社会需要、适应儿童生活、个性等为指导原则编选教科书的内容,浅显性、趣味性、儿童化等也就成了中小学国语教育的标准。南京国民政府建立后,在中小学教育发展中,首先,注意继承民国以来中小学教育的优良传统,作为促进中小学教育发展的基础。突出体现就是继承和发扬"儿童本位"的优良传统。其次,在传承中小学国语教育优良传统的基础上,为了加强教育的统一管理,国民政府教育部在 1928—1937 的十年间不仅几次制定、颁布和修正中小学课程标准,而且确立了三民主义的教育宗旨,因而,这一时期南京国民政府中小学教育包括传统文化教育的"三民主义化"特征非常突出。而"三民主义化"特征在中小学国语教育中的具体体现则是强化国民道德教育和复古主义倾向显现。

(一)国语教育的"儿童本位化"

【"儿童本位"国语教育宗旨的确立】

中国传统儿童蒙学教材的内容主要以记载圣贤经传、宣扬经典古训的文言文为主。清末以后,新式学堂的儿童语文教材虽逐渐采用了比较浅显的文言文和语体文,教学内容也融入了近代科学知识,但内容与形式还未能达到与儿童生活和活动相契合的程度;新文学运动之后,国语科取代国文科,白话文大量进入儿童国语科教材。特别是民国中期,以杜威为代表的"儿童本位"主义教育思潮得以在中国传播,成为激荡中国教育界的强大思想潮流。一批以胡适、陶行知、鲁迅、周作人等为代表的教育家在"儿童本位"教育思潮的强烈涤荡中蓦然回首,终于关注到一直被忽视、无视甚至误读的教育过程中的儿童。"吾人欲教儿童,当知儿童之本能,就本能而扩充之,此教育之原理也。"[①]由此,国语运动和

---

① 潘树声:《论教授国文当以语言为标准》,《教育杂志》1912 年第 4 卷第 8 期。

"儿童本位"教育思潮兴起。国语运动和"儿童本位"思潮对中小学国语教育的影响主要表现为国语教育的"儿童文学化"和语体文成为国语教育的主要语言表现形式。

南京国民政府时期,中小学国语教育"儿童本位"不仅得到了很好的继承,同时也得以进一步的完善。1929年、1932年、1936年三次学制修订所制定的小学国语课程标准都规定小学国语教育采用语体文。要求根据儿童的阅读能力,选择寓言、诗歌、故事等内容题材;根据儿童阅读兴趣选择富有艺术趣味的内容形式;根据儿童心理选择适合儿童生活的内容素材。如1932年制定的正式《小学课程标准国语》明确规定了"儿童本位"的国语教育原则:"指导儿童练习运用国语,养成其正确的听力和发表力;指导儿童学习平易的语体文,并欣赏儿童文学,以培养其阅读的能力和兴趣。"[1]

【"儿童本位"国语教育的实施】

国语教育的传统继承原则直接指导或影响了中小学国语教育的实施,以1932年叶圣陶先生编纂的《开明国语课本》为例,其内容与形式都充分体现了五四新文化运动时期"儿童本位"教育原则对20世纪30年代小学国语教育的影响。

《开明国语课本》是20世纪30年代由著名教育家叶圣陶先生编写,著名漫画家、教育家丰子恺先生书写并绘制插图,1932年,由当时著名的教材出版商开明书店正式出版发行。《开明国语课本》作为民国小学国文教科书的经典之作,其突出特点正如叶圣陶先生所言,内容和形式都是"创作"和"有所依据的再创作"。[2] 内容上,表述的多是儿童视角的自然和社会现象、事物及情景,迎合了儿童认识世界和感知世界的心理。形式上,多采用儿童口吻的语言及儿童熟悉并喜欢的手写体文字,很多低年级的课文都配有生动、简洁的漫画式插图,插图一方面形象、直观地解读了课文主题内容,另一方面激发了学生的好奇心和学习兴趣。《开明国语课本》形式与内容的这些独到之处,一改传统国文教科书所存在的内容陈腐、语言枯燥、插图呆板等弊端,让人耳目一新,充分反映了叶圣陶先生作为教育家的儿童教育理念与思想,也反映了丰子恺先生高超的书法和绘画技巧。后来叶圣陶先生在回忆和总结这部教科书的编写体会时就尤其强调,编写

---

① 《小学课程标准国语》,课程教材研究所编:《20世纪中小学课程标准·教学大纲汇编:语文卷》,人民教育出版社2001年版,第22页。

② 叶圣陶、丰子恺:《开明国语课本》(下册),科学技术文献出版社2005年版,第2页。

小学生的语文课本,应当以培养儿童的阅读和写作能力为重点,"教材必须符合语文训练的规律和程序"。同时,更应强调,"小学生既是儿童,他们的语文课本必是儿童文学",①这样的课本才能激发儿童的学习兴趣、发展他们的智慧。《开明国语课本》所体现的"儿童本位"的国语教育特征主要有如下几点:

1. 图文并茂。给文字配以生动的图画,帮助儿童识字,一方面提高学习兴趣,另一方面促进儿童领会文字内容,这种国文教育形式在中国传统的幼儿教育蒙学教材中就已经运用,如传统幼儿国文教育教材《三字经》就有绘图版本。《开明国语课本》继承了这一传统形式,并结合民国时期小学国文教育宗旨,在编写过程中对文字与图画结合的编写方式进行了创新,尤其是低年级的课文,主要以图画为主,形成了图文并茂的突出特点。这套教科书上册从第1到第30课,每一篇课文几乎都配以了图画,而且以图画为主。课文的文字少而精,或者作为图画的主题或者作为图画内容的解读,看起来很像图画的画外音。学生学习这样的课文应该很容易被生动的图画所吸引,在明白了图画意思的同时,不知不觉也就学会了与图画相关的文字。如第1篇课文就是四幅生动的小图画,画的分别是小学生早晨起来都必做的四件事情的场景,即洗脸、刷牙、吃早饭和出门上学。孩子们看了这些图画一下子就知道这是早上起来做的事情,而这篇课文的主题恰恰就是"早上起来"。通过这四幅图画学生不仅很容易就理解了"早上起来"这四个字的意思,而且应该也很容易地就认识并记住了这四个字。类似的课文还有很多,如第2课,也是四幅生动的小图画,配上"上学去"这一精短的主题;第3课,图画下面写上"先生早"三个字作为课文的主题等。这种编写方式极巧妙地适应了低年级小学生的特点和学习心理。

2. 图文相得益彰。《开明国语课本》上册从第三篇课文开始就在图画中以手写体配写了文字,文字从简单到复杂,循序渐进。如第3课《先生早》的课文,在图画中的左上方写两行文字:"先生,早。小朋友,早。"②只有七个字,还有两个字重复,与简洁生动的描绘清晨学生走进学校,见到老师,师生相互问候场景的图画相互配合,图文巧妙结合,融为一体,相得益彰。学生看到这样一幅图画,自然联想到每天清晨上学,师生见面的场景,想到师生见面后必说的问候语,自然就理解和认识了图画中的文字。随着学生学习的不断深入,课文中的图画越

---

① 叶圣陶、丰子恺:《开明国语课本》(下册),科学技术文献出版社2005年版,第2页。
② 叶圣陶、丰子恺:《开明国语课本》(下册),科学技术文献出版社2005年版,第3页。

来越简洁,文字则越来越多,由几个字、一两句话,逐渐地变成一段话,甚至一个小故事。学生在被图画吸引的同时认识了越来越多的文字,也懂得了越来越多的国文知识。这种将学生生活、图画和语言文字相互结合,文字融于图画之中,图文相得益彰的国文教育形式是《开明国语课本》这套教科书的鲜明特色。

3. 主题寓于情景之中。情景是指课文图画中所描绘的场景,主题是指教科书课文内容所要传达的教育价值。《开明国语课本》在内容编写过程中,采用了将主题蕴含于情景之中的方式,以求情景与主题相互配合,让儿童在潜移默化中体会国文,带着好奇心和浓厚的兴趣学习与理解国文。

低年级小学生学习知识以切身的感官感受为主,《开明国语课本》抓住了这一特点,在课文编排上突出文字主题简单明确,而图画情景具体生动,使学生领会主题不仅通过文字,更多是通过图画情景。如这套教科书上册第 2 课,课文的主题是只有三个字的一个短句"上学去",简单明确。为了让学生准确理解这三个字的含义,整篇课文没用一个字进行解释,而是画了四幅图画,图画表达的内容分别是:早晨妈妈早早地领着孩子走出家门;伴随着太阳的升起,母子走在去学校的路上;快到学校时,路上遇到三三两两来上学的同学;母子来到学校大门口。没有文字说明的图画却极生动地表现了学生上学的主题。这种主题简单明确、图画情景具体生动的课文,在教科书中还有很多,真正实现了情景教学的教育理念。

4. 教学内容形象化。教学生识字是民国时期小学国文教育的主要任务。中国传统儿童教育所使用的蒙学教材尽管也尤其注意语言文字的简洁、读音韵律的和谐,以此来激发学生的学习兴趣,但其内容一定程度上呈现成人化的特征,即以成人的思想理念为依据编纂教材内容,如"读《三字经》,以习见闻;《百家姓》,以便日用。《千字文》亦有义理"①。五四新文化运动中,西方的以儿童为中心的教育理念日渐传入中国并逐渐普及,民国时期的小学国文教科书的编纂原则转型为从儿童的兴趣特点出发,以儿童生活本身、生活环境、儿童熟悉的自然现象及社会现象等为教育内容,使教材内容更贴近学生生活,更为学生所熟悉,增强了学习内容的认知性和可接受性。《开明国语课本》在这一方面的特色非常突出。表现为:其一,教科书中的课文很多以儿童自己的活动为主题,如第

---

① 　吕新吾:《社学要略》,《古今图书集成》(第 1 册),中国戏剧出版社 2008 年版,第 49—50 页。

1 课《早上起来》,第 2 课《上学去》,以及其他课文《来拍球》《大家看书》《大家画牛》《大家写字》《起来》《说故事》《唱歌》《买东西》《我只想睡》等。其二,也有很多课文是以学生熟悉的生活环境为主题,如《红花开》《三只牛吃草》《月亮出来了》《影子》《太阳》《母鸡小鸡》《小小房子》《桃花开了》《柳条长》《雨下着》《雨点雨点》《我家门前》等,这些反映自然环境情景的课文,让学生感觉如此的熟悉,在轻松、愉快的感受中不知不觉地学到许多知识。其三,随着年龄的增长、学习的深入,很多学生熟悉的社会活动也成为课文的主题内容,学生通过有乐趣的学习,也逐渐掌握了很多社会知识。《开明国语课本》这方面的内容有很多,如《先生早》《农人种田》《妈妈缝衣服》《妹妹哭了》《客人和主人》《大家开店》《你做买客》《买东西》《绿衣邮差上门来》《欢迎新朋友》《帮助农人捉虫》《好朋友》《懒惰的人》《送给我的爸爸》《孙中山先生的故事》等。此外,为了追求教育内容形象化的效果,使内容更符合学生的心理特点,激发学生的学习兴趣,《开明国语课本》的许多课文还将文中的故事主角写为动物、植物而不是人。让学生读下来感觉更亲切,有趣,教材中有许多这样的课文,如《小鸡都不识》《十只小猪过桥》《小猫姓什么》《鸡的家》《麻雀问老树》《麻雀问北风》《糖说的话》《盐说的话》《钟走的快了》《我是蜻蜓》《猪说的话》《蜗牛看花》《鲫鱼和蟹》等,这样生动、活泼的课文在教科书中还有很多,这些课文可以说极大地增加了内容的娱乐性,教育内容愈发形象化。

5. 教学内容文学化。小学国文教育的目标主要体现为两方面,其一,知识教育,通过国文课程的学习,学生认识和理解基本的文字,掌握基本的自然和社会生活知识。其二,则是传承我国的优秀传统文化。为了达到这样的教育目标,《开明国语课本》在编写过程中,充分考量了学生生理及心理特征,在内容的编排和表述方式上做了精心设计。表现为:低年级的课文通常文字内容较少,文字内容多采用歌谣形式或者简短、整齐甚至对仗的语句,文字读起来让学生感觉就像读歌谣、诗歌一样朗朗上口,轻捷明快。如《开明国语课本》上册第 32 课的课文,主题是"农人种田",文中用这样的文字表述了主题内容:"农人种田。有的种麦,有的种棉。农人种了麦,大家有得吃。农人种了棉,大家有得穿。"①写得很像歌谣或顺口溜,文字整齐、对仗、朗朗上口。还有第 41 课《荷花》,清新的图画中配有这样的文字:"万年桥边小池塘,红白荷花开满塘。上桥去,看荷花。

---

① 叶圣陶、丰子恺:《开明国语课本》(下册),科学技术文献出版社 2005 年版,第 32 页。

一阵风来一阵香。"①犹如一首小诗,让人赏心悦目。《开明国语课本》中类似的课文还有很多。这样的写作手法,恰到好处地迎合了低龄学生的学习特点。

高年级的课文则较长,课文内容的表述方式很多采用拟人、夸张等文学手法进行描写,以引起学生的阅读兴趣。如《开明国语课本》上册第49课《泉水到了河里》的课文,用拟人的写作手法,生动地描写了一群"好朋友"在一起的美好:泉水"到了"河里,……太阳光"拍拍"他的背,白鹅到河里"看"他,小鱼和他一起"玩",花草对他"点点头"。泉水说:这里好朋友很多,我在这里"住"一下吧。② 这种儿童熟悉、习惯、亲切的语言表达方式极大地激发了学生学习国文的兴趣。

此外,在编写历史文化题材的课文时,《开明国语课本》的编者叶圣陶先生采用了很多对话的文学手法编排文字内容,使学生身临其境,提高了学生对历史文化知识的理解力和认同感。如《开明国语课本》下册的课文《商代人的书》《荆轲》《火烧赤壁》《景阳冈》《蔺相如》《晏子》《愚公》等,都是具有这样特点的课文。

南京国民政府成立十年间中小学国语教育对"儿童本位"教育传统的传承,在当时引发了学者们的激烈讨论、反思,提出了两种完全不同的观点:

1. 一些社会人士和学者表达了反对国语教育"儿童文学化"的观点。1931年3月5日的《申报》刊发的湖南军阀何键发给国民政府教育部的咨文就强调:"民八以前,各学校国文课本,犹有文理;近日课本,每每'狗说''猪说''鸭子说',以及'猪小姐''狗大哥''牛公公'之词,充溢行间。禽兽能作人言,尊称加诸兽类,鄙俚怪诞,莫可言状。"学者尚仲衣在其发表的《选择儿童读物的标准》一文中,也提出选择儿童读物有"积极标准"和"消极标准"之分,违反自然现象的就是消极标准,"世界上本无神仙,如读物中含有神仙,即是违反自然的实际现象。读物中使鸟兽作人言,即是越乎自然"③,认为这即为教育的倒行逆施。

2. 很多学者也表示支持并积极倡导中小学国语"儿童文学化"。儿童教育家吴研因就先后以《致儿童教育社社员讨论儿童读物的一封信》《读尚仲衣君〈再论儿童读物〉和"鸟言兽语"确实不可打破》等文章与尚仲衣等人进行了激烈

---

① 叶圣陶、丰子恺:《开明国语课本》(下册),科学技术文献出版社2005年版,第41页。
② 叶圣陶、丰子恺:《开明国语课本》(下册),科学技术文献出版社2005年版,第49页。
③ 尚仲衣:《儿童读物与鸟言兽语的讨论》,《儿童教育》1931年第3期。

论战，认为无论是中国古代还是外国"鸟言兽语"于儿童国语教育都是有益的。此外，陈鹤琴《"鸟言兽语的读物"应该打破吗?》、魏冰心《童话教材的商榷》、张匡以《儿童读物的探讨》等文章声援了国语内容的近代化改革，肯定童话在小学国语教科书中的价值，抨击尚仲文等人的观点，提出新型国语教科书中的教学内容相对于民初的国文教学内容，教育目标更明确，着重培养儿童的听说、阅读、写作、欣赏及书写能力;教育素材更生动，多以儿童周围环境和生活活动中的事物、有关国家民族等的文艺作品乃至儿童文学等儿童喜闻乐见的素材为教育内容;教育形式更活泼，以练习、欣赏、激发、体会等方式提高儿童的学习能力和兴趣。

在这样的讨论、反思中，学界对国语教育"儿童文学化"的认识愈发理性、客观。1936 年，一篇题为《三种现行初级国语教科书的评论》的文章，较客观、公允地阐述了传统文化界对语文教科书的理性认识，提出:"1. 救国教材应不只在引起儿童的敌忾心的教育，还要注意儿童生产意识，建国精神及民族自信心的养成。2. 物语材料不得过多，因为这种材料之外，更有儿童本身的生活，与儿童有关的社会生活，在儿童也有知道的必要。3. 国语读本在文字的形式上说，须是优美的儿童文艺，有各种的文体;在文学的内容上说，须是各种知识的媒介，含有各种常识。4. 取材须适合儿童的年龄经验，并根据他们生活上的需要。5. 国语教材须采取普通性质的，应避免偏于一隅一方之材料。6. 利用童话以涵养儿童的想象，利用寓言以灌输儿童的道德观念。7. 低年级国语读本须用较少之字汇，用反复方法编成有情趣的文字，并注意训练儿童运用文字的能力。8. 生字分量及排列须合乎儿童学习能力。9. 选注生字须以词为单位，避免将词语分割为单字的弊病。10. 要尽量采用简字及带国音的汉字。11. 教材排列应前后联络，并与各种尽量联络。12. 须有彩色或单色的精美插图。13. 各书局应改善国语教科书的印刷，并减低书价，以利义务教育之普及。"①这些认识可以说是对以《开明国语课本》为代表的南京国民政府时期中小学国语课程变革的理性概括。

（二）国语教育中的国民道德教育

自民初取消了中小学读经讲经科之后，国文科、国语科逐渐成为中小学教育的核心课程，不仅承载着语文教育的责任，而且担负着德育的使命。南京国民政府建立后，为了强化国民党的政治统治，实施了借助道德教育维护政治统治的治

---

① 李杏保、顾黄初:《中国现代语文教育史》，四川教育出版社 1997 年版，第 186—187 页。

国策略,确立并实施了三民主义教育宗旨,加强教育中的国民道德教育,强化教育的德育功能,以至 1928—1937 年十年间国民道德教育在中小学国语教育中尤为突出。

【小学国语教育中的国民道德教育】

1929 年的《小学课程暂行标准小学国语》规定:"小学教材教科书选择,应注意下列各点:不背本党主义,或足以奋兴民族精神,启发民权思想,养成民生观念的;提倡合作,互助,勇敢,劳动,规律,而非自私自利懒惰浪漫的……"①1932 年颁布的《小学课程标准国语》也明确小学国语科教材的编选,应注意:"依据本党的主义,尽量使教材富有牺牲及互助的精神。……尤须积极采用:关于孙中山先生、国民革命、奋发民族精神、启发民权思想、养成民生观念的故事诗歌。"②1936年颁布修正的《小学国语课程标准》则在 1932 年规定的基础上,要求小学国语教育应"指导儿童从阅读有关国家民族等的文艺中,激发其救国求生存的意识和情绪"。③ 教材内容"适合我国自然和社会环境等一般情形,并不与现时代相违背;适合我国教育目标或富于道德教训"。④

由以上规定可见,南京国民政府时期的小学国语教育作为传统文化教育重要课程不仅承担本学科的教学目标,培养学生文字、阅读、作文和语言表达的能力,而且还承载着国民道德教育的重要使命。通过国语教育培养学生良好的道德品格,涵养民族意识、民族精神以及爱党、爱国的道德品质。

国民道德教育宗旨不仅通过几次学制修正越来越明确、具体,在小学国语科的教学实施中也得到了充分落实。仍以小学《开明国语课本》为考察中心。《开明国语课本》在编写过程中,通过各种类型的课文如童话寓言、生活故事、传记故事及神话传说等寓意于文字与图画之中,使学生在学习文字、知识,欣赏图画的同时,情感和道德品质也潜移默化地得到升华。国民道德教育的内容在《开明国语课本》中主要体现于以下几个方面:

---

① 《小学课程暂行标准小学国语》,课程教材研究所编:《20 世纪中小学课程标准·教学大纲汇编:语文卷》,人民教育出版社 2001 年版,第 19 页。

② 《小学课程标准国语》,课程教材研究所编:《20 世纪中小学课程标准·教学大纲汇编:语文卷》,人民教育出版社 2001 年版,第 26 页。

③ 《小学国语课程标准》,课程教材研究所编:《20 世纪中小学课程标准·教学大纲汇编:语文卷》,人民教育出版社 2001 年版,第 30 页。

④ 《小学国语课程标准》,课程教材研究所编:《20 世纪中小学课程标准·教学大纲汇编:语文卷》,人民教育出版社 2001 年版,第 34 页。

1. 发展儿童身心,培养儿童健康体魄和良好品性。这方面的课文在教科书涉及很多,如上册的《来拍球》《妹妹哭了》《再搭起来》《妈妈缝衣服》《泉水和老树》《懒惰的人》《龟和兔子赛跑》《三脚赛跑》《轮流赛跑》《鲫鱼和蟹》等,借助生活情景故事、童话寓言等向儿童传输良好价值观。其中第166课《三脚赛跑》用一段非常生动的文字,配以形象的图画,描述了在体育课上,各自一条腿被捆在一起的两个学生,肩并肩步调一致地向前跑的游戏。通过这样的课文内容,学生很直观地领会了团结一致的精神和品质的意义。第34、35课《妹妹哭了》和《再搭起来》,则通过描述小狗将妹妹搭的积木房子冲塌,妹妹大哭,妈妈则教导妹妹不要哭,冲塌的房子可以再搭起来,这样一个故事和生活情景,形象地引导儿童养成面对挫折要坚强的品质。还有第36课《妈妈缝衣服》,通过形象地描写妈妈和儿童的对话引导儿童养成讲卫生的良好习惯。

2. 启发儿童民族意识。这方面的教学内容在教科书中也有很多编排,如上册的课文《孙中山先生的故事》,下册的《中华》《游中山陵记》《黄花岗》《游泰山记》《林则徐》《孔庙和孔林》等,向学生传达了爱国、爱民族的道德情怀。

3. 涵养儿童包括公德、私德及审美情趣在内的国民道德。教科书中反映这方面内容的课文则更多,如《说故事》《泉水到了河里》《出家门》《听狮子叫》《胆量和力量》《设立图书馆意见书》《大家动手》《渔人的网》《公园里》《可爱的同学》《生了几天病》《一封电报》《两句话》《母亲的生日》《小鸟的回家》等,课文内容通俗、生动,学生在生活故事中升华了价值观和审美情趣。

【中学国语教育中的国民道德教育】

中学教育作为基础教育的重要阶段,在近代历次教育改革中都被格外重视。1922年制定颁布的"壬戌学制"就将中学学制由四年调整为六年,即初级中学三年、高级中学三年,并对中学课程做了修改、完善。三民主义的教育宗旨确立后,南京国民政府对中学贯彻实施三民主义教育尤为重视,几次的中学国文课程标准修正都对国民道德教育做了明确规定。1932年的《初级中学国文课程标准》规定了"使学生从本国语言文字上,了解固有的文化,以培养其民族精神""选用教材之标准:合于中国党国之体制及政策者;含有振起民族精神,改进社会现状之意味者;包含国民应具有之普通知识思想而不违背时代潮流者……"[1]的中学

---

① 《初级中学国文课程标准》,课程教材研究所编:《20世纪中小学课程标准·教学大纲汇编:语文卷》,人民教育出版社2001年版,第289—290页。

国语教育目标和内容;1936年修正的《初级中学国文课程标准》则进一步强调国文教育"使学生从代表人物之传记及其作品中,唤起民族意识并发扬民族精神"①,将国民道德教育目标更具体化、明确化。

在中学国语教育的教学实施中,国民道德教育也有充分体现。以《新课程标准适用·初中国文读本》为例。《新课程标准适用·初中国文读本》是南京国民政府时期中学所用国文教科书中非常经典、也是广为使用的教科书,该教科书本着"一方面顾到文学本身,一方面更注重民族精神之陶冶、现代文化的理解"的编辑宗旨,像当时大多数教科书一样强调以民族精神教育为教材内容,不仅编选以描写自然景色、动植物、论述社会文化和人生态度志趣为主题的课文,而且编排大量激励青年热爱自然、奋发上进、寻求光明志趣,爱国御敌等主题的课文,体现了中学国语教育注重国民道德教育的特点。《新课程标准适用·初中国文读本》中如下课文就很具代表性。

青年生活

世界上最宝贵的是生命,生命中最宝贵的一个阶段是青春时期。芳草的嫩绿,杨柳的垂青,只代表春意的和煦,尚不能代表青年的生命力。秋风一起,柳条渐渐枯了,芳草渐渐萎了。除了傲霜的秋菊,后凋的松柏,有什么柔枝嫩叶,能与寒威努力奋斗呢?

蜂的酿蜜,虫的吐丝,只能代表生命的价值,也不能代表青年生活的意义。因为他们自身毫无主张,徒然为劳力的行动所支配。

青年的生活,既不能如杨枝芳草的无力,也不能如蜂虫的为人作嫁。青年的使命,在充分地发展他们的生命力,为现社会的改造分子。

现时的青年,因为不能利用他们的生命力,放弃了应尽的天职。有的力用到不正当的路上去,有的力潜藏着没有用,以致丧失了少年时的活泼天真——身体衰弱了,思想腐化了。

要保持青年生命的力量,第一要有希望。希望是生命的源泉。想黄金,想快乐,不是我们所说的"希望"。倘使各人都为自己的享乐而奋斗,那么谁该做劳力的事业和生产的事业呢? 我们所说的"希望",是指一个人的自信力。他深信自己有相当的能力,他深信自己能发展他的能力,他深信环境

---

① 《初级中学国文课程标准》,课程教材研究所编:《20世纪中小学课程标准·教学大纲汇编:语文卷》,人民教育出版社2001年版,第296页。

无论怎样变迁,前途无论怎样恶劣,荆棘丛中总可开辟出一条生路,为群众造福。

要发展青年生命的力量,第一要有工作。工作是幸福的宝典。工作的反面是偷懒,偷懒的结果是浪费。我国不单是浪费了无限的地力,并且浪费了无数的人力。小姐们、少爷们、太太们、老爷们,抽空就打牌、抽烟、上茶馆。大人先生们遇到问题,只晓得开会议、发宣言。试问全民族中有多少人对于生产事业和创造事业,能抱着决心埋头工作的? 试问青年学生们有多少人能避免读死书,注意自动的工作,注意利用他们的眼睛、耳朵、口、利用他们的双手和大脑? 世界上的文化,不是由虚空的幻想造成功的,是由精密的思想和点滴的汗血一层一层堆积起来的。工作愈真实,生活的意义愈丰富,互助的精神亦愈显著。能自助助人的人,总是人世间最快乐的人。

深信你自己,充实你自己,不要自馁,不要偷懒。抱有希望的青年,不怕工作的青年,总是向前迈进的青年,总是生机畅满的青年。①

青年人奋发上进、寻求光明的人生观与价值观是民族精神的重要体现,因而教科书中编排了很多这些方面素材的课文。这篇以"青年生活"为主题的课文就是一篇以激发青年人奋发上进,积极生活,努力工作,造福于国家、民族和人民为主题的民族精神教育的课文。

综上所述,南京国民政府成立后十年间的中小学国语教育改革,无论是传承"儿童本位"教育传统,还是实施三民主义教育,一定程度上都是出于政治诉求而实施的,存在一定的局限性。但这一时期的中小学国语教育基本上延续了民初以来所确定的新教育以造就"共和国民之人格"为目的的教育改革宗旨,其改革成果依然包含了很多超越时代的合理因素。

1. 诠释了近代教育现代化转型的目的。民初,中华民国临时政府就确立了新教育以造就"共和国民之人格"为目的的教育现代化转型目标。南京国民政府成立以后,虽然基于维护政治的目的确立了三民主义教育宗旨,实施了国民道德教育改革,但国语教育在实施过程中,教育内容和教学形式围绕培养具有自立、自尊、自重、民主和平等的精神品质,适应社会的知识与技能,仁慈、互助、博爱的情怀的国民而展开,契合了近代教育现代化转型的目的。

2. 形成了先进教育内容。近代新教育从内容上突破了传统教育的内容,一

---

① 朱文叔:《新课程标准适用·初中国文读本》(第一册),中华书局1933年版,第31—33页。

方面着重于社会生活内容的教学,强调培养学生适应社会生活、独立生活的能力;另一方面注重优秀传统文化的继承。从《开明国语课本》的内容中可以看到大量以社会生活所必需的知识和技能,以及孝悌、亲爱、信实、义勇、恭敬、勤俭等良好道德原则为教学内容或主题的课文。

3.实施了科学教育方法。近代教育在教学方法上注重"儿童本位"和学习兴趣。蔡元培在民初就提出在教育方法上应"立于儿童之地位而体验之,以定教育之方法"。① 而以《开明国语课本》为代表的民国教科书从编辑宗旨到教学内容和表现形式,都突出了"儿童本位",也充分关注到了儿童的学习兴趣。

4.采取了合理教育形式。以文言体编写的传统蒙学教材,常常使学生"把五分之四的功夫,用在读书上面,结果也只造成了少数勉强能文的高材生,跟所谓国民教育相差太远"②。而以《开明国语课本》为典型的民国小学语文教科书采取了白话语体文,最终实现了教学语言形式的革新。

(三)国语教育恢复读经讲经

三民主义教育在中小学教育的体现除强化国民道德教育之外,另一方面的措施就是在中小学国语教育中恢复读经讲经,加强传统文化教育。1929 年 3 月,南京国民政府在三民主义教育纲领性文件《三民主义教育实施原则》中确立了恢复读经讲经的教育宗旨后,读经讲经在中小学国语教育改革中开始实施。具体措施包括:

1.增加中小学国语科教学内容中传统经学素材的比重。相对于民初和五四新文化运动时期的国语科教学内容而言,南京国民政府前十年中小学国语教科书中以古代文学及儒家文化观为内容的课文比重明显增加。以《新课程标准适用·中学国文读本》为例,《初级中学国文读本》全书语体文与文言文之比例,第一年为语七文三,第二年语六文四,第三年语文各半。《高级中学国文读本》更是这一时期侧重编排以古代文学及儒家文化观为主题内容课文的教科书。全套教科书共六册,第一、二两册,包括记叙文、说明文、抒情文(包括韵文)、议论文、小说、诗歌、戏剧和应用文;第三、四两册主要教授中国传统文学的源流,课文内容编排了从周代的《诗经》到清末以南社及传统文化保存会为代表的"革命文

---

① 蔡元培:《全国临时教育会议开会词》,陈学恂编:《中国近代教育史教学参考资料》(中册),人民教育出版社 1987 年版,第 140—141 页。

② 吴研因:《清末以来我国小学教科书概观》,《中华教育界》1935 年第 11 期。

学";第五、六两册则主要讲授中国传统学术思想,课文内容从上古至近代按时间编排。为了便于学生学习,每册教科书后还相继附有诸如《文章体制表解》《文体论》《文学源流表解》《经史百家杂钞序例》《文学源流概述》《学术思想流别表解》《中国上古学术思想大势表》《周秦诸子学术思想大势表》及《学术思想小史》等传统文化参考读物。

2."将《孝经》、四书摘其'忠、孝、仁、爱、礼、义、廉、耻'编为经学教科书;大、中、小各级学校以经学为主科,每星期至少授课六小时;作文命题,经学题应占其半;唱歌一科,将诗经及古圣贤之雄壮诗词采入,以'养成浩然之气';考试成绩,以操行为重。"①

3. 中小学国语课教学内容中融入国民党党义教育内容。"中山先生传记;中山先生遗著;中山先生演说词;中国国民党历次重要宣言;中国国民革命史实;中国国民党史略;革命先烈传记;革命先烈遗著;党国先进言论。"这些内容都被编写进教科书,并作为新的"经典"诵读。

中小学读经讲经问题实际上是近代伴随传统文化与教育近代化转型始终的问题。清末奏响了中国教育近代变革的前奏,面对西方教育文化的冲击,清末教育改革选择了在新式中小学堂设置读经讲经科,同时强调读经讲经科在中小学堂课程中占据重要地位。民初,中小学教育本着"百事务新"的改革宗旨开启了近代化转型的历程,读经讲经科作为传统文化的载体被断然废止,中小学涉及传统文化教育的课程无论是语文教育还是德育,甚至于历史、地理课的内容都融入了很多近代教育的元素,呈现了新教育的内容和形式,传统文化教育日趋被淡化。南京国民政府时期,新式的中小学教育已经得以系统、规范化实施。但是基于巩固和维护政治统治的动机和需要,国民政府倡导经学教育,强调承载"忠、孝、仁、爱、礼、义、廉、耻"传统道德精神的传统经典的诵读,以致中小学读经讲经运动再次兴起。近代历史上中小学读经问题所经历的曲折、复杂的历史变革从根本上反映了传统文化与近代文化的博弈以及政治对教育的影响。

首先,清末新式中小学堂设置读经讲经科,倚重传统经典传承传统文化价值,反映了优秀传统经典和传统文化的强大生命力与价值。清末读经讲经科以

---

① 中国人民政治协商会议广东省广州市委员会文史资料研究委员会编:《广州百年大事记》(下),广东人民出版社 1984 年版,第 444—445 页。

"孝经""四书""五经""礼记"等传统儒家经典为课程内容,并在读经讲经科课程内容设置中非常注重经典内容的体系化和序列化,通常将"孝经"编排为初等小学堂读经讲经科首先诵读讲授的内容,其后读讲"四书",再者读讲"五经"。如《三字经》所言:"《孝经》通,四书熟,如六经,始可读。"而且基于所有传统经典中"《礼记》最切于伦常日用,亟宜先读"[①]的共识,《礼记》的很多内容也被编排进初等小学堂读经讲经科的课本中。读经讲经科在教学过程中通过经书诵读,培养学生传统文化素养,养成其深厚的传统文化认同感,增强学生本土文化意识。优秀传统经典诸多方面价值在清末新式中小学堂传统文化教育中得到了充分显现。清末读经讲经科优秀传统经典教育的历史经验,使人们认识到优秀传统经典教育的缺失,必然带来传统文化价值传承的缺失。因为传统经典是优秀传统文化的载体。

其次,民初废止中小学读经讲经科从一定程度上反映了近代文化对传统文化的冲击和近代文化相对于传统文化的先进性。一方面,西方资产阶级民主共和理念影响下的民主共和国刚刚建立,要建立反映民主共和教育宗旨的全新教育体制,废止代表传统教育的读经讲经科则成为必然。因而可以说正是受近代西方文化的主导,民初民国临时政府教育部断然废止了中小学读经讲经科。另一方面,读经讲经科的被废止也反映了近代西学文化的先进性和传统文化的没落性。近代西学中政治、经济、教育尤其是科技文化的很多内容确实代表了先进文化成果和发展方向,而传统经典中那些体现封建等级秩序的内容则凸显了其没落的一面,因而,民初废止读经讲经科虽然否定了传统经典的价值,中断了优秀传统文化传承的合理路径,但也让人们更理性地认识到传统经典所包含的没落因素。

再次,20 世纪 30 年代中小学读经运动的兴起则是南京国民政府出于"读经救国"的宗旨而发动的,可以说是政治诉求的结果。南京政府为了维护其政治统治的稳定,将诵读传统儒家经典奉为国民道德和民族精神教育的重要途径,同时论证三民主义的合理性,巩固三民主义的思想主导地位,借助传统儒家经典实现三民主义的儒家化,正统化。

基于以上分析,对近代中小学读经讲经运动或读经讲经问题应理性的认识,

---

① 《奏定初等小学堂章程》,舒新城编:《中国近代教育史资料》(中册),人民教育出版社 1961年版,第 420 页。

其一,优秀传统经典是传统文化和民族精神的重要载体,虽然诵读经典不是领悟中华传统文化的唯一路径,但毕竟中华民族几千年的历史文化很多蕴含于传统经典之中,青年一代读不懂、看不懂传统经典,如何能真正读懂、领会中国文化?其二,教育是民众化的,教育的本质是人人能享受它,人人能接受它。从这一点出发,就应强调诵读传统经典应以每一个受教育尤其是中小学生都能接受它、领悟它并享受它为前提,不能为了读经典而读经典,置受教育者于不顾。其三,教育是现代化的,教育的另一方面本质是内容和形式的先进性。正是因为其内容和形式具有先进性,受教育者才主动、自动地接受教育,从这一点出发,诵读经典课程在中小学课程体系中应占合理的比例而不是课程的全部。其四,传统经典经历几千年的历史积淀有其优秀的一面,也有其消极的一面,诵读传统经典应是优秀传统文化的传承,另外,传统经典是文化成果而非政治成果,诵读经典应是文化传承而不应是基于任何政治诉求。如著名教育学家林砺儒先生所言:"若望中国文化有新生气,便该走上创新的路,好似不必固守既陈的刍狗。我以为读经应采取熔解改铸的态度。"①林砺儒先生的观点表明了中国经历新文化运动的洗礼及近代传统文化教育的转型,传统文化教育的内容及形式已经失去了正统地位,原封不动、一成不变地基于政治需求而置社会及教育于不顾恢复读经讲经是很难得到社会认可,也是行不通的。

三、中小学公民教育中的国民道德教育

中小学德育在近代社会经历了艰难转型。传统德育以修身教育为核心内容,自清末,由于西方文化的影响,传统修身教育开始了向公民教育转型的历程。甲午战争以后,一些优秀思想先觉者的"公民"意识开始觉醒。康有为就明确界定了"公民"一词:"公民者,担荷一国之责任,共其利害,谋其公益,任其国税之事,以共维持其国者也。"并提出:"万国皆有公民,而吾国独无公民,不独抑民之资格,塞民之智慧,遏民之才能,绝民之爱国,导民之无耻已也。"②国人可以说第一次清楚地知道了除臣民之外还有公民。正是受新兴思想的影响,自维新变法

---

① 林砺儒:《对于读经的意见》,北京师范大学校史研究室编:《林砺儒文集》,广东教育出版社 1994 年版,第 694 页。

② 明夷(康有为):《公民自治篇》,《新民丛报》1902 年第 5 期。

到清末"新政",在新式中小学堂中,虽然开设的德育科目还被称为修身科,但教学内容却在"修身、齐家、治国、平天下"的传统德育内容之外糅进了西方公民教育的一些内容。中华民国成立后,1912 年 1 月蔡元培主持教育部,即明令废止了中小学修身教科书的使用,着手编纂新的中小学公民科教科书。"公民须知""民主""共和"及"法制"等内容都成为教科书的核心内容。1922 年,新学制颁布实施之后,中国公民教育迅速发展。1923 年,北京政府教育部颁布《新学制课程标准纲要》,规定以公民课取代修身课,这是中国第一次正式将公民课程纳入中小学课程体系中,也标志着中小学德育的根本性转型,中小学德育正式进入了公民教育时代,民国中期的公民教育也成为这一时期中小学教育的精彩华章。

1927 年 4 月,南京国民政府成立后,国民党当局为了实施"训政",加强对教育的统一管理。在学校教育中着手实施所谓的党化教育,改中小学公民课为党义课。1928 年 5 月,基于舆论的压力和"党化教育"一词的过于敏感性,第一次全国教育会议决议以三民主义教育取代"党化教育",确立了"恢复民族精神,发挥固有文化,提高国民道德"的三民主义教育宗旨。1929 年 4 月,南京国民政府颁布《中华民国教育宗旨及其实施方针》,规定各级学校开设三民主义教育课程,"以史地教科阐明民族之真谛;根据孙总理遗教,以陶融儿童及青年'忠孝仁爱信义和平'之国民道德";"中等学校及大学,须受相当之军事训练,以锻炼强健之精神,养成规律之习惯"。① 将三民主义教育宗旨具体化为包括国民基本道德教育和国家、民族观念及意识培养的国民道德教育。1932 年南京国民政府颁布了《中小学课程标准》,将中小学德育课程确定为公民科,小学设置公民训练科,中学设置公民科,国民道德教育从此成为中小学公民训练和公民科的教育宗旨和核心内容。

(一)小学公民训练科中的国民道德训练

【确立国民道德训练标准】

1932 年,南京政府教育部颁布《小学课程标准》,规定小学增设公民训练科。1933 年,颁布《小学公民训练标准》,规定公民训练科以"发扬中国民族固有的道

① 《中华民国教育宗旨及其实施方针》,宋恩荣、章咸选编:《中华民国教育法规选编》,江苏教育出版社 2005 年版,第 36 页。

德,以忠、孝、仁、爱、信、义、和平为中心,并采取其他各民族的美德,训练儿童,以养成健全公民"①为教学训练标准。在三民主义教育原则指导下的国民道德训练被确定为了小学德育的核心。

为了将以上教学目标和训练标准真正落实到教学实践并取得预期的教学效果,"使教员易于指导儿童信守",《小学公民训练标准》进一步将国民道德教育训练目标精简为"愿词":"我愿遵守中国公民规律,使我身体强健,道德完全,做一个中国的好公民,准备为社会国家服务。"②并将每一项教学标准细化为若干规范学生具体行为的条款,即"条目",便于教员在教学实施中以此为标准纠正和训练学生的行为。例如:公民"快乐"标准,细化为如下条目:"(1)我喜欢听笑话,说笑话。(2)我对人家要常常面带笑容。(3)大家快乐的时候,我也要快乐。(4)我做事要很高兴,很有乐趣……"③公民"谦和"标准,细化为如下条目:"(1)我说话要轻而和气。(2)我对人要和颜悦色。(3)别人和我争论,我心平气和地回答他。(4)我要宽恕人家无心的错处……"④《小学公民训练标准》共规定了类似的275个小学国民道德训练条目。

以上规定彰显南京国民政府时期小学公民训练国民道德教育的三个突出特点:1.以中华民族传统道德和行为规范为中心,可以说为了政治诉求使传统道德教育重新回归于小学德育的范畴中。虽然传统道德教育中包含了很多诸如愚忠、愚孝及维护等级秩序的内容,但南京国民政府非常希望借助这些传统文化教育建立和维护其政治统治秩序,因而竭力在中小学德育中融入许多传统德育的元素。但传统德育的回归不仅意味着腐朽内容的沉渣泛起,也代表着优秀传统德育回归儿童德育,尤其与公民教育相辅相成,这是符合德育现代化走向的大趋势,也是符合中国社会现实需求的。2.融合西方近代公民道德教育的相关内容,重公益、节俭、劳动、生产、合作、奉公、守法、爱国、爱群、拥护公理等公民训练标准就是近代公民道德教育的基本内容。如果抛开政治层面的特殊因素的影响,

---

① 《小学公民训练标准》,课程教材研究所编:《20世纪中国中小学课程标准·教学大纲汇编:思想政治卷》,人民教育出版社2001年版,第13页。

② 《小学公民训练标准》,课程教材研究所编:《20世纪中国中小学课程标准·教学大纲汇编:思想政治卷》,人民教育出版社2001年版,第14页。

③ 《小学公民训练标准》,课程教材研究所编:《20世纪中国中小学课程标准·教学大纲汇编:思想政治卷》,人民教育出版社2001年版,第17页。

④ 《小学公民训练标准》,课程教材研究所编:《20世纪中国中小学课程标准·教学大纲汇编:思想政治卷》,人民教育出版社2001年版,第19页。

从教育规律本身考量,优秀传统道德教育与公民道德教育的结合是中国现代德育的发展方向。3.符合小学生道德认知的基本特点。小学生对道德知识的理解,尚处于比较肤浅、表面的理解阶段;对道德原则的理解通常具体性突出,概括性较差,如分不清"勇敢"和"冒险"、"谨慎"和"胆怯"等的区别;对道德品质的判断只注意行为的效果;对道德原则大多简单依赖于社会或他人的规则。《小学课程标准》将国民道德训练具体化为"愿词""条目"正是迎合了小学生道德认知的特点,符合教育规律。当然,单纯依赖读"愿词"、背"条目"很难达到真正的国民道德训练的目的,学生也很难养成良好的国民道德行为。这是小学公民教育国民道德训练存在的不足。

《小学公民训练标准》不仅详细规定了国民道德训练的目标、纲要、愿词、条目,也细致地对国民道德训练的实施做了规定:公民训练,应分两方面实施:公共的训练,即在各科教学时间,由教员根据纲要条目间接的指导儿童;随时随地由各教员注意儿童的各种活动,直接间接引用规律和各条目指导儿童遵守;在某一时间,如儿童需要时或行为失当时,选择适当德目,对儿童进行训练;在每周六十分钟特定时间,由教员选择特定事项、相应德目对儿童进行讲解、训练。个别的训练,由教员选择特定学生实践相应条目,进行督导、训练。另外,课程标准要求公民训练在实施过程中应选择合适的方法,注意人格感化,教师以身作则,多用积极的活动,使儿童潜移默化,养成种种良好习惯,避免采用强制的方式,切忌用消极的方法,造成儿童有所畏而不敢为的态度。①《小学公民训练课程标准》为小学公民训练课程不仅提供了教学内容设置标准,而且提供了教学实施标准,使小学公民训练课程成为南京政府成立十年间小学德育训练主要且独具特色的课程。

【小学公民训练教科书中的国民道德训练】

民国小学公民训练课程主要是采取实践教学模式,《小学公民训练课程标准》中就特别规定:"公民训练,专重实践,不用教科书。"②但公民训练条目众多、内容繁杂,教学形式与以往注重理论知识、以课堂讲授为主的公民教育课程有很大区别,因此为了保证或提高公民训练课程的教学效果,规范教学实施,民国时期,有些学者还是编写了小学公民训练教科书。其中,1933年,世界书局出

---

① 《小学公民训练标准》,课程教材研究所编:《20世纪中国中小学课程标准·教学大纲汇编:思想政治卷》,人民教育出版社2001年版,第24—25页。

② 《小学公民训练标准》,课程教材研究所编:《20世纪中国中小学课程标准·教学大纲汇编:思想政治卷》,人民教育出版社2001年版,第25页。

版的由陆伯羽先生根据公民训练科课程标准编写的《模范公民训练册》,是民国时期为数不多的小学公民训练教科书中非常具代表性的一套。该教科书共八册,每学期一册。编者的编写目的是督促小学生按规范的思想、道德和行为标准而生活,成为健全公民。其训练内容具体、细致,编排形式新颖、别致,比较典型地反映了南京国民政府时期小学公民训练课程国民道德教育的教学内容及特点。

1. 以中华民族传统道德和行为规范为中心,融合公民道德行为规范内容

《模范公民训练册》的内容设置以中华民族传统道德和行为规范为中心,同时融合了公民道德教育内容,如全套教科书设置了"强健、守规律、有礼貌、清洁、勤勉、重公益、爱国、爱群"等训练内容条目。取材围绕儿童生活,由个体到家庭、由家庭到学校,再由学校到社会,具体训练内容则包括儿童生活起居、待人接物、伦理道德和行为规范以及公民知识和法制知识等。内容的具体编排如下:

第一册主要对学生进行学校基本道德和行为规范训练。围绕"礼貌、守规律、强健"3个德目,设置了17个教学条目和与每一个教学条目相对应、形象说明教学条目的图画故事,如"我遇见老师和尊长一定行礼"的条目和"子明上学的一天"的图画故事,"我每天上学一定携带要用的课业用品"的条目和"忘记了什么没有"的图画故事,"我排除很敏捷在队里很安静"的条目和"排队了"的图画故事等。第二册则以学生适应学校生活为训练目的,教材内容在第一册的基础上,增加了清洁、勤勉2个德目,仍然设置了17个条目和相对应的图画故事,如"我每天早睡早起都为一定的时间"的条目和"早睡才能早起"的图画故事、"我不高声乱叫"的条目和"嗓子为什么这样好"的图画故事、"我离开座位时,一定把座位桌椅放端正"的条目和"我们要养成这种好习惯"的图画故事等,着重训练学生养成作为小学生的良好道德规范和生活卫生习惯。第一、二册因为是供一年级小学生使用的公民训练教科书,因此,从儿童的日常生活和认知特点出发,公民训练内容采用以图释文的方式编排,内容也简单、浅显。

第三册和第四册的训练内容编排由学校道德行为规范训练逐渐过渡为社会道德行为规范养成教育。由此,第三册除"强健、有礼貌"之外增加了"勇敢、诚实、活泼、快乐、亲爱、服从"等德目,以这些德目为中心,设置了17个教学条目和相应的图画故事,内容不仅包括良好生活卫生习惯、道德品质和情感养成教育,也涉及社会公共生活行为规范养成教育。第四册则注重社会公德训练,围绕

"重公益、仁慈"等德目编排了 14 个和故事图画,尤其突出了对学生"重公益"德目内容的训练,如"我不涂刻墙壁黑板桌椅等物"的教学条目和"大家应该互相规劝"的图画故事、"我爱惜公用的图书"和"我们的小图书馆"、"我不独占公共游戏的器具"和"我让给你玩"、"我不攀折公共的花木"和"一个不顾公德的人"等,这些教学条目和图画故事以贴近儿童生活,从生活中选取教育素材的方式生动、形象地培养儿童的公益道德和行为规范。

第五册和第六册以学校生活和家庭生活为中心,着重训练学生团体意识、团体道德及行为规范。第五册设置了"爱国爱群、守规律、勤勉、敏捷、进取、活泼、奉公、合作、清洁、公益、亲爱"的德目,尤其是增加"爱国爱群、奉公、合作"训练德目,以儿童学校生活中的素材为训练内容,编排了诸如"我尊重校徽"的教学条目和"怎样尊重校徽(作法)"的课文,以及"我热心参加学校内的各种团体组织"和"发起组织自治的通告"、"我要参加学校的合作组织"和"合作社的组织摘要"、"应当出席的会议我都出席"和"会议公约摘要"、"我不放弃选举权并且自由选举我所佩服的人"以及"我能除去地上的纸屑和障碍物"和"宝贵的纪念品"的教学条目和课文,这些训练内容着重训练儿童的团体道德意识和行为规范养成。第六册更是集中围绕"劳动、强健、清洁、节俭、快乐、自制"几个德目,从儿童家庭生活选取素材,编排了 22 个教学条目和课文,如"我喜欢做家庭中的一切事"的教学条目和"在家中应做的事"的课文、"我早上起身亲自折叠被褥"和"一幕短剧(一)"、"我愿意并且很高兴的做洒扫等事"和"一幕短剧(二)"、"我住的屋子要常常保持清洁"和"清洁检查用表之一"、"我每天早晚一定要刷牙齿"和"实践指导""我常常留心使头发清洁"和"头发整洁记载表"等教学条目和课文或教学素材,突出训练儿童家庭生活中应具备的道德意识、品质和行为规范。

第七册和第八册内容集中于儿童社会道德行为习惯养成教育,第七册包含"敏捷、快乐、勤勉、坚忍、有礼貌、亲爱、重公益、服从、守规律、知耻、精细、进取、合作"13 个德目,第八册的德目更广泛,包括"进取、精细、守规律、知耻、自制、节俭、爱国爱群、敏捷、互助、勇敢、诚实、谦和、公正、重公益、仁慈"15 个德目,注重从儿童的社会生活中选取训练素材,编排了诸如"我不信鬼神"的教学条目和"破除迷信"的教学素材以及"我爱用本国货"和"为什么要用本国货"、"我看见同学有危险的举动立刻劝止他"和"盲人与蛇(寓言)"、"别人有危险的时候我立刻去救护他"和"涸辙中的小鱼"、"我要随时随地帮助他人"和"半只小鸡"、

"我对人要和颜悦色"和"刘宽的故事"、"我竭力做有益于公众的事情"和"奈丁格尔（一）"及"我要爱护有益于人类的动物"和"奈丁格尔（二）"等的教学条目和教学素材,公民训练内容丰富且围绕儿童团体生活和社会生活组织编排,注重爱国爱群和社会服务的道德品质和行为规范的训练、养成,着重实施合格公民的素养教育。

2. 新颖、别致的编排形式

儿童道德教育是一个从他律到自律的过程,在这个教育过程中,如能摒弃主体缺席的单纯、机械的说教式德育模式,将儿童作为活生生的、具有主体性的人纳入德育教育过程中,发挥儿童自我教育的能力,儿童公民德育过程应变得生机勃勃。《模范公民训练册》的编撰者为了提高儿童的学习兴趣,提高德育训练效果,在训练内容的编排形式上下足了功夫,每册教科书都特别设置了阶段训练概要表、教学条目和图画故事（高年级为课文或教学素材）、自省表三个版块,整个教材的内容编排形式可谓新颖、别致。

（1）每一册的开篇第一页都是一个阶段训练概要表,将本册的中心训练内容、内容次序、具体内容、素材、和德目设置在表中以"单元、次序、条目、故事（或课文、素材）、德目"的项目形式分栏设置成表格,使学生第一时间一目了然地了解到本册的训练内容。如第一册就设置了如下阶段训练概要表：

表 4-1 《模范公民训练册》第一阶段训练概要表①

单元	次序	条　目	故　事	德目
初步学校生活指导	一	我遇见老师和尊长一定行礼	子明上学的一天	有礼貌
	二	我每天上演一定携带要用的课业用品	忘记了什么没有	守规律
	三	我排除很敏捷在队里很安静	排队了	守规律
	四	我依次出入教室不争先	他很守秩序	守规律
	五	我在室内行走很轻	不要妨碍别人	守规律
	六	我在上课时要发言必先举手	一种好方法	守规律
	七	我上课时很安静	大家要把他做模范	守规律
	八	我在下课的时候做适当的游息	到操场去	强健

---

① 陆伯羽:《模范公民训练册》第一册,上海世界书局 1933 年版,第 2 页。

续表

单元	次序	条　目	故　事	德目
上学回家时的礼节与规律	九	我每日准时到校准时回家	时辰钟	守规律
	十	我出外和回家一定告诉家长	出外和回家时的礼节	有礼貌
	十一	我走路注意常靠左边不乱跑	走路应该注意的事	守规律
	十二	我不在路上逗留	时间最宝贵	守规律
	十三	我不在路上吃东西	这是没有礼貌的行为	强健
食物卫生	十四	我在应当吃东西的时间吃东西	他为什么生病	强健
	十五	我吃东西分量不过多	我不是客气	强健
两件卫生的习惯	十六	我不把不能吃的东西放在嘴里	多么危险啊	强健
	十七	我不用手指挖鼻孔挖耳朵擦眼睛	肮脏的手指头	强健

　　(2)训练册的教学条目和图画故事(或课文、素材)的编排也很巧妙,每册都是对开式编排,当学生翻开教科书,右边一页是教学条目,左边一页则是解读教学条目的图画故事(高年级为课文或素材),这样学生可以一边看教学条目,一边同时对照相应的图画故事(或课文、素材)理解教学条目的含义,不仅避免了公民训练沦为像传统德育那样往往是枯燥说教的尴尬,也使公民训练生趣盎然、生动、活泼,贴近儿童生活。

　　(3)每册训练册的最后都配有一张自省表,自省表中设有需学生作答的问题,这些问题都是针对教学条目的内容而设计的,通过这些问题的作答,自查与检查相结合,可以使学生借此反省自己平时的行为,从而检验公民训练效果。如第一册的自省表:

表 4-2　《模范公民训练册》自省表①

请小朋友看了后面的问题,把自己平日的行为想一想,如果平日的行为是这样的,就在空格里画一个○,以后的行为仍要这样;如果不是这样的,就在空格里画一个×,对于这种行为,就要改过。			
把自己的行为想一想	画符号	把自己的行为想一想	画符号
遇见老师和尊长,是不是行礼?		出入和回家,是不是告诉家长?	

　　① 　陆伯羽:《模范公民训练册》第一册,上海世界书局 1933 年版,第 38 页。

续表

每天上学,是不是把要用的课业用品都携带着?		走路是不是靠左边,不乱跑?		
排除是不是敏捷? 在队里是不是安静?		在路上,是否不逗留?		
是不是依次出入教室?		在路上,是否不吃东西?		
在室内走路,脚步是不是很轻?		是不是在应当吃东西的时间吃东西?		
上课时要发言,是不是先举手?		吃东西是否分量不过多?		
上课时是不是很安静?		不能吃的东西,是否不放在嘴里?		
下课时,是不是做适当的游息?		手指是否不挖鼻孔、耳朵,不擦眼睛?		
每日是不是准时到校,准时回家?				

自省表设置是《模范公民训练册》一个最为突出的特色,凸显了教育评价的主体性和德育自我监督性的结合。《模范公民训练册》的编者本着充分发挥儿童主观能动性的初衷,在每册后面都设置了自省表,让儿童对所受教育效果进行自我评价,并试图让儿童在自我评价的基础上建立起行为规范的自我调节机制。《模范公民训练册》的这种儿童自我教育、自我评价的德育模式值得肯定。

(4)公民训练内容儿童生活化。《模范公民训练册》的内容编排还有一个突出特点就是所选教学素材全部取材于儿童生活,包括儿童个人的日常生活、家庭生活、学校生活以及儿童的社会生活。同时,偏重行为规范训练,少有道德说教,如编者要求:"教师施用这本小册子的时候,不能视作教科书仅供教授时之用,应随时指导儿童实行所列的各条目。"[1]而且教科书内容的表述也全部采用第一人称的方式,以儿童自己的身份与口气进行表述,也避免了成人化说教的弊端。贴近儿童生活,丰富多样,生动活泼,富于情趣的教学内容很容易深入儿童的心灵,并引起儿童的情感共鸣,这大大激活了国民道德教育,使儿童国民道德教育"返璞归真",使儿童在道德生活中形成国民道德意识,实践国民道德行为。

【小学中的国民道德训练】

小学公民训练注重国民道德内化与行为养成教育,训练方法灵活多样,1932年,《小学公民训练课程标准》出台后,各地小学按照课程标准的规定纷纷开设了公民训练课程,不仅仅编写公民训练教科书,通过课堂宣讲国民道德知识,而是依据课程标准,根据学校的具体情况制定训练方针或内容,通过实践教学对学

---

① 陆伯羽:《模范公民训练册》第一册,上海世界书局 1933 年版,第 2 页。

生进行道德行为习惯养成训练。小学公民训练课程因此成为民国小学比较与众不同的课程,在儿童国民道德意识与行为习惯养成方面颇有成就。

处于边远地区的云南省立大理中学实验小学,公民训育做的就颇有特点。不仅制订了明确的目标,而且对小学训育的环境设备、训育责任、训育实施(包括体育、群育、智育、德育四方面)措施分别进行了规定。所规定的训育目标和德育训练标准如下:

训育目标

本校训育根据中华民国教育宗旨,及总理道德纲领,并参照本校原有校训信条各项,以养成儿童诚实俭朴,刻苦用力,勇敢奋发,互助团结及乐群爱国之精神为目标。

德育训练标准

1.凡古今中外格言及名人小传,每周揭示两次,以陶冶儿童的身心,并养成其伟大人格;

2.关于学生教室寝室厕所的清洁卫生,概由教师指导学生自行扫除,以减少校内工役,而养成学生劳动的习惯;

3.各班讲演会所讲材料多注意公共卫生,公共道德等事,以铲除儿童自私自利的恶习,而养成大公无我的良好品行;

4.本校校园,由职教员于课外或教师请假时,领导学生分组工作,以养成儿童的园艺技能,及劳动的习惯;

5.学生制服,以灰白二色之土布为主,不准稍涉浮侈,以期养成儿童重俭朴爱国的习尚;

6.凡职教员及学生一切服用,不准购买仇货,以尽量采用土产为目的;

7.凡教职员及学生,如有购置仇货者,即由学生自治会全体大会,加以名誉上的惩处;

8.每周国耻国庆纪念日,职教员领导高年级生出校作爱国宣传运动,以唤醒民众,并养成儿童读书勿忘救国的观念。①

通过这样的规定,复杂的公民训练条目具体化为了可操作性较强的道德行为训练要点。

北京第一实验小学的公民训练课程更是成就了该小学"爱国精神,育人之

---

① 《云南省立大理中学实验小学训育概况》,《云南教育行政周刊》1932年第二卷第三十七期。

本"的办学特点和人文底蕴。北京第一实验小学在著名的古文化街——琉璃厂北侧,前身为国立高等师范学校附属小学校,创办于1912年。1913年10月在只设初等科、男女兼收的基础上,又设高等科,更名为国立北京高等师范附属国民学校高等小学校。1920年,学校招聘了第一位女教员邓颖超。后更名为国立北京师范大学附属小学校。1931年4月改为国立北平师范大学附属小学校。1949年改名为北京师范大学附属第一小学。1955年改名为北京第一实验小学。北京第一实验小学是具有悠久德育和爱国光荣传统的小学,1916年12月1日教师率高等科各级儿童赴中央公园追悼黄兴、蔡锷;同年,请留梅云英女士到校讲演,痛斥"彼区区三岛之日本,反驾我以上,欺我侮我",大声疾呼"要自强,国强而人自不敢侮也"。① 1932年后,北京第一实验小学(当时名为国立北平师范大学附属小学校)制定了系统、科学的小学训育方针和训育方法,其训练内容既包含了优秀传统道德教育的内容也融合了西方近代公民教育的元素,教学实践灵活、多元化相结合,体现了该校这一时期小学公民训练课程的教学特点和成果。北京第一实验小学所制订的公民训练课程教学实施方案如下:

第一,训育方针

本小学之训育以养成关于个人、家庭、社会、国家、国际各方面之道德为目的,其内容如下:

1. 个人的道德

(1)养成整齐洁净之习惯

(2)养成用功与游戏均能专心之习惯

(3)养成努力上进之志向

(4)养成无害的娱乐之能力

2. 家庭的道德

(1)养成孝敬父母之态度

(2)养成友爱兄弟姊妹之态度

(3)养成改良旧式家庭之思想

(4)养成对于家庭与民族关系之认识

---

① 北京第一实验小学:《中国名校丛书——北京第一实验小学》,人民教育出版社1997年版,第7页。

3.社会的道德

(1)养成对人礼让忍耐之态度

(2)养成遵守公共纪律之习惯

(3)养成救助他人灾难之精神

(4)养成服从多数意见之态度

4.国家的道德

(1)养成拥护民主国体之志操

(2)养成与全国人民一致之精神

(3)养成与外国竞争之勇气

(4)养成爱护国粹之感情

5.国际的道德

(1)养成与外国人个人的交际之礼仪

(2)养成各国民族平等之思想

(3)养成人类互助之精神

(4)养成努力世界和平之志向①

第二,训育方法

至于训育之方法,除各科教授之时随时注意其行为加以相当之训育外,尤以下列各种机会为施行训育之重要手段。

1.德育课程之教授——如前所述,本小学课程中有德育一门,此门课程无一定教科书,只根据儿童日常行为上之问题,以讨论道德上之原理及实行之方法。故此课程可认为训育的学科。

2.纪念周之训话——每星期一作纪念周时,由主任或教员就日常儿童行为上偶发的事项,说明应当遵守之道德,以促儿童之躬行实践。

3.休息时间之游戏动作——凡下课休息时间内,儿童在院内自由游戏,为练习种种社会的道德之机会。此时有教员负监护之责任,指导儿童之行为,以期达到训育之目的。

4.学生自治市之组织——本小学学生仿照北平特别市行政之组织而组成学生自治市;凡市长、局长、科长,以及一切服务人员均由学生选举;藉以练

① 北京第一实验小学:《中国名校丛书——北京第一实验小学》,人民教育出版社1997年版,第155—156页。

习行使民权之能力,养成独立创作为公服务之精神,是为训育之终局目的。

5. 学生在校内之服务——除学生自治市之动作外,教员常令学生帮助种种事务,例如帮助教员搬运图书、食品、体育器械、图画纸张、手工材料等物;又如帮助教员整理教室、点名、抄写记录,以及在贩卖部照料同学购买物品,皆为学生在校内为公服务之事项,亦即为练习道德的动作之机会。

6. 特别时机之训育——如国庆日及学校纪念日,举行庆祝仪式,旅行相当训话,皆为训育之重要机会。又如举行游艺会及出外旅行,全校学生参加团体之动作,亦为学生练习道德的行为之机会。①

从以上规定中可见,民国小学公民训练:1. 着重于国民道德训练。实际上可以说公民训练取代了小学德育课程。2. 训练内容主要为国民基本道德行为规范,以传统道德规范为主,包括良好的个人道德、公共道德及爱国、爱民族的民族意识与规范。和对于国民道德行为训练独特的训练内容、方法及效果,明确的训练内容和有效的训练实施方法使北京第一实验小学的公民训练课成效显著,形成了该校良好的德育传统和人文底蕴,使教师具备了进步的思想和素养,对学生道德观、人生观的形成也产生了深刻影响。1929 年、1931 年,北京第一实验小学的全体老师就曾经去聆听鲁迅先生在北京师范大学的进步演讲,接受新思想的熏陶。1933 年 9 月至 1934 年 1 月,学校多次召开纪念周演讲会,讲"九一八"事变,讲"最近发生的一件国耻",激励学生:"中国将来的存亡,全在你们大家身上呀!"讲解"中华,中华,可爱的中华"的爱国诗篇,同学们纷纷传看"救中华、救华夏"的小册子,画抗日宣传画,老校友至今回忆起来,还无限深情地说:"我们永远不会忘记,从小在这里受到了最深刻的热爱祖国、反对帝国主义的教育。"②其实,当时的很多学生在后来的回忆录中对 20 世纪 30 年代小学公民训练及其影响都有过描述。金东旭曾为 20 世纪 30 年代常州局前街小学的一名小学生,在回顾几十年前局前街小学的公民训练课时也感触颇深:

> 学校从上个世纪初开始改组行政管理机构,成立了"童军股""国技股""艺术股"这三个机构。而这三个机构主要负责整体规划和协调在校学生的丰富生活。

---

① 北京第一实验小学:《中国名校丛书——北京第一实验小学》,人民教育出版社 1997 年版,第 156—157 页。

② 北京第一实验小学:《中国名校丛书——北京第一实验小学》,人民教育出版社 1997 年版,第 8 页。

那时的人们固执地以为学校应该是单纯读圣贤书的地方,书声琅琅应该成为学校特有的风景。但慢慢的,周围的居民发现学校变了……

学校的操场经常在课间或放学后人声鼎沸:这边是国技股的教员杨焕章在组织学生练习中华武术,"野蛮其体魄,修炼其身心"——一招一式分明在诠释着中华武术的精魂;那边是垒球队和足球队队员奔跑的身影,"迎西洋新风,塑中华英才"——统一的制服,蓬勃而出的精气神昭示着一个民族的希望和活力……

音乐间则是别一番景象:军乐队的成员会经常聚在一起,在音乐间前空地上练习吹奏军乐。尽管还显稚嫩,但他们在多次接待国家和省督学来校检查时的精彩演奏,博得了当时许多国民政府要员的啧啧赞叹。与这相邻不到二三十米,另一个音乐房中却是另一番情景——丝竹之乐不时飘起,那熟悉的旋律总能让学校的教员驻足停留,细细品味一番……

此时若漫步校园,在最后面的大开间书院式教室里,莘莘学子仍在埋头苦读。不过他们的学习内容早就发生了巨大的变化:学校开设了国语、算术(包括珠算和笔算)、卫生、社会、自然、工艺、美术、体育、音乐、故事等科目。在课时比例安排上,也颇具现代意识。如在一、二年级,学校开设的国语课和算术课只占总课时的43%,超过一半的课时主要被用于提升学生的艺术、人文和科学素养,以丰富学生的知识结构,从而培养学生完善的人格。从三年级起,学校就开设了公民训练课,以培养学生基本的公民素养。

开发并设置了许多公民训练课目。其中包括开展公民自救教育,组织童子军露营活动,组建校园公安队巡逻……后来我被允许参加这次活动。随着活动的开始,我发现露营活动的乐趣太多了,更重要的是我们学会了独立面对许多的困难①。

综合以上各方面分析,南京国民政府小学公民训练课程有几方面的优点非常突出:

1.公民训练与传统的修身教育明显不同。修身科注重于德目的解释,学习更多是从理论层面接受道德教育,结果学生往往很难将学到的德目转化为道德行为或行为习惯,做起道德文章来,能将"仁义道德"长篇大论,但日常生活中却

---

① 金东旭:《那份多彩的儿童生活记忆——记七十多年前局前街小学的公民训练》,《常州日报》2008年8月19日。

缺少"仁义道德"的具体的生活习惯,因此,修身科既只注重学习,而不知道从养成习惯入手,所以学生所受的德育也是不完全,教育结果难以达到预期效果。而公民训练一定程度上矫正了修身教育的缺点,注重以短文的形式罗列具体做人的条目,着重养成学生道德行为习惯的训练,从这一意义上讲公民训练相对修身教育有了很大进步。

2. 公民训练与 1922 年公民科正式确立时的公民教育及现代意义的公民教育也有一定的区别。公民训练不单纯以西方近代公民精神为核心,而是注意了儿童德、智、体、劳等方面的全面发展,尤其强调以中国传统优秀道德原则"忠孝仁爱信义和平"为中心,注重自制、勤勉、谦和、亲爱、仁慈等中华民族传统道德的养成,推崇忍让、坚忍、谦和、服从、自制等传统德育的传承,以期养成遵守传统道德原则的"健全的公民",这一方面体现这一时期的公民教育注重道德素质的养成教育,符合小学教育的目标。

3. 小学公民训练规定非常翔实、规范。规定了身体、德性、经济和政治 4 个方面训练目标以及 32 项纲要德目、267 项训练内容、5 方面的训练方法及具体的训练时间规定,使小学德育的教学实施有据可依。

4. 公民训练在教学实施过程中不仅训练内容丰富,贴近儿童生活,而且训练形式新颖、别致,一方面激活了学校的活力,另一方面塑造了儿童良好的个人修养、生活习惯以及适应社会的能力。

当然,小学公民训练在实施教学过程中也暴露出一些问题,比较突出的一方面就是公民训练过于注重道德行为习惯的训练、养成教育以致忽略了道德知识和情感的教育与培养。德育应当是知识传授、行为养成和情感培育的综合教育过程,过于偏重任何一个方面而忽视其他方面,都不能真正达到德育的目的与效果。之前的修身教育过于偏重知识教育而忽略了行为习惯和情感教育,以致使修身教育最终沦为了一种既乏味又难见效果的道德说教。而公民训练则却只偏重道德行为习惯的训练,而忽略了知识和道德情感的培育。譬如,一个人已经学会"唱党歌""升旗时向国旗敬礼""做纪念周时能背规定的条文",是不是把这些加在一起就等于一个高尚完整的人格呢?一个训练如只是重学生行业习惯的演习,而忽略其知识的积累和情感认同度的提高,这样的训练不免让人有"一则过","一则不及"之感,仍然不能达到真正的德育目的。

(二)小学公民知识教育课程中的国民道德教育

【常识科——注重讲授道德常识】

1936年,南京国民政府教育部修正的《小学课程标准》将初级小学的社会、卫生、自然三科合并为常识一科,随即颁布的《小学常识科课程标准》,将常识科的教学目标确定为:"指导儿童了解个人、家庭、学校、乡土、民族国家以至世界人类等环境和内容的大概;指导儿童发现并解析环境中所有最重要最显露的问题,并培养儿童检阅自身、改造环境和复兴民族的愿望与能力;指导儿童探索知识的基础方法,并养成其自力研究的志趣和能力。"①具体教学内容包括:家务校务劳动工作的观察参加及问题研究;家庭职业劳动工作的观察和研究;家庭称谓,血族关系的认识,和家庭礼节仪式等的观察实践与研究;纪念周和学校集会仪式的参加和设计研究;学级自治组织的设计研究和实践;本地农人、工人、商人、妇女……生活状况的观察和改良设计研究;本地经济建设运动(至少包括育苗、造林)防御天灾运动的参加或协助宣传并设计研究;本地风俗和宗教的观察研究和有意义的节令及娱乐生活的参加和设计研究;本地名胜古迹和纪念物的实地观察,及其包含的历史意义的讲述研究;乡贤故事的讲述研究;党旗国旗的认识和礼节实践;国家纪念日、节日的事迹讲述和参加仪式;民国建立和国民革命运动的经过与前途的讲述研究;本国或世界重要时事的讲述研究。② 可见。小学常识科侧重国民基本道德常识教育,内容涉及乡土、礼仪、民俗风俗、人文历史、自然环境、社会环境、家庭、学校、国家、民族等方面的基本常识,其中着重突出传统道德知识的教育,从各个层面培养学生的传统文化素养和人文修养。

【社会科——突出公共道德与民族道德教育】

1929年8月,南京国民政府教育部以小学教育宜简不宜繁的原则,将小学原来的历史、地理、卫生三科合并为社会科,由此有了小学社会科的设置。1932年的《小学课程标准》确定社会科的教学目标旨在:指导儿童认识个人与社会的关系,并培养儿童良好的道德习惯;指导儿童了解国家民族的历史演进、地理状况和文物制度的大概,培养儿童爱护国家努力自卫的精神。③ 依据此课程标准,

① 《小学常识科课程标准》,课程教材研究所编:《20世纪中国中小学课程标准·教学大纲汇编:自然·社会·常识·卫生卷》,人民教育出版社2001年版,第187页。
② 《小学常识科课程标准》,课程教材研究所编:《20世纪中国中小学课程标准·教学大纲汇编:自然·社会·常识·卫生卷》,人民教育出版社2001年版,第188—191页。
③ 《小学课程标准——社会》,课程教材研究所编:《20世纪中国中小学课程标准·教学大纲汇编:自然·社会·常识·卫生卷》,人民教育出版社2001年版,第145页。

社会科的教学知识主要涉及："三民主义大要的讲述；纪念日和国耻痛史的讲述；不平等条约大概的讲述；民权初步的演习；平等与自由的真义的研究；地方风俗习惯的观察调查和改善方法的研究；地方自治的观察、调查、研究；市政的观察研究；社会生活和社会服务的观察研究和实际参加；家庭、贫乏等社会问题的观察、调查、讨论、研究；生产、消费等社会经济状况的观察、调查、讨论、研究以及人民的权利义务研究等等。"①从以上标准和教学内容的规定可见，高级小学社会课一方面着重民族意识的形成，强调涉及国家、民族的基本知识的教学，另一方面注重社会知识的学习。1936 年《小学高年级社会科课程标准》将小学社会科教学目标进一步调整为："指导儿童明了个人与社会国家的关系……培养儿童救护国家、复兴民族的信念。"②社会科课程的教学内容也相应地调整为包括：三民主义大要的讲述研究；新生活运动的研究；团体活动的训练和民权初步的演习；选举、罢免、创制、复决四权的演习；社会服务的研究和实际参加；本地公共机关和公共事业公共建设的观察研究；本地风俗、习惯的观察、调查和改善方法的研究；本地各种农工商业状况、农工商人生活状况等的观察、调查、研究；家庭、农村、土地、贫穷、失业等问题的大概研究；职业种类、择业方法和职业上必需的品性、行为的研究；地方自治、自卫、保甲制等的研究；我国政治组织和宪法要点的大概研究；个人和社会国家的关系（侧重人民对于国家和地方的权利义务）的研究；我国民事刑事诉讼手续的研究；我国兵制的研究；有教育价值的本地新闻和重要时事的研究等内容。③ 可见，小学社会科侧重国家、民族道德知识的讲授和爱国、爱党、爱民族的情感培育，集中体现了国民政府加强三民主义政治教育的初衷和教育目的。

南京国民政府成立十年间，小学设置常识科和社会科，其教学内容侧重国民道德知识传授和道德情感的培育，从一定程度上弥补了公民训练课程道德知识教育与道德情感培育的不足，使这一时期小学国民道德教育趋于完善，既有道德基本知识、情感教育，也有行为习惯训练。道德基本知识教育侧重传统道德、国家、民族、社会等方面基本知识和思想的灌输，注重培养儿童的传统道德、思想和

---

① 《小学课程标准——社会》，课程教材研究所编：《20 世纪中国中小学课程标准·教学大纲汇编：自然·社会·常识·卫生卷》，人民教育出版社 2001 年版，第 146 页。

② 《小学高年级社会课程标准》，课程教材研究所编：《20 世纪中国中小学课程标准·教学大纲汇编：自然·社会·常识·卫生卷》，人民教育出版社 2001 年版，第 150 页。

③ 《小学高年级社会课程标准》，课程教材研究所编：《20 世纪中国中小学课程标准·教学大纲汇编：自然·社会·常识·卫生卷》，人民教育出版社 2001 年版，第 151 页。

文化及国家和民族意识;公民训练注重实践教学,养成儿童生活、行为中的道德规范,重在身体力行。小学国民道德教育课内与课外、理论与实践教育相配合,学校与家长共同合作,这种德育形式有利于学生良好国民道德意识和行为规范的养成,在儿童德育方面有积极意义。

(三)中学公民教育中的国民道德教育

如果说南京国民政府时期小学公民教育注重国民道德行为习惯养成训练,中学公民教育则更侧重国民道德思想、观念和素养培育,其教学内容以包含诸多传统道德元素在内的国民道德思想和知识为核心,涉及经济、法律及社会生活等诸方面。德育性质没有改变,教育内容有所不同。中学德育内容之所以发生这样的变化,主要是基于中小学生认知水平和特点的差异。中学生智力水平迅速提高,感觉、知觉灵敏,记忆能力、逻辑和抽象思维能力不断增强,开始思考人生和社会问题;自我意识逐渐加强,开始关注自身的发展及社会价值;情绪、情感趋向成熟但又极其不稳定;意志力增强但又缺乏足够的理性。中学生认知的特点决定中学德育不应仅仅停留在道德行为习惯的训练,而更应注重道德知识、社会知识、道德情感等的传授与培育,促使其形成正确的道德观、价值观和人生观。

【国民道德教育的内容】

1932 年,南京国民政府颁布的《中学公民科课程标准》规定初级中学的公民课以"养成修己待人之善良品性;培养健全之公民资格;了解我国固有道德之意义,确定复兴民族之道德的基础"[1]为教学目标。具体教学内容包括如下几个方面的基本知识和内容:公民生活与公民道德:1. 学校生活——课业活动与善良品性之培养,体育活动与善良品性之培养,劳动活动与善良品性之培养,课外活动与善良品性之培养,休闲时间之运用,童子军训练之德目,新生活运动与善良习惯之养成,学生自治团体之组织,民权初步与集会之演习。2. 家庭生活——亲子及兄弟姊妹夫妻之关系,孝与友爱之意义,倚赖家庭之弊与个人自立,家庭与国族。3. 社会生活——群己之关系,共同生活与道德,中国民族固有之弱点与优点,发扬民族精神。此外,尚涉及公民与政治、法律、经济生活[2]等方面的基本知

---

① 《初级中学公民课程标准》,课程教材研究所编:《20 世纪中国中小学课程标准·教学大纲汇编:思想政治卷》,人民教育出版社 2001 年版,第 149 页。

② 《初级中学公民课程标准》,课程教材研究所编:《20 世纪中国中小学课程标准·教学大纲汇编:思想政治卷》,人民教育出版社 2001 年版,第 149—152 页。

识和内容。高级中学公民课则以使学生学习社会知识、国民党政策方针等知识，形成服务社会、复兴民族的责任心①为教学目标。具体教学内容包括社会问题、政治概要、经济概要、法律大意及中国之伦理思想；西洋之伦理思想；中山先生之伦理思想；中国青年对于家庭之责任与义务、对于社会之责任与义务、对于国家民族之责任与义务、对于全人类之责任与义务②等道德伦理和政治伦理的教育内容。

从以上内容的规定可以看出，南京国民政府时期的中学公民教育内容除三民主义教育内容之外，更核心的内容是公民道德、伦理、中国传统固有道德等方面的内容，同时融合了包括家庭、学校、社会、政党、国家、政治、经济、法律、地方自治等在内的近代公民教育知识。规定翔实、具体、内容极其丰富，体现了培养健全公民的教育宗旨。

【国民道德训育的实施】

道德训育其实是道德行为养成的传统教育方法，南京国民政府时期为了加强中学德育，除设置公民科，讲授国民道德和公民教育知识外，也非常注重对中学生进行国民道德行为训练，训育成为中学道德行为养成的重要手段。20 世纪30 年代的中学普遍实施了训育教育，借以加强德育的实施，也取得了一定的国民道德教育成果。如北京师大附中就通过以下一系列措施实施训育，从中可见南京国民政府时期中学公民训育之一斑。

1. 制定明确训育方针

（1）中学时代，少年男女气质未定，而教育的可塑性甚大。故本校训练学生，不采放任而采严肃，尚力行。凡认为学生应遵守之轨范，不问巨细，必贯彻力行，决不假借。务期养成学生之良好习惯，且坚其对学校之信仰。

（2）本校训育，不尚压制而尚开导，对于学生之一切禁令，必使学生觉悟其所以然之意义，以收心悦诚服之效。

（3）本校训育，非惟注重学生行动之质，求其端正，且注重其量，务求甚丰。使学生于各种有益的行动，活泼勇为而不失正轨。一面提高其力行有为之气概，一面增加其作事自治之经验，以养成虚心谨慎之美德。

① 《高级中学公民课程标准》，课程教材研究所编：《20 世纪中国中小学课程标准·教学大纲汇编：思想政治卷》，人民教育出版社 2001 年版，第 154 页。
② 《高级中学公民课程标准》，课程教材研究所编：《20 世纪中国中小学课程标准·教学大纲汇编：思想政治卷》，人民教育出版社 2001 年版，第 154—159 页。

(4)本校教职员对学生,力求收人格感化之效。教职员平时言行,务期得学生之信仰爱戴。学生在校各种活动,教职员则随时参与,悉心指导。使学生晓然教师非惟传授自己以知识,且为自己生活之导师。

(5)本校以地处北京,近日政治风气,纵横捭阖,日趋于诈虞虚伪。故为预防环境的传染起见,对于学生言行,力倡诚实而严斥虚伪。又以都会习尚奢华务逸乐,故本校学生生活力矫此弊,服装力求质朴,操作力求勤劳,以期养成耻奢华恶逸乐之校风。

(6)本校嘉奖优良学生,大抵采用名誉奖励。而奖励之标准,以努力为主。且谨防过滥,以杜学生幸得作伪之弊。至于惩罚,则以变化气质,矫正行为为目的。罚后必加以剀切责备开导,以期其悔悟。处罚时,除万不得已之例外,皆以秘密执行为原则,以示爱惜受罚者之名誉,而保存其羞耻心。

(7)本校训育实施方法分为学生操行修养标准、训话、家庭联络、学生自治会、校友会、童子军训练六项。①

2. 细化学生操行修养标准

本校学生日常在学校范围内最易疏忽,及平凡切实易行的事项,列举若干条,印成袖珍小册,以为学生生存养省克之助。

(1)关于教室者

教室内座位必按编次号次;保持教室清洁;着制服上课;教室或会场内当脱帽;上课必带课本及应用笔墨纸本等;向老师质问及应答必起立;上课不迟到、不早退;不无故旷课;听讲时,不私阅课外书籍及交谈;进出教室必轻掩门;不在教室内喧哗;不在教室内打球或做其他游戏;不故意规避考试;不抄袭旁人写作;不帮助同学作弊;考试时不夹带。

(2)关于图书馆者

阅览书报静肃无哗;书籍报纸当特别爱护,不随意污损或剪裁;借书必准时交还,不逾规定之期限;不携报纸出图书馆。

(3)关于膳堂及休息室者

就餐时不高声谈笑,不任意添菜;座位必照编定席次,不搀越或争夺;盥洗水不任意倾弃地上;茶碗、手巾用毕发置原处。

---

① 北京师大附中:《中国名校丛书——北京师大附中》,人民教育出版社2000年版,第83—84页。

（4）关于体育者

体操时必穿制服，戴运动帽；队伍集合时必迅速敏捷；绝对服从指挥者；尊重各种规则；在体育场运动不妨碍他班授课；比赛时，无论何方胜利，始终以善意相待；动作必有精神，不畏缩，不敷衍；游戏竞技时，虽不获胜，亦坚持到底；投标枪或掷铁球、铁饼时，必注意场内行人。

（5）关于集会者

开会时必准时出席；遵守会场秩序，听主席指挥；服从公众举出之代表；尊重意见相违者之人格，不妄加诬蔑；本自己良心之主张，不盲从附和；服从多数决议，不在背后破坏；发言辩论，必按先后次序，只争是非，不逞意气；团体办事须和衷共济。

（6）关于平时者

注重团体生活；热心社会服务；衣服、身体及居住必须清洁；准时起卧；按时运动、休息；节慎饮食，不在浮摊上零购食品；敬爱师友；留意校内各种布告；高年级生对于低生当负爱护、劝勉及指导之责；各年级间不可彼此分界限；高年级生当力自振作，不可失之颓靡；对于学校或老师有所请求，当直质白其理由，务必口一致，不可逞智饰说；对于学校当存爱护心；今日事今日毕；力求真实的成效，不讲表面虚荣；遇得意事不矜夸，遇失败事不懊丧；节省用费；爱惜时间，善用余暇；有过即当勇改；作事有恒心与毅力；待人诚恳；敬重女子；爱护公物；爱护花木；不轻然诺；不爽约期；不随地吐痰；不吸烟；不饮酒；不谎语；不赌博；不作狎邪之游。①

3. 寓道德训育于日常教育之中

（1）普通训话。于学校始业日、休业日及各种纪念日开会时，由主任及教职员就少年修养之要点，作一般的训话。或随时召集全校学生听主任或校外名人演讲。

（2）特别训话。社会上有偶发事项，若认为有使学生明了真意之必要时，则由主任或请校外名人作详明之演讲，以充足少年之常识，而涵养其判断能力。若校内偶有事项，则由主任或各学级主任于事前施以指导训话，以明示行动之轨范，且防其过失于未然；事后再作一度批评，以促学生之反省

---

① 北京师大附中：《中国名校丛书——北京师大附中》，人民教育出版社 2000 年版，第85—88页。

而警惧将来。若关于一学级之事项或本班风纪,则由学级主任行之。

(3)个人训话。学生之言行品性若有应受警省策励之点,则由主任、学级主任或各教员随时随地加以训诫。①

4. 家校配合实施道德训育

(1)通讯。每学期之末,必将各生一学期之内之操行、学业、体育状况报告各家长。此外,遇必要时,则随时通函报告家长,或函询学生居家状况。

(2)家长谈话。每学期定期举行学生家长谈话会一次。届时,请各家长到校,由各学级主任接待,关于各生之学行实况,交换报告,以定训育方法。此外关于某一学生事项,若认为有与家长协商之必要时,则随时函约其家长来校谈话。②

从以上规定可见,北京师大附中非常注重道德训育的内容、方式与学生生理、心理、认知、情感等特点的结合,同时将学校训育与家庭和平时训育相结合,使训育收到良好效果,一方面促进了学校良好校风的形成,增强了学校的文化底蕴,另一方面促进了学生身心的健康发展及积极人生观、价值观的形成。这一时期北京师大附中的毕业生在回忆母校生活时就描述了学校训育及对学生的影响:"各班学生有'自治会',全校学生有'学生会',在课外开展活动,学生自由结合,成立一些'学会''小组''某某社'等,可请老师参加指导。……附中学生的风气,活泼开朗。学校管理学生,采取的是鼓励、奖掖,循循善诱,充分发挥各个人的才能、智慧、体力。不做粗暴、生硬的惩戒,学生们自尊自爱,更能自觉地遵守纪律。"③

当然,中学训育在实施过程中也并非都如北京师大附中一样成效显著,反而暴露出很多问题,当时的学者就曾进行了精辟总结:"1. 过于注重形式,不顾实际。近年来,各中学改良学校环境,以收间接训育之效,于教育原理,固无不合。惟自一切规章条文混入学校以后,学校俨如政治社会,学校行政人员,只知依循条文,而不顾青年事实上之需要如何。甚至训育人员,以为订阅规章,已尽训育之能事。作者亲闻某中学,请假规程,订阅周详,平日生徒不易告假,如自请退

---

① 北京师大附中:《中国名校丛书——北京师大附中》,人民教育出版社2000年版,第88页。

② 北京师大附中:《中国名校丛书——北京师大附中》,人民教育出版社2000年版,第88—89页。

③ 北京师大附中:《中国名校丛书——北京师大附中》,人民教育出版社2000年版,第222—223页。

学,则须追缴一切用费,因此,学生故意触犯校规,获得开学退学之机会,而免除清偿一切费用之责任。流弊所至,岂堪设想! 2. 训育人员与学生关系恶化。旧日各中等学校之训育责任,由教课教师兼任。年来则有的中学采用训育主任制,有的施行训育委员制,有的设教导主任兼用级任制。总之,今日中学校之训育责任,已由少数人所负担。因为训管学生,仅由少数人负责,多数教员,漠不关心,甚或取媚学生,以致学生畏忌或仇恨训育人员,训育人员则仗势压制学生,而师生间关系,遂日益恶化。3. 自治组织不健全,外人常以'一盘散沙'讥笑我国人民。鉴于以往民众之散漫,则今日中学校对于学生自治与组织能力之培养,实属刻不容缓之事。但事实却与此相反,今日多数中学校,缺少级际之组织,全校学生自治会等,久付阙如,仅有级会或演讲会等小规模或临时性集会,此实今日中学训育设施与社会需要的一大矛盾现象!"①

南京国民政府成立十年间的中学国民道德教育,一是注重道德知识的传授。其显著特点是突出强调了传统道德教育在公民教育和训练中的核心地位,并将诸如伦理、经济、政治、社会、法律等科目的内容纳入了德育学科知识体系,使这一时期的中学德育呈现内容繁杂的情形,这一定程度上影响了这一时期国民道德教育的实施效果,如林砺儒先生总结的:"公民科内容虽涉及伦理、经济、政治、社会、法律五部门的内容,但公民科应有其独自的性质与目标,在内容上也并不是这五部门学科的综合,而另有其独自的内容的。虽然公民科所涉及之材料与各科属于同一事项,但其处理这些材料的观点与表出方法都不相同。"②二是注重道德训育的实施。以训育的教育方法完成对学生道德行为的规范。中学训育自成体系,对学生的道德行为的训练和道德素养的提高都起到了重要作用。但由于训育的过于程式化,训育方法单一、刻板等问题,造成中学训育在实施过程中出现了很多流弊,影响了训育的实施与效果。

综上所述,南京国民政府成立十年间的中小学传统文化教育受南京政府强化教育统一控制指导原则的影响,呈现了政治功利化即"三民主义化"倾向,具体体现为加强中小学国民道德教育,突出教育的民族性,加强传统文化教育,以致出现了传统文化教育复古主义倾向。

民主教育是近代教育变革的方向,但南京国民政府时期,为了加强政治统

---

① 袁昂:《中学训育与青年训练》,《福建教育》1935 年第 9 期。
② 林砺儒:《论中学公民科——在宪政讨论声中》,《中学生》1944 年第 76 期。

治,强化教育的统一控制,教育的民主化色彩日趋淡化。注重对学生服从意识,社会、国家和民族意识的培养和教育,推崇国民道德教育成为这一时期中小学传统文化教育的重要特征。南京国民政府加强国民道德教育最根本的目的和出发点是为了借其加强思想和教育统一,以便加强政治统治,是政治或制度绑架传统文化教育的体现,结果当然不可能促进国民道德教育的真正发展,相反会是限制或制约。但抛开政治因素,或从政治与教育良性互动及从教育良性发展和教育规律的角度考量,中国传统文化是几千年的沉淀,是中华民族的根基和民族凝聚力的体现,中华民族的特质蕴含于中国传统文化之中,中华民族要兴盛、发展,首先应传承优秀传统文化,由此,南京国民政府时期的中小学民国道德教育中继承传统德育的合理因素是可以肯定的。

　　教育回归传统,弘扬传统文化教育是值得肯定与倡导的,但由于南京国民政府时期的传统文化教育是基于政治目的,因而,中小学传统文化教育的政治功利性特征比较突出,中小学读经运动的兴起就很能说明问题。中小学读经本无可厚非,也未为不可,民初的不分青红皂白断然废止读经讲经科也曾长期争论不已。但为了政治需要就不加甄别地恢复读经讲经,颇具强制性而置教育自身情形与发展规律于不顾地恢复读经讲经,难免会出现"好经也被读变味"的情形,事实也证明了这一点。

第五章　全面抗战及解放战争时期（1937—1949）国统区的中小学传统文化教育

1937 年抗日战争全面爆发后，中华民族陷于空前危机。各方政治和军事力量基于争取民众、巩固战争成果及对战后重建的期盼，都非常重视教育。南京国民政府为了保存教育实力，加强对教育的严格和有效控制，在沿承三民主义教育方针的基础上，实施加强中小学政治教育和传统文化教育的策略。抗战胜利后，中国社会发生了重大变化，人民民主力量不断壮大，国民党的统治危机日益严重，社会形势的变化导致 1946—1949 年的国统区和根据地的中小学教育都发生了相应的调整和改变。

一、国统区教育方针的确立及对中小学传统文化教育的影响

抗日战争全面爆发后，国统区社会各界对战时教育发展方向的选择表现出不同态度，有的主张为适应抗战需要实行抗战教育，有的主张竭力保持与发展现有教育。国民党南京国民政府为维护教育的稳定并加强对教育的统一控制，则提出了"战时须作平时看"的战时教育方针，并强调加强政治教育与传统文化教育，努力保持战前教育所确立的教育发展方向，并根据战时特殊环境适当调整教育方针。

（一）"战时须作平时看"教育方针的确立

1937 年 7 月 7 日，卢沟桥事变爆发，日本发动全面侵华战争，"日人既指青

年为抗日分子,以教育机关为培养抗日主义之集团,对于学校之破坏,尤属毫无忌惮"①,各级教育在战争期间遭受严重破坏。据统计,战时,中等学校 571800 多名学生不能正常上学,20510 人教职员因战事而不能正常从教。② 面对如此严峻的形势,各界人士对中国教育何去何从的认识不尽相同。有学者认为"战时教育乃是……藉以培养战时所需之国力的工具"③,主张缩短学制,依据抗战调整课程和教材,实行战时教育。更多学者提出:"文化是一个有机体,战争期间,……义务教育不能停办,而且要积极扩充。"④

国民政府则在此种情形下提出:"教育为立国之本,整个国力之构成,有赖于教育,在平时然,在战时亦然……非战时教育必大有异于平时也。"并明确"教育目的与政治目的一贯;家庭教育与学校教育密切联系以及以科学方法整理发扬我国固有文化之精粹,以立民族自信"⑤的教育方针,强调战争期间不仅不能放弃发展教育,而且要进一步加强政治教育和传统文化教育的原则。1939 年 3 月,国民政府第三次全国教育会议更是明确:"切不可忘记战时应作平时看,切勿为应急之故,而丢却了基本。"⑥抗战时期南京国民政府的"战时须作平时看"和加强战时政治教育和传统文化、民族意识教育的教育原则正式确立。

(二)加强中小学传统文化教育

确立了"战时须作平时看"的战时教育方针后,南京国民政府教育部自 1940 年始着手根据战时特殊教育环境修正中小学课程标准。将小学教育目标确定为:"小学课程……注重发展儿童身心,培养国民道德、民族意识及生活所必需之基本知识技能,以期养成修己善群爱国之公民。"与抗战前 1936 年《小学课程标准总纲》所确定的"培养公德及私德,启发民权思想,发展审美及善用休闲的兴趣和能力"的国民道德培养目标相比较,抗战时期的小学教育尤其注重儿童

---

① 陈东原:《一九三七年以来之中国教育》,杜元载编:《革命文献》(第 58 辑),台北"中央"文物供应社,第 60 页。
② 延安时事问题研究会编:《抗战中的中国文化教育》,上海人民出版社 1961 年版,第 33 页。
③ 袁哲:《抗战与教育》,商务印书馆 1938 年版,第 11 页。
④ 罗家伦:《抗战的国力与文化的整个性》,罗家伦先生文存编辑委员会编:《罗家伦先生文存》(第一册),国史馆、中国国民党中央委员会党史委员会 1976 年版,第 544 页。
⑤ 中国国民党临时全国代表大会:《战时各级教育实施方案纲要》,杜元载编:《革命文献》(第 58 辑),台北"中央"文物供应社 1978 年版,第 26 页。
⑥ 国民政府教育部教育年鉴编纂委员会编:《第二次中国教育年鉴》(第二编第四章),商务印书馆 1948 年版,第 54 页。

国民道德和民族意识的培养,确定了"以养成公民良好习惯,培养我国固有道德"①的国民道德教育目标,力求通过小学教育"养成公民良好习惯、培养我国固有道德;培养服务社会、爱护人群的情绪及养成爱护国家复兴民族的信念与意志"②。并将课程内容也做了相应调整:德育侧重"日常生活的优良习惯;陶冶德性的音乐和歌曲;起居规律及社交礼仪"几方面内容的教学;公民知识侧重"中国国民党和三民主义;约法、宪法和各级政府;地方自治的组织和事业;合作事业的种类和组织"等方面;历史地理课程则主要讲授"本国重要事物的发明;民族的光荣史迹;民族的伟人;国耻史实;本国重要的山川;本国重要的都市和物产;本国重要的交通建设和经济建设;国防建设"等本国历史和地理的内容。③

抗战前,南京国民政府不直接实施中等教育。抗日战争爆发后,为了救济流亡到后方的中等学校师生,南京国民政府将沦陷区转移到大后方的大批中学陆续进行了整合与安置,整合了 34 所中学、14 所师范学校和 14 所职业学校,实行集中寄宿制办学,最大限度地保证学校的正常教学。同时,为了促进大后方战时教育的发展,国民政府教育部在西南、西北国统区实行中学分区制,依据交通、人口、教育、经济等不同状况划分不同的中学教育区,每一区内设立一所完全中学、一所女子中学和一所示范中学。并尝试在一些办学优良的中学,如国立中央大学实验中学和中南、西南诸省的优良中学,试行中学六年一贯制学制,以求尽可能提高战时中学办学质量。以上措施一定程度上促进了战时国统区中学教育的发展。同时,国民政府深感"抗战军兴,中学教育,更须适应抗战建国之需要,教学时数及各科课程标准,均感有重行修订之必要"。④ 1940 年 2 月始,国民政府依据加强政治和传统文化教育,培养民族意识和民族精神的战时教育方针,制定并颁布了《中学课程标准》,规定中学开设公民、体育、童子军、国文、历史、地理、算学、自然科学等 11 门课程。三年每周教学总课时数为 31 课时。其中,传统文

----

① 课程教材研究所编:《20 世纪中国中小学课程标准·教学大纲汇编:课程(教学)计划卷》,人民教育出版社 2001 年版,第 178 页。

② 课程教材研究所编:《20 世纪中国中小学课程标准·教学大纲汇编:课程(教学)计划卷》,人民教育出版社 2001 年版,第 178 页。

③ 课程教材研究所编:《20 世纪中国中小学课程标准·教学大纲汇编:课程(教学)计划卷》,人民教育出版社 2001 年版,第 179 页。

④ 课程教材研究所编:《20 世纪中国中小学课程标准·教学大纲汇编:课程(教学)计划卷》,人民教育出版社 2001 年版,第 145 页。

化教育相关的课程,如德育课,即公民课每周 1 课时、体育 2 课时、童子军 2 课时、国文 6 课时、历史 2 课时、地理 2 课时,约占总课时数的 50%。为了体现加强传统民族文化教育和政治教育的目的,特别强调:"史地二科教学之总时数内,约以本国史地占六分之五","各科教学时间之排列力求共合理化,即国文、……公民、史地等科须排列于教学最有效之时间(上午八至十一时,下午二至三时)。"①

抗战胜利后,战时所制定的教育方针、教学实施原则及课程内容范围已不适用,基于战后的社会环境和教育环境,南京国民政府对抗战后的中小学教育目标进行了调整。1948 年 1 月国民政府颁布了修正的《中小学课程标准总纲》,《小学课程标准总纲》将小学教育目标定位为:"注重国民道德之培养,及身心健康之训练,并授以生活必需之基本技能。"相对于战时目标而言,"培养民族意识"的教育目标转变为"培养爱国意识和大同理想",并纳入"国民道德之培养"目标之中,以适应战后社会形势的变化。《中学课程标准总纲》则明确战时中学教学目标:"培养健全国民,并为研究高深学术及从事各种职业之预备",该中学教育目标同样强调了国民道德教育,将民族意识培养融入国民道德教育的内容中。战时和战后两次中小学教育目标调整的共同之处,是国民政府在战时和战后都非常注重对儿童的传统道德的培养与教育,道德教育自始至终都是重要的教育目标,在中小学教育中占有重要地位,这对当时的社会稳定和培养优秀人才是有积极意义的。但是国民政府提倡道德教育是基于政治统治的需要,因而将传统道德只局限于所谓的"四维八德",而非以全部或真正的优秀传统道德为教育内容,可谓是政治化的道德,这也成为当时道德教育存在的问题。

国民政府战时和战后两次中小学课程标准的修正,与当时的特定社会环境和条件密切相关。战时课程标准的修正主要是适应战时需要,增强学生的爱国意识和民族精神;同时,也为了加强对教育的控制,稳固其政治统治。因而,这样的修正有其适应战时形势,最大可能地促进教育发展的积极一面,也有教育政治化的消极一面。而战后,因为民族矛盾不再是突出矛盾,修正课程标准,淡化民族意识教育也是适应社会变化的体现。

① 课程教材研究所编:《20 世纪中国中小学课程标准·教学大纲汇编:课程(教学)计划卷》,人民教育出版社 2001 年版,第 150 页。

二、国语教育中的传统文化教育

(一)传统文化教育宗旨的确立与战后的淡化

中小学加强固有道德、民族意识、民族精神和传统文化教育的教育目标确立后,对中小学各科的教学都产生了实质性影响。国语教育作为中小学教育的核心,更是充分体现了适应抗战需要及战后社会和教育环境变化进行课程改革的特点。中小学国语教育的教学目标、教学内容乃至教学方法等都有一定的调整和变化。

1941年11月,国民政府教育部颁布了《小学国语科课程标准》,该课程标准基于战时特殊的社会状况和教育需要,尤其强调了民族传统与民族文化的教育,并根据小学生的身心特点制定了小学国语科课程宗旨。与1936年的课程标准相比较,除延续1936年的课程标准规定各年级国语课说话、读书、作文、写字几种教材形式的具体教学内容之外,进一步补充规定了初级小学"关于个人生活的""关于学校生活的""关于家庭生活的""关于乡土生活的""关于民族国家的""关于世界人类的"及高级小学"关于公民的""关于历史的""关于地理的""关于自然的"的几方面教学内容。在这些方面的教学内容规定中,有关三民主义政治教育及民族传统文化内容的规定非常突出,如下面两表中所归纳的:

表5-1　初级小学各年级国语科政治教育与传统文化教学内容汇总表

内容类别＼学年	第一学年	第二学年	第三学年	第四学年
关于学校生活的		有关组织学级会、参加纪念周和正当娱乐等的	有关儿童自治组织的	有关纪念节日的,有关防空、防毒和消防演习等的
关于家庭生活的	有关父母、兄弟、姊妹等相互关系的	有关父母、外祖、伯叔父母、舅父母等家庭的关系的	有关亲戚、宗族和邻居等的	
关于乡土生活的	有关新年、端午、中秋等风俗习惯的	有关名胜、古迹、纪念物和乡贤故事等的;有关清明等风俗习惯的	有关改进风俗习惯的	

续表

内容类别 \ 学年	第一学年	第二学年	第三学年	第四学年
关于民族国家的	有关国旗党旗的	有关民族英雄及爱国故事的	有关国父和中华民国成立的史事的;有关黄帝、大禹、孔子、秦始皇等的故事的;有关新生活运动的;有关文字的创造和蚕丝、指南针、火药、印刷术等的发明故事,长城、运河等建设工程的	有关国民革命的经过、蒋委员长和民族复兴故事的;有关汉武帝、张骞、班超、唐太宗、岳飞、元太祖、郑和、戚继光等民族伟人故事的;有关鸦片战争到八国联军的史事的;有关中国国民党和三民主义的;有关国民精神总动员的;有关国民政府和约法、宪法的

表 5-2　高级小学各年级国语科民族文化与政治教育教学内容汇总表

内容类别 \ 学年	第五学年	第六学年
关于公民的	有关个人修养,家庭组织和个人在家庭中的地位、责任等的;有关新生活和风俗习惯等的;有关团体的构成、和集会、结社、会议方法等的;有关社会的成因、进展和个人对于社会的义务、责任等的;有关保甲编制、乡镇公所、县市政府和地方自治的意义、工作等的;有关三民主义的意义、目的和实施方法等的	有关国家的起源、演进、组织和人民与国家的关系等的;有关中国国民党的党史、组织和主义、政策等的;有关国民精神总动员和国民公约等的
关于历史的	有关中华民族的起源、建国、发展等的;有关尧舜禅让、夏禹治水、汤武革命和周公、孔子、勾践、秦始皇、汉高帝、汉武帝、张骞、班超、诸葛亮、谢安、魏孝文帝、隋炀帝、唐太宗、王安石、岳飞、文天祥、元太祖、明太祖、郑和、戚继光、史可法、郑成功等名人传记或历史故事的	有关中华民族的复兴的;有关清初的武功和太平天国等历史故事的;有关鸦片战争、英法联军、中俄交涉、中法战争、八国联军和巴黎和会、华盛顿会议、国际联合会等的故事的;有关甲午之战、日俄战争、五三惨案和"九一八""一·二八""七七"事变等民族英雄的奋斗史事的;有关中华民国成立、国民革命运动的国父、蔡锷、蒋委员长等的史事和嘉言懿行等的

注:以上两表内容根据 1941 年 11 月国民政府颁布的《小学国语科课程标准》整理。课程教材研究所编:
《20 世纪中国中小学课程标准·教学大纲汇编:语文卷》,人民教育出版社 2001 年版,第 42—44、46—
48 页。

　　从以上两表所汇总的内容分析,初等小学首先延续了以往教育传统,依据低龄小学生身心特点,国语课程内容浅显、形象,多为儿童生活中熟悉的人、事和物。因此内容设置主要集中于儿童生活的几个典型方面:个人生活、家庭生活、学校生活和乡土生活等,每部分的具体内容大部分也是儿童熟悉的人和事物。但在继承教育传统的同时,体现抗战时期这一特定时代环境和背景及教育宗旨的素材也很明显地被编排进了初等小学国语科,主要涉及一是与儿童熟悉的家庭、乡土和学校相关的传统文化的基本知识,二是有关国家、民族意识培养的与儿童身心特点相适应的基本知识。如初等小学高年级国语教育就编排了关于国家民族的基本常识,侧重于不同时期的与国家革命有关的事件、人物及有关三民主义和国民党政治统治的基本知识。高等小学的国语科,由于学生的认识水平和思维水平有所提高,教学内容中儿童生活常识素材明显少了很多,而有关传统文化教育的比重则明显增加,其内容除公民教育素材之外,就是有关国家、民族和政党教育的内容,以上小学国语科内容的编排充分体现了抗战时期国统区中小学教育宗旨对小学国语教育的影响。

　　抗战时期,国统区加强儿童国语教育中传统文化教育不仅仅体现在小学,更加突出体现在中学。相对于小学,中学学生的认识水平和能力、对知识的接受和理解能力明显提高,因此,南京国民政府对中学教育的管理,对中学教育中的传统文化渗透也更加关注。1940年7月,南京国民政府教育部颁布的《初级中学国文课程标准》就提出中学国文教育以“使学生从本国语言文字上,了解固有文化,并从代表民族人物之传记及其作品中,唤起民族意识与发扬民族精神”[1]为教学目标,着重强调了国文教育的传统文化教育意义,将爱国主义教育和民族精神教育融入国文课的教学内容中,通过国文教育实现传统文化教育和民族精神教育。依据教育目标的调整,1940年7月的课程标准规定初中国文课教学内容须符合三民主义及国家体制政策;包含振奋民族精神,改造社会的内容;包含激发青年积极精神的内容。相对于抗战前1936年的《初级中学国文课程标准》对教学内容的规定,更加突出国文课的教学内容应着重选择政治教育即三民主义思想教育素材以及能激发学生爱国主义、民族主义精神。

　　抗战胜利后,战时强化民族文化与民族意识教育的国语教育明显“不合时

　　① 课程教材研究所编:《20世纪中国中小学课程标准·教学大纲汇编:语文卷》,人民教育出版社2001年版,第304页。

宜",因此,1948 年颁布的修订《小学国文课程标准》取消了 1941 年《小学国语科课程标准》规定的小学国语科"培养儿童修己善群爱护国家民族的意识和情绪"①的教学目标。修订的中学国文课程标准则将中学国文课的教学目标调整为:"从民族辉煌事迹及有助国际了解之优美文字中,唤起爱国思想与民族意识,发挥大同精神。"②将民族意识教育融入爱国主义教育中,并着重强调国际主义、世界大同思想的养成。课程内容相应调整为:初级中学"文艺欣赏方面:故事、传记、小品、散文、诗歌、戏剧;解说方面:公民道德的、史地人文的、自然现象的;应用方面:书启(契据)、公文、日记、新闻"。③ 高级中学"文艺欣赏方面:小说、传记、诗歌词曲、戏剧、其他各种韵文及散文;解说方面:公民道德的、史在人文的、自然现象的、生产劳动的;应用方面:书信、日记、文告契约各种公文、报章新闻"。④ 课程内容的规定中淡化了战时三民主义政治教育的内容,中学国文课回归了语文教育的本体内容。

(二)传统文化教育的实施

国统区中小学国语教育加强传统文化教育不仅体现在相关规定中,更主要是落实到教育实施中。战时及战后,国统区中学所使用的国语科教科书最具影响力的一是自 1940 年由国民政府教育部主持、国立编译馆编印的《国定初中国文甲编》,是 1940—1945 年国统区初中国文课普通使用的教科书,二是由叶圣陶、郭绍虞、周予同、覃必陶几位国文大师合编、开明书店出版发行的《开明新编国文读本》,是 1946—1949 年初中国文课的重要教科书。虽然这两套教科书都是国统区初中国文课的重要教材,但两书的编写指导思想可以说截然不同,因而这两套教科书的特点和教育成就也完全不同,前者充分体现了国民党党化教育对中学国文教育的影响,而后者则体现了民主主义的国文教育观。

【《初中国文甲编》中的传统文化教育】

1938 年,南京国民政府颁布的《战时各级教育实施方案纲要》要求各级学校

---

① 课程教材研究所编:《20 世纪中国中小学课程标准·教学大纲汇编:语文卷》,人民教育出版社 2001 年版,第 41 页。

② 课程教材研究所编:《20 世纪中国中小学课程标准·教学大纲汇编:语文卷》,人民教育出版社 2001 年版,第 318 页。

③ 课程教材研究所编:《20 世纪中国中小学课程标准·教学大纲汇编:语文卷》,人民教育出版社 2001 年版,第 318 页。

④ 课程教材研究所编:《20 世纪中国中小学课程标准·教学大纲汇编:语文卷》,人民教育出版社 2001 年版,第 320 页。

"应抗战与建国之需要,尤宜优先编辑中小学公民、国文、史地等教科书及各地乡土教材,以坚定爱国爱乡之观念"。[①] 之后,蒋介石手谕教育部"改编中、小学国文、史地、常识科教科书"。[②] 遵照以上原则,国民政府教育部通令各省,要求"小学各科及中学公民、国文、历史、地理四科各校必须采用部编课本,不得歧异"。《初中国文甲编》就是在这样的背景下,自1940年由教育部主持编写,并通令国统区各中学广泛使用的初中国文教科书。该教科书共六册,1940—1946年几乎国统区的所有初级中学都普遍使用。其内容特点如下:

1.浓厚的党化教育色彩。首先,《初中国文甲编》选编了大量宣传国民党和国民党党义的课文。诸如《中山先生传记》《总理的幼年时代》《家训》《中山先生遗著》《中山先生演说词》《革命先烈遗著》《革命先烈传记》《中国国民革命史实》《总裁言论》《党国先进言论》等,这些党义课文占课文总数近22%的比重。其次,教科书选编了很多反映抗战中国民党正面战场战事的课文,以宣扬国民党在抗战中的作用和形象。如课文《光芒万丈的台儿庄》《张自忠将军传略》《悼郝梦龄》《壮哉空军烈士阎海文》《秋瑾女侠传略》《黄花岗烈士事略序》《书史贯一》《一个军官的笔记》等。

2.尤其注重传统道德教育。首先,教科书增加了文言文的比重。1940年国民政府教育部颁布的《修正初级中学国文课程标准》规定,初中国文课教材应"语体文与文言文并选,语体文递减,文言文递增,各学年分量约为七与三、六与四、五与五之比例"。[③] 这就意味着初中国文教材中文言文的比重为30%—50%。但《国定初中国文甲编》第一册36篇课文中,"文言文共有十九课半,其百分比为51.7%,比原来部定的比例,高出21.7%,甚至比较二年后初中三年级所应讲习的文言文分量仍然超过"。[④] 实际上不仅第一册是这种情况,其他各册的文言文也都超出了课程标准规定的比例。这反映了国民政府加大传统文化教育的初衷,但过多的文言文给国文课教学带来很大负面影响。当时林举岱先生就发表文章尖锐地指出:"文言文占有这样的比重,在初中年级的语文教学上,效率和速率,都会遇到很大的阻碍的。现在初中一年级的学生,已极不容易找到

---

① 中国第二历史档案馆编:《中华民国史档案资料汇编》(第五辑)(第二编教育)(一),江苏古籍出版社1997年版,第14页。
② 《编写经过》,国定本《初中国文甲编》(第一册),上海白报纸本1946年版。
③ 课程教材研究所编:《20世纪中国中小学课程标准·教学大纲汇编:语文卷》,人民教育出版社2001年版,第305页。
④ 林举岱:《国定初中国文甲编第一册商榷》,《国文杂志》1944年第3卷第1期。

旧式私塾出生的人物,和所谓的'书香世家'的子弟了;至于刚由新制小学毕业出来的,他们一向就没有讲习过文言文,一跨进初中的教室,就要他们捧着一本文言文占着大半的课本,这不但是学习上的灾难,有时我们甚至觉得有点儿残酷。这大部分和口语迥然不同的教材,儿童既无从借助旧经验以求理解,强迫施教,就难得有透彻的领悟,生活上更谈不到能够吸收;而最使我们担心的,还会阻扰写作技能的训练,摧残写作的嫩芽"。① 其次,传统道德教育是教科书的核心内容。一是《初中国文甲编》选编了大量以传统道德教育为素材的课文。如第四册的《新生活运动的目的》《新生活运动与礼义廉耻》两篇课文,就着重于当时蒋介石所特别强调的礼义廉耻教育。前者讲"新生活运动的目的,第一是要使各个人做一个强健的国民。……强健的国民,就一定要做到新生活的规律……如明礼义、知廉耻、守规矩、爱清洁等等";后者则阐明"新生活运动所揭示之礼、义、廉、耻四大目标对于生活各方面之关系"。② 二是反映传统忠君爱国观,如《廉耻》(顾炎武)、《人皆有不忍人之心》(孟子)、《冯谖客孟尝君》等传统道德教育名篇都被编选进教科书。三是提倡孝悌的课文。如朱琦的《北堂侍膳图记》、王拯的《嫛婗课诵图序》、胡适的《我的母亲》、蒋中正的《慈庵记》、冰心的《寄小读者通讯(十)》、叶绍钧的《地动》、黄宗羲的《万里寻兄记》、蒋衡的《鞭虎救弟记》、班昭的《为兄超代求疏》等篇皆成为教科书的课文,皆在引导学生形成孝悌观念。四是有关仁义方面的传统道德文章很多也被编选进教科书。如梁启超的《为学与做人》、李石岑的《青年的三大修养》、孟子的《鱼我所欲也章》直接阐释仁、义理念的文章都赫然出现在教科书中。

【《开明新编国文读本》中的民主主义文化教育】

《开明新编国文读本》是抗战后由叶圣陶、郭绍虞、周予同编辑,开明书店出版的初中国文教科书。《开明新编国文读本》摒弃了抗战时期南京国民政府一直奉行的党化教育原则,而是延续了抗战前也是叶圣陶先生主持编纂、开明书店出版的《开明国语课本》的编纂传统和指导原则,一以贯之地凸显文学性和情趣性,循序渐进,在引导学生了解掌握中学语文基础知识的同时,更能令他们领略古今中外优秀文学之美,称得上是"二十世纪最富生命力的语文读物经典"。《开明新编国文读本》因与《初中国文甲编》的编纂指导思想完全不同,因而其特

---

① 林举岱:《国定初中国文甲编第一册商榷》,《国文杂志》1944 年第 3 卷第 1 期。
② 《初中国文甲编》(第四册),上海白报纸本 1946 年版,第 20 页。

色和风格也与《初中国文甲编》迥异。

(1)摒弃党化教育,奉行民主教育的编纂指导原则。《开明新编国文读本》在编写之初就确立了"希望切合读者的生活与程度。就积极方面说,足以表现现代精神的,与现代青年生活有关涉的,为现代青年所能了解,所能接受的,那些文篇才入选"[1]的编纂原则,遵照此原则,教科书着重选编了反映普通民众生活和思想情感的素材,如叶圣陶的《春联儿》《我们的骄傲》两篇课文。《春联儿》描写的是一位处于社会最底层的普通人物——车夫老俞的情感故事。老俞作为父亲,日夜思念着在前线抗战的儿子,但他又深知战争不胜,儿子决不能归!"第一要紧是把国仗打胜,旁的都在其次。""我们的骄傲"描写了一位老师"黄先生"抗战爆发后,抵制国民政府诱惑,毅然逃出沦陷区,找到自己的学生,并坚持"不能借了教育的名义,去教学生当顺民、当奴隶",要让学生"在书本子以外懂得些什么,做得些什么"的教育原则。这些课文让学生真切地感受到普通民众才是真正的抗战者。《开明新编国文读本》中类似的课文还有很多,如冰心的《我的同班》《从昆明到重庆》、夏衍的《旧家的火葬》、子冈的《怀念振黄》等。这些课文都是以抗战期间普通人的抗战故事为素材,像冰心的《从昆明到重庆》,就是描写了"我的朋友们"在重庆顽强抗战的故事:"我的朋友们都疲了,都老了,然而他们是疲老而不颓倦。他们都很快乐,很兴奋,争着告诉我种种可以安慰的消息。他们说忙,说躲警报,说找不着房子住,说看不见太阳,说话的态度却也是幽默而不悲惨。在这里,我又看见一种力量,就是支持了三年多的骆驼般的力量。"[2]教科书借这样的课文,借老俞、黄先生、振黄、我的朋友们等这样的人物让学生感受了普通中国人的气节,接受了民族精神教育。

(2)《开明新编国文读本》编选了很多五四后直至抗战时期的新文学作品。《初中国文甲编》尤其侧重文言文选材,而《开明新编国文读本》则注重编选新文学作品,关注当代人民大众的命运、赞美和歌颂人民大众的美好心灵,两者形成了鲜明对比。如编选了很多新文学的小说、散文和杂文。像鲁迅的《社戏》《一件小事》《孔乙己》《故乡》等;郭沫若的《地球!我的母亲!》《杜鹃》;茅盾的《拉拉车》《白杨礼赞》《撤退》;朱自清的《背影》《交湖风景》《莱茵河》《飞》《诗经的

①　叶圣陶、郭绍虞、周予同:《开明新编国文读本》(甲种本)(上),武汉出版社2011年版,第1页。

②　叶圣陶、郭绍虞、周予同:《开明新编国文读本》(甲种本)(上),武汉出版社2011年版,第120页。

源起》等;巴金的《繁星》《牢狱生活》等;老舍的《济南的冬天》《北平的夏天》《骆驼祥子(节录)》等。这些作品站在时代和人民大众的立场,观点鲜明,使学生耳目一新,能够生动地感受到时代脉搏,陶冶了学生的思想与情操,使学生不仅感受了新文学的魅力,而且受到新思想的熏陶。同时,也通过国文课让学生能够认识很多文学巨匠,并与他们进行心灵沟通。

另外,由吕叔湘、朱自清、叶圣陶编辑的《开明新编高级国文读本》编选了大量新文学诗歌。第一册就有9篇课文、第二册有3篇课文是新文学诗歌,新文学诗歌在该教科书中占有近25%的比例。如康白情的《一封没有写完的信》、闻一多的《发现》、苏夫的《我童年时的王国》、苏金伞的《离家》、北原的《希望》、艾青的《城市》、艾漠的《生活》、田间的《多一些》、鲁藜的《泥土》、臧克家的《老马》、何其芳的《河》《生活是多么广阔》《我把我当做一个兵士》等。这些诗歌满怀深情地赞美了人民大众,讴歌了人民大众的新生活。如北原的诗歌《希望》:

希 望

希望从今年起,世界上不再听见炮声,人民都坐入和平的会议室。

希望从今年起,人民能真正使用自己的嘴巴,不再是屠板上的肉,或别人穿用的木屐。希望从今年起,人民都忘掉叹息、眼泪,把日子当作糖果吃。

希望从今年起,人民都笑着在阳光里,工作、饮食,并欣赏自己的汗粒。

希望从今年起,世界真的改变了,人民都能从天国的音乐里,听到"人"的消息。①

这首诗作者用饱满的热情表达了中国人民抗战胜利后对未来美好生活的向往和憧憬。如作者在诗后"附识"中所写:"三十五年(1946年)新年写成这首诗,当时以极大的兴奋歌唱祖国的重获自由,和人类的即将到来的美丽的前景。"②

此外,《开明新编国文读本》还编选了一些反映了20世纪40年代社会生活的话剧作品。既包括如曹禺的《蜕变》这样40年代中国优秀话剧剧本,也编选了国外如匈牙利青年剧作家塔比的独幕话剧《八根火柴》、海哲斯曼的《好望号》及夏衍改编的《复活》等,这些课文不仅让学生了解了中国民众而且了解了世界

---

① 吕叔湘、朱自清、叶圣陶:《开明新编高级国文读本》(第一册),开明书店1948年版,第160—162页。

② 吕叔湘、朱自清、叶圣陶:《开明新编高级国文读本》(第一册),开明书店1948年版,第162页。

民众的社会生活、思想和情感,拓展了学生的视野,陶冶了学生的情操,也使这部教科书成为民国以来编选戏剧作品最多的一部中学国文教科书。

三、公民教育中的传统道德教育

抗战爆发后,近代中小学公民教育又迈进了一个新的阶段。1939 年 8 月,王伯群在《东方杂志》发表《现阶段的公民教育》一文,提出:"现在的中华民国在时间上,是正当异族侵略,起而作英勇抗战的壮烈伟大的时代。……我们要民族独立,必须施行乡土化、军事化的公民教育;要使民权普遍,必须施行民主化、集体化的公民教育;要使民生发展,必须施行社会化、劳动化的公民教育。我们现在是抗战与建国并行,一面抗战,一面建国,若能做到民族独立,民权普遍、民生发展的地步,那就是完成抗战的大业,达到公民教育的最高目的。"①"抗战救国,民族复兴"成为抗战时期公民教育的最高目标。

(一)传统道德教育宗旨的确立

抗日战争爆发后,国民政府为了加强初等教育管理,对小学实行了国民教育制度改革。改小学为国民学校,并依据小学生的身心特点和认知能力调整小学的课程内容和教学方法。1941 年,国民政府教育部修订 1936 年颁布实施的《小学公民训练标准》,改公民训练为团体训育,随即颁布《小学训育标准》。将小学公民教育的教学目标定位于通过公民知识教育和公民训育,使小学生"养成运动卫生的习惯,活泼勇敢的精神;养成廉耻的观念,亲爱精诚的德性;养成节俭劳动的习惯,生产合作的知能;养成奉公守法的观念,爱国爱群的思想"。② 相比较于 1932 年《小学公民训练标准》的"注重于儿童良好公民生活习惯、行为习惯养成"的公民教学目标而言,1941 年课程标准设定的小学公民教育目标更加注重国民性培养,发扬我国固有道德及民族精神,着重培养儿童的国民道德,民族意识、国家观念,以期养成儿童修己善群、爱护国家、复兴民族的信念与意志。

依据教学目标的调整,中学公民课的教学内容明显突出了三民主义、民族意

---

① 郭为藩:《人文及社会学科展望》,幼狮文化事业公司 1988 年版,第 136—137 页。
② 课程教材研究所编:《20 世纪中国中小学课程标准·教学大纲汇编:思想政治卷》,人民教育出版社 2001 年版,第 26 页。

识培养及传统道德教育的内容。如 1940 颁布的《修正初级中学公民课程标准》中规定初级中学第一学年的公民课侧重公民教育基本知识、学校和家庭生活的基本原则和行为规范教育,其中公民教育基本知识着重讲授"公民之意义——国民与公民、国民共同之信仰——三民主义、我国固有之道德、新生活规律以及国民精神总动员纲领"等内容;学校生活的基本原则和行为规范注重"共通——礼义廉耻——校训之意义、青年守则"等内容;家庭生活的基本原则和行为规范则侧重让学生了解"家庭组织、家庭关系。家庭道德及家族与国族之关系"等内容。第二学年的教学内容主要为社会生活的基本原则和行为规范,着重讲授"群己关系、共同生活与社会道德、社会秩序"等有关社会生活秩序的内容,而第三学年"公民与国家"的教学内容具体涉及"中华民族与中华民国、中国国民党与建国大纲、国家与领袖"[1]等内容。修正《高级中学公民课程标准》规定的公民课核心内容更加明确,即主要以三民主义为核心内容。如第一学年讲授"公民与三民主义和公民与民族主义"两方面内容,具体涉及"我国民族与民族精神、我国伦理思想与固有道德(兼述总理及总理之伦理思想)、青年人生观与道德之培养及新生活纪律与青年守则"等内容;第二学年围绕"公民与民权主义",主要讲授"政治(总理之政治思想、总裁之政治思想)、政党(中国国民党之历史与组织、中国国民党之政纲政策、中国国民党今后之使命)以及宪法和现行法律"等内容;第三学年则主要讲授涉及"公民与民生主义"[2]的内容。可见,三民主义、民族意识培养及传统道德教育的内容作为抗战时期国统区中小学公民教育的核心内容充斥于公民教育的每一部分中。充分体现了国家至上,民族至上的战时公民教育的观念对中小学德育的影响。

(二)传统道德教育的实施

战时国统区出于战时特殊环境和国民政府加强政治统治和教育管理与控制的需要,确立政治教育与传统文化教育的教育宗旨,将中小学公民教育定位于以传统道德教育为核心,实施原则在延续战前小学实施公民训练、中学实施国民道德训育的基础上,进一步改革实施小学训育和中学导师制的公民教育,以求最大

---

① 　课程教材研究所编:《20 世纪中国中小学课程标准・教学大纲汇编:思想政治卷》,人民教育出版社 2001 年版,第 168—169 页。

② 　课程教材研究所编:《20 世纪中国中小学课程标准・教学大纲汇编:思想政治卷》,人民教育出版社 2001 年版,第 172—175 页。

限度地保障在严峻的战争环境中落实中小学德育的实施。

【小学的道德行为训育】

依据传统道德教育宗旨的确立,1941 年制定的《小学训育标准》在公民训育课的训育内容上也做了显著调整,如果说 1932 年的《小学公民训练标准》主要规定了小学生个人生活、社会生活等方面习惯和行为养成的内容,1941 年的《小学训育标准》则更侧重道德观念、行为和能力培养的内容规定。因此,教学内容除规定"中国公民是强健的、中国公民是清洁的、中国公民是快乐的、中国公民是活泼的、中国公民是自制的、中国公民是敏捷的"等公民道德的内容和行为规范外,更是围绕着"忠勇、孝顺、仁爱、信义、和平、礼节、服从、勤俭、整洁、助人、学问、有恒"[1]这些传统道德范畴规定道德意识、观念和行为养成教育的具体内容,而且传统伦理道德思想和行为规范成为小学公民训育的核心内容。如《小学训育标准》中规定的"青年守则"的内容即为:"忠勇为爱国之本,孝顺为齐家之本,仁爱为接物之本,信义为立业之本,和平为处世之本,礼节为治事之本,服从为负责之本,勤俭为服务之本。"所规定的公民训育要项,如"忠勇"要项的内容主要体现传统道德观念、能力和行为培养的内容,如下表所示:

表 5-3　1941 年《小学训育标准》"忠勇""孝顺"要项训练内容细目表[2]

要目	细　目	训练要旨
忠勇	1. 我尊敬党旗国旗。 2. 国旗升降的时候,我一定向国旗行礼。 3. 唱国歌的时候,我一定脱帽立正。 4. 我见了国父遗像,就肃立致敬。 5. 我听到读国父遗嘱,就肃立静听。 6. 我遵奉国父遗教。 7. 我信仰三民主义。 8. 我遵奉总裁训示。 9. 我尊敬我国的元首。 10. 我爱护我们的国家和民族。 11. 我愿意牺牲自己,保卫国家民族。 12. 我长大了愿意服兵役。 13. 我牢记民族光荣的历史。 ……	养成观念习惯 养成观念习惯 养成观念习惯 养成观念习惯 养成观念习惯 养成观念能力 养成观念 养成观念能力 养成观念习惯 养成观念 养成观念 养成观念 养成观念 ……

---

[1]　课程教材研究所编:《20 世纪中国中小学课程标准·教学大纲汇编:思想政治卷》,人民教育出版社 2001 年版,第 26—27 页。

[2]　课程教材研究所编:《20 世纪中国中小学课程标准·教学大纲汇编:思想政治卷》,人民教育出版社 2001 年版,第 27 页。

续表

要目	细　　目	训练要旨
孝顺	1. 我听从父母的教训。 2. 我对待兄弟姊妹都亲爱。 3. 我出外和回家，一定告诉父母。 4. 我帮助父母和尊长料理家事。 5. 我帮助父母和尊长做生产的工作。 6. 父母和尊长有疾病的时候，我服侍。 7. 敦品励学，锻炼身体，使父母欢喜。 8. 我恭敬祭祖，并爱护祖先的遗物。 9. 我相信孝顺是齐家的基本。	养成观念习惯 养成习惯 养成习惯 养成能力 养成能力 养成能力 养成观念能力 养成观念习惯 养成观念

在以上内容规定中，可见小学公民训育两方面特征，一是旨在培养忠于三民主义的"健全公民"，即小学训育的政治化。教育适当地突出其政治性其实本无可厚非，教育本就具有阶级性，完全脱离或超载政治的教育是不可能的，也是不科学的。但教育与政治毕竟是两种不同的社会现象，教育有其自身的目标、规律和内容，教育的目标在于人的发展，在于人性的充分体现；教育的规律在于用教育、启发的方法引导学生形成自己的品格、情感和价值观并掌握一定的知识技能等；教育的内容为所有有利于人的发展的思想、知识、技能等。因此，教育与政治密切相关但有本质的不同。政治教育可能适当通过教育来实施，但教育一定不能完全沦为政治的工具和手段。教育完全政治化会最终使教育失去其本质特征而被异化。国统区中小学传统文化教育因为过于强调和融入太多政治教育的内容，致使中小学传统文化教育党化气味太重，违反社会本位的原则，教学内容中掺杂过多政治"要人"的言论或文章，大大破坏了传统文化教育的内容体系。二是传统伦理道德的内容和行为规范比比皆是。这些内容设置的初衷是将儿童培养成为遵守传统道德的现代公民，不乏养成儿童良好道德习惯和观念、能力的内容，而且内容设置简单、明确，易于操作，对儿童德行的养成影响深远。在中小学加强传统文化教育、弘扬优秀传统文化，不仅仅是抗战后，也是当今中小学教育的理性选择，传统文化教育是中小学教育的"根"和灵魂所在。但抗战时期及战后，国统区中小学传统文化教育过于强调并没有科学甄别地实施传统道德教育，致使一些封建专制统治的封建文化元素也得以渗透于中小学传统文化教育之中，或有意识地被强化，这不仅从一定程度上钳制了儿童天性，制约了儿童个性发展，也使这一时期国统区的中小学传统文化教育有了复古甚至倒退的倾向，这在当时也受到教育界和文化界的广泛抨击。

【中学的公民训育导师制】

南京政府对于战时小学公民教育侧重于国民道德行为的训育,对战时中学公民教育则基于中学生认知能力的提高,更加强调国民道德与民族意识的培养。1940年,南京国民政府教育部修正并颁布了抗战时期的《中学公民课程标准》,规定中学公民科的教学目标:"使学生由实际生活,体念群己之关系,了解我国固有道德之意义,以养成修己善群之善良品性;使学生明了三民主义之要旨,国家民族之意义,以正确其思想,坚定其信仰";"使学生认识中华民族之构成因素及其固有道德与国际之关系,以养成其伟大之民族意识……"对战前1936年制定的中学公民课程标准所确定的"实践新生活运动规律"的公民课教学目标进行了显著调整,突出了"抗战救国,民族复兴"这一公民教育核心内容,三民主义、传统道德上升为公民教育的核心内容,注重国家、民族意识的培养。

为了将传统道德教育落到实处,南京国民政府时期非常重视对学生思想和行为的教育和规范,强调公民教育不仅注重知识的传授,更注重思想和行为的训育。训育的主要任务就是对学生进行道德观念的诱导和道德行为的训练。使学生不仅能身体力行地实施道德行为,而且能发挥创造性地追求更高的道德价值。因此,就学校而论,训育的工作,就是对学生的道德行为进行训练,以区别于偏重"知识"教育的公民知识教育。

抗战爆发后,南京政府教育部更是强调训育的重要性。1938年颁布的《战时各级教育实施方案纲要》就特别提出:"我国古代教育向以德智体三育为纲,礼乐射御书数六艺为目,故德智并重而不偏废,文武合一而无轩轾,文科与实科兼顾而克应群己之需要,家庭教育与学校教育一贯,以造成完全之国民。迨六艺之真义一失,而教育之基础动摇矣。"①而以往的公民教育,"学校偏重课本之讲授,而忽略德行之指导,由此于修己合群之德未加重视者;……本国之文史不重,乡土之教材不谈,社会生活与学校设备绝不相伴,经济组织与学校课程截然两事"②。基于传统德育与以往公民教育所存在的问题,为了适应战时对公民教育的"非常之需要",南京国民政府教育部借鉴中国古代教育传道授业的传统做法,强调我国传统教育,本以德行为重,而以知识技能为次之,因而,为师者的责

---

① 中国国民党临时全国代表大会:《战时各级教育实施方案纲要》,杜元载编:《革命文献》(第58辑),台北"中央"文物供应社1978年版,第26页。
② 中国国民党临时全国代表大会:《战时各级教育实施方案纲要》,杜元载编:《革命文献》(第58辑),台北"中央"文物供应社1978年版,第26页。

任,以传道为先,授业解惑次之。同时,借鉴国外的经验,以现行公民教育"偏于知识传授,忽略德育指导"为理由,在中学实行训育制度。战时中学训育与战前相比,重要的改善措施就是导师制引入中学训育。"这个时期,在训育方面的重大改革,乃导师制之施行"①,即实施公民训育导师制。1938 年 3 月 28 日,国民政府颁布了《中等以上学校导师制纲要》,要求"导师对于学生之思想、行为、学业及身心健康,均应体察个性,施以严密之训导,使得正常之发展,以养成健全之人格;导师应充分利用课余及例假时间集合本组学生举行谈话会、讨论会、远足等,作团体生活之训导;导师对于学生之性行、思想、学业、身体状况各项,应依照格式详密记载,每月报告学校及家长一次……"②

导师制和训育制两者并没有根本的不同,都是训练培育学生道德思想、观念和行为的教育制度,区别在于训育在实施过程中注重对学生外在道德行为的训练,而导师制更注重教师和学生的互动,从学生的思想、生活理念乃至习惯入手,潜移默化地引导或诱导、培育学生逐渐形成道德思想、观念乃至养成良好的道德习惯与行为。之所以实施导师制,其原因如当时学者所言:"导师制与以前之训育制,名称虽异,实即一事。因训育制设施过于单简,未能具体研究学生之生活发展,特以导师制代之,以期便于改进。"③

导师制是我国公民教育史上的首创,其吸取古代传道与授业相结合的传统,借鉴西方导师制的经验,旨在纠公民教育重知识传授而忽视德育指导之偏,虽然其实施目的是加强对学生思想和行为的控制,强化统一管理,但其宗旨和方法中不乏值得肯定、借鉴之处。如以上纲要第七条规定的教员对学生的训导责任实行"终身负责制",实际上强调了导师制的成败关键在于教师,这一方面促使学校审慎遴选公民教育导师,既要考察公民教师的学识,更要考察其道德品格,以确保其切实能为人师表。另一方面也促使公民导师认真履行导师的职责,确保导师们在训导学生时,都能做到以身作则,谨慎言行,成为学生的楷模。导师制在实施过程中也显示了其在公民教育中的积极作用。其一,导师们在公民教育实践过程中通常对于学生的个性都特别关心,发现有特长者,便及时给予学生相应的发展机会,使学生不至于被埋没于一般标准之下;其二,因为导师制的实施,通常使导师和学生的关系变得非常亲切,但又不失师道尊严,优化了师生关系;

---

① 王文俊:《中学训育之理论与实施》,台北:中华书局 1965 年版,第 137 页。
② 刘国平、陈雪良、黄良汉:《师典》,上海人民出版社 2004 年版,第 481 页。
③ 陈纪哲:《中学生在学时期之指导》,《中等教育季刊》1940 年创刊号,第 85 页。

其三,导师们之间在训导学生的过程中也通常密切交流,共谋其事,关系也变得非常密切;其四,在导师制实施过程中,导师们训导学生通常不仅本着对国家、社会负责,为国家、社会培养好公民的宗旨,而且也本着对学生家长负责,为家庭培植好子女的宗旨,导师们随时以访问与通信保持同家长的联系,学生家长也通常对导师们的工作给予支持与关心,都能随时就子女的个性及在家庭内的行为与导师们进行沟通与交流,使导师的训育工作有的放矢,因而导师制实际上也密切了导师和家长的关系,导师们也赢得了家长和学生的尊敬。当然,虽然导师制在实施过程中凸显了其在公民教育方面的以上诸多方面值得借鉴的经验和启示,但其过分注重德育,"七分德育,三分智育"的特征及其德育政治化的表现还是明显违背了德育理性化的教育原则和规律,以致使德育走向了另一个极端,也是这一时期公民教育留给后世中小学德育的一个重要警示。

【中学公民教育的典范——重庆南开中学的公民教育】

抗战时期,中学公民教育在加强训育,注重对中学生道德思想和行为训导的同时,也非常注重对中学生的公民知识传授。公民教育的教学目标、教学内容适应战时需要调整之后,中学公民教科书的内容和形式相应地发生了变化,基本上依照课程标准的规定,以三民主义、民族意识培养和传统道德教育为核心内容,教科书的内容形式多以单纯说教为主,比较呆板。以1940年正中书局出版、夏贯中先生编写的初级中学公民教科书——《初级中学公民》(第1册)为例,教科书的结构内容呈现如下特点:

1. 教科书的结构形式完全是依照课程标准的内容形式要求设计的,第1讲"公民的意义及其信守";第2讲"学校生活";第3讲"家庭生活",其中每一讲的具体内容结构也是严格按照课程标准的规定编排。

2. 教科书的内容完全围绕三民主义、民族意识培养和传统道德教育而展开。如教科书第1课讲到如何做一个好公民时,就强调好公民应具有"高尚的道德:道德是个人修己善群的根本。无论对自己、对父母、对长幼、对社会、对国家、对人群、对万物,都依照忠、孝、仁、爱、信、义、和平,八德的正确标准去行事,而能合乎共生共存的条件,必要时且能牺牲自己的利益以为他人谋福利,充满了创造、服务和牺牲的精神,这才是具有高尚的道德。有高尚道德的人,才能做国家良好的公民;坚强的民族意识和深厚的国家观念:世界上的民族各有其特性,因此,每一民族的分子,都感觉自己民族和其他民族不同,而发生民族意识。有了民族意识,才能保持并发扬民族的精神和文化,图谋民族的生存和发展。然而民族生活最高的组织是国家,没有国家则民族生活就不能维持或发展。所以现代公民更须具有深厚的国家观念,像拥护国家的政策,奉行国家的法令,服从政府的领导,抵抗外来的侵略,都是我们对国家应尽的天职"①。围绕着传统道德和民族意识两方面谈公民塑造。而教科书接下来的第2讲则是系统地向学生讲授三民主义理论。可以说整部教科书都是向学生讲授三民主义、民族意识培养和传统道德教育的内容。

3. 教科书的内容方式主要为单纯的理论说教,读起来不仅内容枯燥,而且表述方式呆板。

综合以上三方面特征,与20世纪20年代新学制时期的公民教科书相比较,形成了鲜明的对比。以1924年江苏第一女子师范学校和第一中学的三位公民教员冯顺伯、金崇如和王仲和共同编写的公民教科书——《初中公民学教本》为例,该教科书的内容结构包括公民训育、公民知识和公民活动三部分,内容编排形式最突出的特点是从学生生活入手组织教科书内容。如课文《集会的意义与组织》,在向学生讲述集会的章程、程序、选举方法,集会的秩序和精神等内容的同时,也和学生讨论了学生自己的组织,即学生自治会组织的意义、组织结构,提出学生自治组织应"仿共和国家立法、司法、行政三权分立的制度",实行"三权分立制"。这种将公民基本知识教育与学生社会实践活动细致入微地相结合的公民教育形式,显然比单纯说教式教学效果要理想很多。通过公民教科书内容和形式的分析及与之前典范教科书的比较,可从一个角度说明,抗战时期被政治化了的公民教育,再因受到战时不稳定且极其严峻的战争环境的影响,公民教育并未达到理想的结果。抗战期间时任重庆南开中学教导主任的喻传鉴先生对当时中学公民教育所存在的问题曾做过详细的总结:"1. 学校不重视。公民一科,在学校多视为可有可无的功课。整个学校公民教育,应如何实施,或如何实施才可,未尝加以研究或计划。2. 学生不注意。一星期上课一小时,一学期不到二十小时,除上班听讲外无他事,钟点少,工作轻,精神涣散,自难引起学生注意。3. 教本不适应。教材标准限制太严,材料分量配合失当,编制方法又机械呆板,工具不良,工作更难见效。4. 师资不良。公民教员国家没有准备,没有训练,所以现在学校担任公民之教员大半对于公民没有深切之研究,敷衍塞责,无怪其然。5. 教学无方法。教学无方法,这是中学一般学科之通病。公民学

科也同其他学科一样,大多用讲演注入方式,先生讲,学生听,这自难引起学生兴趣和努力。"①

当然,教科书中的公民教育只是从一个侧面反映这一时期公民教育的状况,而实际学校公民教育实践也未必一定完全依照教科书中的内容和形式刻板的执行。考察抗战时期学校公民教育实践,其中竟也不乏继承近代优秀公民教育传统、颇为成功并具特色的公民教育范例。如抗战时期的重庆南开中学,其公民教育就颇具特色。

1937 年"七七"事变后,天津南开中学被日机炸为废墟,部分师生撤退到重庆,成立重庆南开中学。南开中学是在严范孙、张伯苓先生的爱国思想指导下创办的,是有着悠久的公民教育传统的中学。南开中学以"允公允能"为校训,"允公允能"从一定意义上讲就是公民精神的凝练。正如张伯苓先生所解读:"公能两字是南开的校训。公,韩子说:'背私为公。'南开学生应该为国家尽责,为大众做事。能,就是要有能力、有本领。没有能力和本领,怎么去尽责、做事?允,含有应当、不能变的意思。搁在一块儿,'允公允能'就是:当为公能,奋斗终身……"②

重庆南开中学在学校教育过程中,在狠抓知识教育的同时,非常注重品德教育及能力培养,注重融公民教育于学生的学习生活和教学管理中。首先,严格要求学生。从学习、考试到日常生活衣食住行,莫不严格要求,以"公能"校训为目标,狠抓基本训练,从小事做起。每座大楼里都有一面大镜子,镌有对仪容要求的字句:"面必净、发必理、衣必整、纽必结。头容正、肩容平、胸容宽、背容直。气象勿傲、勿暴、勿怠。颜色宜和、宜静、宜庄。"要求学生经常对镜检查,矫正自己的仪容。无论是教室、宿舍、图书馆、食堂、盥洗室、游艺室、礼堂、自习课都订有规则。总的目的是要达到德、智、体、群、美五育的要求。违反校规的学生,经教育不改的,哪怕是达官贵人的子弟,也决不姑息宽恕。其次,绝不鼓励读死书。重庆南开中学提倡学生组织各种课外活动小组,增长知识,培养能力。每当课余,运动场上满是跑着跳着或打球的人。班班都有运动队,经常举行比赛。篮球有重庆"小五虎",棒球长跑是全市之冠。歌咏团誉满全市。话剧团演出过多场中外大型名剧,高中学生还用英语演出过易卜生名剧《娜拉》,全市轰动。还有

---

① 喻传鉴:《中等公民学科教学问题》,《中等教育季刊》1940 年创刊号,第 55—56 页。

② 重庆市南开中学、南开校友会重庆分会编:《重庆南开中学建校五十周年纪念专辑(1936—1986)》,第 29 页。

京剧社,摄影社,国乐社……不胜枚举。此外壁报刊物琳琅满目。确是德、智、体、美、群五育都得到发展。①

此外,重庆南开中学还非常注重公民教育形式的新颖、生动,内容的丰富多彩。下面节录一段当时重庆南开中学学生记录的公民演讲集会目录,从中可以生动体现重庆南开中学公民教育的特色和成就。

南开集会请校外名流学者演讲,是当年我们青年学生最感兴趣的节目。

我在日记里对每次参加的集会,都有扼要的记录:

集会一览表

日　期	演讲人	讲题
1938 年 3 月 23 日	蔡文侯	英国外交
3 月 30 日	蔡文侯	德奥合并与和平问题
4 月 6 日	张平群	对日经济制裁
4 月 20 日	杜重远	现阶段青年应有之认识
4 月 27 日	蔡文侯	英义协定
5 月 11 日	崔先生	非常时期财政问题
6 月 1 日	许恪士	非常时期的青年
11 月 22 日	张彭春	百五十年来中国落后之原因
11 月 30 日	傅恩龄	日本问题
12 月 7 日	马寅初	读书报国
12 月 14 日	郝更生	体育在教育上的地位
12 月 21 日	张校长	一般训话
12 月 23 日	张彭春	战时外交
1939 年 1 月 4 日	张校长	斥汪兆铭和平论调
1 月 11 日	周恩来	抗战形势
1 月 18 日	喻主任	期终集会颁奖
2 月 15 日	喻主任	纪律,艺术,科学,劳动
2 月 16 日	冯玉祥	抗战建国
2 月 22 日	韩主任	蜀光中学

---

① 重庆市南开中学、南开校友会重庆分会编:《重庆南开中学建校五十周年纪念专辑 1936—1986》,第 188—189 页。

3 月 1 日	孟志荪	出席川省高中以上校长座谈经过
3 月 15 日	张校长	精神总动员
3 月 22 日	谭仲逵	从生物学观点谈奋斗的人生
4 月 5 日	段茂澜	欧洲局势
1939 年 4 月 19 日	徐谟	谈话的艺术
4 月 26 日	乐天乐(英)	欧洲形势与中日战争
5 月 3 日	张子凯	工矿问题
5 月 10 日	喻主任	精神总动员之意义
5 月 17 日	孟主任	校务近状
5 月 24 日	邓营长	防空常识
5 月 31 日	北大卢教授	战斗的人生观
6 月 7 日	缪凤林	从历史观察当前复兴的条件
6 月 14 日	胡焕庸	欧洲现势及其前途
6 月 21 日	章辑五	学校体育
9 月 20 日	孟主任	遵守纪律
9 月 27 日	张校长	一般训话
10 月 11 日	方显庭	战后经济发展之大概
11 月 1 日	张校长	寒衣募捐经过
11 月 8 日	张校长	一般训话
11 月 22 日	缪凤林	西北问题
11 月 29 日	某教授	中立法问题
12 月 13 日	马寅初	战后经济问题
12 月 20 日	老舍	考察西北
12 月 27 日	于斌	美日关系
1940 年 1 月 17 日	叶青	欧战与中国外交
1 月 24 日	许恪士	人的教育
2 月 19 日	张校长	军事管理
2 月 26 日	喻主任	一般训话
3 月 4 日	中大女法律系主任	宪政问题
3 月 11 日	魏明初	工业问题
1940 年 3 月 18 日	张校长	一般训话

3 月 25 日	胡焕庸	世界经济战略
4 月 1 日	喻主任	一般训话
4 月 15 日	张彭春	做人四字诀(稳、准、狠、群)
5 月 6 日	马寅初	物价与财政
5 月 13 日	张彭春	中外时局①

从以上记录材料中可以感受到抗战艰苦环境中的重庆南开中学的公民教育依然搞得有声有色,公民教育的形式生动、灵活、新颖,聘请社会各界著名人士走进课堂进行演讲,突破了呆板、机械的课内先生讲、学生听的教学模式;内容丰富多彩。重庆南开中学的公民教育并不是依赖教科书,照本宣科地讲公民知识,而是请各领域专业人士演讲不同方面的内容,所讲涉及政治、经济、外交、法律、时事、道德、科技、艺术、学校管理、学生生活、社会生活等方方面面。生动的形式、丰富的内容,自然而然极大地激发了学生的学习兴趣,也使公民教育收到良好的教学效果。

对于抗战时期的中学生公民教育,喻传鉴先生曾做了深入的总结与反思,提出了中学公民教育的五项教学原则:

1. 尚训练不尚知识。近代各国对于青年训练,非常注重。有的比较放任,有的比较严格,有的偏重个人,有的偏重团体,但没有不藉训练青年力量,而收政治、思想、行动统一之效的。在我中国,现当抗战紧要关头,锻炼青年品性,振兴民族精神,青年训练,尤不容忽视。

在学校各学科中,与青年训练直接相关的,莫过于公民一科。公民应是一训练学科,不是知识学科。固然训练进行,离不开知识之研究与探讨。但公民之主要目标,如着重在训练,则所用方法应与偏重知识之学科迥乎不同。训练学科,目的在习惯之养成,注重训练。我们从事公民教育,首先应注意公民训练之目的,是在训练人,使成为一健全之公民,训练团体,使成为一有纪律之组织。我们更应知道,一种良好行为,要使之成为个人之习惯,非训练不成,一种良好习尚,要使之成为团体风气,亦非训练不可。所谓道德训练,陶养学生之个人品性,政治训练,扶助学生之团体生活,社会训练,培养学生之服务能力,种种训练,均应包含于公民训练之中,必须反复训练,严格训练,而后训练才可有效。尤其是中学生,正在青年身心发育的时候,

① 刘鹤守:《沙坪岁月——重庆南开校园回忆录》,中国文联出版社 2003 年版,第 95—97 页。

可型性甚大,学校的公民教育,更应按照目标,拟定方案,切切实实的从训练方面着手才可。介是按照现在的公民教育办法,每周一小时,完全注重知识,除上课外就没有别的工作,根本谈不到有何训练,更谈不到有何训练成绩。

2. 重实行不重理论。公民学科既注重训练不重知识,所以公民教学第二原则,应注重实行不重理论。……公民教育,范围甚广,不是讲修身,亦不重谈学理,最要的乃在能实行公民的信条,知从里去行,从行里求知,能得才是真知,不行等于不知,那就是说等于没有学习知识。

3. 注重活的教材而不是死的知识。公民教育以训练整个学生及整个团体为对象。因学生个性,学校环境不同,不应受教本的拘束,不应用机械的方法,一切教材,均必以与学生日常生活及社会实际问题有关者为限。全部学校生活,是一本大书。整个社会现象,是公民研究的好资料,可惜现时学校公民教育,太注意教材的统一,太无视教法的机械,不仅教材标准化,即教法亦标准化了。

4. 课内与课外应有联系。公民学科的课内工作,应与课外组织,或课外活动发生密切联系。公民训练,不仅是一、二位公民教员所能单独负责的,亦不是可脱离其他活动而独行训练的。公民一科,除书本知识外,尤重实地训练,而练习机会,莫过于利用校内各种课外组织,学校为训练学生计应多多鼓励学生,按其兴趣与能力,在教职员引导之下,成立各种团体,使学生多多有机会参加各种活动,所谓公民道德训练,公民政治训练等,均可于课外活动中,得到真正的练习。

5. 学校与社会打成一片。学校与社会打成一片,其方法不外使学校工作社会化,学校一切设施,使与社会生活相适应,俾能养成学生人人有适应环境及适应社会之能力。其次,在使学生多与社会接触,俾学生有机会了解社会实际情形,认识社会各种问题同时并参加或协助社会实际工作。……而公民这门学科,尤其是应这样。①

抗日战争胜利后,中小学教育目标和内容相应发生了变化。1948 年,国民政府教育部二次修订课程标准,公民课的团体训练重新调整为公民训练,并将公民教育目标调整为:"养成对于家庭他人学校社会国家及世界之正当关系与态

---

① 喻传鉴:《中等公民学科教学问题》,《中等教育季刊》1940 年创刊号,第 55—60 页。

度,以确定其正确之人生观;灌输一般公民应有之政治经济法律道德与社会生活各项常识;启发人民权责之由鼓舞服务效忠国家致力人类之志愿与精神。"本着"爱国、齐家、接物、立业、处世、治事、负责、服务、强身、快乐、济世、成功"的教育主旨,公民教育内容明确为"忠勇、孝顺、仁爱、信义、和平、礼节、服从、勤俭、整洁、助人、学问、有恒"几个方面。① 从以上课程目标和标准的调整而言,小学公民教育和训练课程重新受到重视并得以确立、纳入中小学德育教育课程体系中。

综上所述,抗战时期及战后,国统区中小学传统文化教育主要表现为突出政治教育和民族精神及传统道德教育。突出政治教育主要原因是因为南京国民政府在抗战期间其政权面临多方政治力量的威胁,一是国外政治势力,主要是日本侵略者的军事威胁,二是国内各政治力量,主要是日渐强大的中国共产党政权。为了稳固其政治统治,南京国民政府非常注重加强基础教育政治化,将政治教育的内容融入公民、国文、历史、地理等相关课程中。突出民族精神教育主要原因是面临外族入侵必须要强化民族意识、激发民族情感、凝聚民族精神,因此从加强民族精神和爱国精神教育的目的出发强调中小学加强传统文化和传统道德教育,注意培养学生复兴民族爱护国土之观念,注重唤起民族意识与发扬民族精神,培养儿童修己善群爱护国家民族的意识和情绪,强调以国民党所倡导的"四维八德"传统道德教育内容为中心。即便抗战胜利后,南京国民政府也依然强调国民道德教育,并将民族意识培养融入国民道德教育的内容中。

---

① 课程教材研究所编:《20 世纪中国中小学课程标准·教学大纲汇编:思想政治卷》,人民教育出版社 2001 年版,第 185—187 页。

第六章　全面抗战及解放战争时期 (1937—1949)革命根据地的 中小学传统文化教育

五四运动标志着中国革命进入了新民主主义阶段。此后,以马克思主义教育思想为指导,以中国共产党领导的革命根据地教育实践活动为基础的新民主主义教育逐步确立。新民主主义教育产生后,经历了一个从苏区初步建立到抗日战争及解放战争时期的发展、完善并在抗日民主根据地和解放区有效实施,探索出一条在经济、文化落后的农村地区发展教育的新道路的历史过程。

自 1927 年中国共产党领导创建了第一个革命根据地始,至 1937 年抗日战争全面爆发前,中国共产党领导人民先后创建了十几个革命根据地。尽管各根据地教育状况有所不同,但遵循共同的教育方针和政策,即教育以共产主义精神为指导,与革命战争、工农群众、生产劳动相结合。新的教育方针促进了农村根据地教育的产生和革命、生产和工农教育的产生和初步发展。如苏区中小学教育,苏区设置了小学,不另设普通中学。小学初称劳动小学,1934 年后改称为列宁小学。列宁小学实行文化知识、生产劳动、政治斗争结合的教学制度。列宁小学在初等小学设国语、算术、游艺三门课,其中,国语课还包括乡土地理、革命历史、自然常识和政治常识;在高小两年中设国语、社会常识、科学常识、算术和游艺五门,国语课每周安排 6 学时。

抗日战争全面爆发后,中国共产党领导的抗日力量在敌后逐步建立了陕甘宁边区、晋察冀、晋冀鲁豫等抗日民主根据地。这些抗日民主根据地大都生存环境严峻、经济文化落后而且强敌压境。中国共产党在总结和反思之前根据地教育发展的经验教训基础上,结合抗日根据地特殊的生存与发展环境,确立了新民主主义教育方针,即"现阶段上中国新的国民文化的内容,……是以无产阶级社会主义文化思想为领导的人民大众反帝反封建的新民主主义"①。新民主主义教育否定了以往共产主义教育指导思想,明确了新民主主义教育与社会主义教育的区别与联系,同时也纠正了以往盲目反对资产阶级教育的倾向。新民主主义教育方针,即民族的、科学的、大众的教育方针影响了抗日民主根据地的教育发展。使各抗日根据地的各级教育呈现以抗战教育、实际生活教育和民族精神教育为中心的特征。下面以陕甘宁边区为考察中心,就新民主主义教育思想对抗日民主根据地中小学传统文化教育的影响及中小学传统文化教育的具体实施进行分析。

一、新民主主义教育方针的确立及对中小学传统文化教育的影响

基于抗战的特殊背景及抗日民主根据地的建设与发展,抗日民主根据地的学校教育方针在不同阶段体现不同侧重点,经历了突出抗战教育、"正规化"教育与实践教育不同特点的几个历史阶段。

(一)以抗战教育为中心的中小学传统文化教育(1938—1939)

抗战初期,全中华民族所面临的最大政治就是抗日,教育自然也要服务于政治,因而,抗战教育成为各级教育的核心。1938 年,中共中央六届六中全会通过了《实行国防教育政策,使教育为民族自卫战争服务》的决议,确立了以抗战教育为学校教育核心内容的教育原则。依据此教育原则,抗战初期的中小学传统文化教育呈现以抗战教育为中心的特征。

【小学传统文化教育的"抗战化"】

1. 抗战教育的部署

抗战初期,边区抗日根据地对小学抗战教育非常重视。1938 年 3 月 6 日,陕甘宁特区教育厅就发布了《抗战时期小学应该注意的几个工作》的通告,强调:"当此抗战时期,尤其是敌人逼近边区,边区将成为直接抗战区域的形势下,我们的小学校也应该配合着抗战动员,适应着战时的环境和需要,更具体、更紧

---

① 《毛泽东选集》第二卷,人民出版社 1991 年版,第 706、708—709 页。

张地把应教的课应做的工作推动起来,这样才能和群众的抗战运动与儿童的战时活动取得密切联系,使国防教育在任何环境下可以继续发展。"①并对小学抗战教育的实施进行了部署:

（一）学校军事化:除加强日常游戏体操外,要实习游击战术。……第一要行动军事化。就是在上课时,不一定采取课室,可以在山野中随时随地上课。……第二要锻炼爬山野战。……第三团体纪律。就是要照军队班排的编制,来组织学生……养成儿童团体生活的习惯。第四要教学劳动化。就是要学习作侦探、传消息、做慰劳等的劳动工作。

（二）课程重心的转移:首先应该注意到统一战线和抗战政治的教育,使学生对抗战的形势和抗战的工作有简单的了解。其次就是防空防毒,反汉奸、托匪等。

（三）课外的活动。第一,小学应积极参加每个抗战动员工作的布置……第二,每个小学除学生参加当地少先队外,教员应该做自卫军、少先队的文化政治教员,以提高战时民众的文化政治水平。第三,群众教育,运用小先生的办法,领导附近的群众识字工作。第四,每礼拜六全体学生要实行优待抗属,以慰劳他们。……总之,要把课外活动的工作更紧张起来,以配合抗战动员。②

《通告》对小学实行军事化教学,实习游击战术;加强统一战线、抗战政治教育及防空防毒、反汉奸、托匪教育;开展与抗战相关的课外活动,如读报、参加当地少先队、做小先生,教群众识字等教学内容的规定,充分体现了抗战环境下小学抗战教育的目标。根据小学教育重心的转移,1938 年 8 月 15 日,陕甘边区教育厅颁布《陕甘边区小学法》,明确了"应依照国防教育方针及实施方法以发展儿童的身心,培养他们的民族意识及抗战建国所必需的基本知识技能"的小学教育方针。③ 依据此教育方针,抗战初期的边区小学传统文化教育主要以抗战教育为中心展开。

----

① 《通告——抗战时期小学应该注意的几个工作》,陕西师范大学教育研究所编:《陕甘宁边区教育资料·小学教育部分》(上册),教育科学出版社 1981 年版,第 1 页。

② 《通告——抗战时期小学应该注意的几个工作》,陕西师范大学教育研究所编:《陕甘宁边区教育资料·小学教育部分》(上册),教育科学出版社 1981 年版,第 1—3 页。

③ 《陕甘边区小学法》,陕西师范大学教育研究所编:《陕甘宁边区教育资料·小学教育部分》(上册),教育科学出版社 1981 年版,第 11 页。

2. 抗战教育的实施

围绕着抗战教育的教育方针,边区小学传统文化教育从教学内容、方法、管理乃至课外活动等都发生了相应变化,具体表现在如下几个方面:

(1)编写以抗战建国为中心的教材。边区教育厅规定停止使用以前小学所用的国语、公民、常识、社会等各科教科书,由教育厅组织人员统一编审以抗战教育为中心内容的教材。在 1938 年中,边区共编写了小学国语教材六册,初小算术六册,初小常识一册,图画教材一册,劳作一册,唱歌一册,高小国语一册,高小算术一册,高小自然一册,高小历史二册,高小地理一册。① 没有来得及编写新教材的小学,就采用《新中华报》《边区教师》一般的标语口号来做补充教材。② 辖区小学传统文化教育内容基本上实现了"抗战化"。

(2)采用新颖的教学方法。边区小学基本上废除了死读书的传统文化教育方法。例如国语,以往小学国语科教学多采用诵读方法,边区则明确提出小学国语教育不赞成"唱乱弹"式的高声朗读,不要盲目乱读,尤其不要怪腔怪调高声大嚷,提倡必须使学生懂得意思,高年级的学生应尽量采用默读。对于废止朗读,边区教育管理人员提出:虽然小学国语以实际教学过程中,存在着两方面困难:一是学生没有事可做;二是群众到学校旁边听不见学生读书,便说学校里整天不念书,闹着玩儿。边区教育管理者强调:"这两种困难是的确有的,第一种困难是由于旧的残余的传统不易去掉,而新的教学方式又不熟悉,只要我们决心去接受新方法,学习应用它,是慢慢地可以克服的。第二种困难也是容易克服的,群众听不见念书,但是我们上课,学生听讲,他们总可以看见,时间久了,学生都会认会写了,群众就赞成我们了。同时我们要经常在家长联席会上报告学校的成绩,并动员学生把自己学得的东西拿出来应用,只要有实效,自然群众会相信的。"③确立遵循国防教育原则实施小学教育,即实行集体教学,指导学生集体的学习,自动的学习,举行集体的竞赛,提高学习情绪,发扬民主集体精神,教育

---

① 《一年来边区的国防教育》,陕西师范大学教育研究所编:《陕甘宁边区教育资料·小学教育部分》(上册),教育科学出版社 1981 年版,第 35 页。

② 《一九三九年上半年小学教育总结》,陕西师范大学教育研究所编:《陕甘宁边区教育资料·小学教育部分》(上册),教育科学出版社 1981 年版,第 48 页。

③ 《陕甘宁边区教育厅指示信——改进与扩大小学工作的初次总检查》,陕西师范大学教育研究所编:《陕甘宁边区教育资料·小学教育部分》(上册),教育科学出版社 1981 年版,第 39 页。

学生自己管理自己①。

（3）实施民主、自主的组织管理。边区小学废除了传统儿童教育管理的打骂制度，着重培养学生民主精神，实行共同立约，共同遵守，自我批评，适当地运用集体制裁，普遍地建立俱乐部等。② 边区小学教育管理进步较大，打骂的现象逐渐消灭。许多学校都建立了俱乐部的组织，学生通过这个组织，自己管理自己。个别好的小学，如固临的壶口小学，延长的杨家沟小学，先生不在，学生能自觉地遵守秩序，看书写字，安然进行。③ 有些小学更是创造出了许多好的管理方法，利用小学生自己管理。在儿童中选择优秀分子，组成小组，选出队长，使他们自己管理自己，有犯了纪律的，召集会议，说服和批评，发扬儿童中的民主，经过民主提高学校的纪律。这样一来，这些小学已养成了儿童自治的集体生活的习惯。④

（4）组织与抗战相关的课外活动。边区本着养成学生集体生活、军事行动、遵守纪律的习惯的目的，积极组织开展与抗战相关的课外活动。如到农村化装宣传、演短剧，利用大批小先生去担负群众的识字教育，有哨岗的地方帮助放哨查路条，有抗日军人家属的地方进行优待抗属工作等，都收到很大成果。⑤

【中学传统文化教育的"抗战化"】

陕甘宁边区抗日民主根据地建立后，先后创办了五所中等学校，即 1937 年创办的鲁迅师范学校、1938 年的边区中学（1939 年两校合并为边区第一师范）、1940 年设立的第二师范、第三师范、陇东中学及此后创办的陇东中学。抗战初期，边区根据地中学的抗战教育转型也很突出。

1. 抗战教育方针的确立

1939 年 5 月，边区中学本着"本校以实施国防教育，培养有民族观念、有民主思想、有抗战建国知能的新青年"的宗旨，明确"提高青年民族意识，巩固中华

① 《陕甘宁边区教育厅通令——关于健全完全小学问题》，陕西师范大学教育研究所编：《陕甘宁边区教育资料·小学教育部分》（上册），教育科学出版社 1981 年版，第 23—24 页。

② 《一九三九年上半年小学教育总结》，陕西师范大学教育研究所编：《陕甘宁边区教育资料·小学教育部分》（上册），教育科学出版社 1981 年版，第 50 页。

③ 《一九三九年上半年小学教育总结》，陕西师范大学教育研究所编：《陕甘宁边区教育资料·小学教育部分》（上册），教育科学出版社 1981 年版，第 50 页。

④ 《陕甘宁边区教育厅指示信——改进与扩大小学工作的初次总检查》，陕西师范大学教育研究所编：《陕甘宁边区教育资料·小学教育部分》（上册），教育科学出版社 1981 年版，第 40 页。

⑤ 《一年来边区的国防教育》，陕西师范大学教育研究所编：《陕甘宁边区教育资料·小学教育部分》（上册），教育科学出版社 1981 年版，第 35 页。

民族的大团结,坚定青年'抗战必胜,建国必成'的信心,并发扬青年为民族解放斗争的英勇精神;以抗战的政治、军事及基本科学知识武装青年的头脑,给予青年以抗战建国必需的知识技能;在学习活动中给予青年适当的指导,使得青年的品行、智力、体格得到健全的发展。使其具备坚强的民族意识、集团精神、牺牲、勇敢、互助、团结、热忱、坦白、自动等良好品性,并在直接间接的抗战行动中强化坚强的民族意识,在集团生活中炼就集团精神,在舍小我利益为民族利益而奋斗中塑造牺牲、勇敢的品德,在全民族团结互助友爱中涵养团结互助精神;在生活中发扬青年的独立性、创造性、积极性、自动性,培养独立工作,找寻方法解决困难,领导群众的抗战建国的青年干部"①的教育方针。该教育方针确立了边区中学以国防教育为核心内容的教育原则。依据此教育方针,陕甘宁边区中学教育明显具有了抗战教育的倾向。如下表:

表 6-1　陕甘宁边区中学传统文化教育内容汇总表②

学科	周课时	课程内容
政治	3	一年级:(1)抗日民族统一战线;(2)新的革命道德观与人生观;(3)一般的政治常识——阶级、国家、政党。二年级:(1)社会科学;(2)党建;(3)三民主义。
军事	3	(1)论持久战;(2)游击战争;(3)制式教练及野战行军等演习;(4)日常军事生活的知识。
历史	3	前一年半教本国史(以鸦片战争至抗日战争为主),后半年教外国史(以产业革命到十月革命为主)。
地理	2	前一年半教本国地理(以国防要塞、交通地势、重要物产、战区失地为主),后半年教外国地理(侧重世界政治、经济地理)。

2. 以抗战和民族精神教育为核心的教育内容

中学教学实践更是以抗战和民族精神教育为中学教育核心内容。如鲁迅师范学校"采用《抗日民族统一战线指南》、《论持久战》、《论新阶段》为教材;军事课中,有普通军事知识与技术训练课,游击战更列为一科,讲了山地、平原游击战术;自然常识课中,以防空、防毒与日常卫生常识相结合,单独设有民运课,以洛

---

① 吕良:《"边区中学"的教育方针和学习方法》,陕西师范大学教育研究所编:《陕甘宁边区教育资料·中等教育部分》(上册),教育科学出版社 1981 年版,第 1—2 页。
② 《边区中学的历史叙述》,陕西师范大学教育研究所编:《陕甘宁边区教育资料·中等教育部分》(上册),教育科学出版社 1981 年版,第 70—72 页。

甫同志的'民运八则'为主要教材;国文课中多选富有民族思想的文章;地理课配合抗战、军事发展等。这些科目与教材也许还嫌太一般化,但颇适合抗战初期当时学生的要求,是外面的中等学校所不能有的。其他如中国历史,着重中国革命史、近百年史;社会科学一科中,讲了社会发展史、中国革命问题、辩证法,也讲了一些马列主义的理论,虽然讲得有些教条,但也是新的东西。总之,在教学科目方面是打破了旧式师范的一套"。①

抗战及民族危亡之际,突出抗战、军事和民族精神教育是必然的也是非常必要的,但将教育完全定位于政治教育,忽视教育自身发展规律性,会造成教育的单一化,课程内容也会出现偏颇,顾此失彼。就像中小学课程及课程内容所显示的,政治化和军事化的内容偏多,边区民众特别需求的文化和生产教育的内容却明显不足,甚至被严重忽视,"学生写与算的能力都感不足"②,这势必使教育不仅丧失其自身特性,而且影响教育效果。

(二)"正规化"的中小学传统文化教育(1940—1943)

经过了抗战初期的新民主主义教育建设,陕甘宁边区的中小学在数量规模上得到了迅速发展。"全边区的中等学校,在数量上,现在已经增加到七所之多,学生人数在一千五百名以上。"③"截至去年(1939年,笔者注)底,边区各县只有小学五百来处,学生九千多名,今年一年中学校扩大到七七五处,学生到一五,五七五名,学校数量和学生数量比之去年底增加到二分之一以上。"④但发展过程中暴露出的一个突出问题是"边区小学教育三年来在质的改进方面总赶不上量的发展"。加强中小学正规化和科学文化教育,提高中小学教育质量成为共识并提上议事日程。

1940年后,根据地一改之前以抗战教育为中心的教育方针,强调教育应遵从内在规律,因而将教育方针调整为突出正规化教育:"在这个时期的教育内

---

① 《边区中等教育发展情况》,陕西师范大学教育研究所编:《陕甘宁边区教育资料·中等教育部分》(上册),教育科学出版社1981年版,第40—41页。

② 陕西师范大学教育研究所编:《陕甘宁边区教育资料·政策部分·教育方针》(下册),教育科学出版社1980年版,第461页。

③ 《边区中等教育发展情况》,陕西师范大学教育研究所编:《陕甘宁边区教育资料·中等教育部分》(上册),教育科学出版社1981年版,第14页。

④ 《一年来边区的国防教育》,陕西师范大学教育研究所编:《陕甘宁边区教育资料·小学教育部分》(上册),教育科学出版社1981年版,第32页。

容,由以抗日为主转而以科学为主。"①1942 年,陕甘宁边区教育厅颁布《陕甘宁边区暂行中学规程草案》,确立新阶段中学教育以"提高民族觉悟,建立民主作风;充实文化知识,培植科学基础;增强生活知能,养成劳动习惯"②为教育原则,着重强调充实文化知识,培植科学基础的教育宗旨。教育原则的调整对学校教育的影响集中表现为追求教育的"正规化"。教育方针的转变,边区中小学传统文化教育也发生了相应的变化。

【小学传统文化教育的"正规化"】

1941 年 2 月,陕甘宁边区颁布《陕甘宁边区小学教育实施纲要》,明确边区小学教育应以"促进儿童的民族觉悟,养成儿童的民主作风,启发儿童的科学思想,发展儿童的审美观念,提高儿童的劳动兴趣,锻炼儿童的健壮体格,增进儿童生活所必要的知识,培养儿童为大众服务的精神"③为教育宗旨,与抗战初期的小学教育相比较,政治教育、科学知识教育、审美教育等被纳入了小学教育中。同时颁布的《陕甘宁边区小学规程》规定小学开设政治、国语、算术、自然、历史、地理、美术、音乐、劳作、体育、卫生等课程。相对于抗战初期小学只开设三四门与抗战教育密切相关的课程而言,小学课程体系也得到了进一步的完善。由此,小学传统文化教育呈现了正规化特征,其在教学中具体体现如下:

第一,(抗战初期,笔者注)新旧教员十之七八,小学毕业,文化水平不高,教学技能与我们理想的程度相差很远……但今年是比去年进步了,这表现在:分年级上课、私塾式的教学改正了,一般的每天上三四次课,每次时间尚不能一定(没有钟表),教学程序,先认生字(写在黑板上),然后朗读(全体一致),然后讲字义,有些学校教员只给大学生教,大学生给小学生教。二十九年夏,根据各县的报告,大部分学校都已经能这样进行教学了。

第二,彻底取缔了"古书"、体罚的现象。我们有一些小学校,曾经带着

---

① 陕西师范大学教育研究所编:《陕甘宁边区教育资料·政策部分·教育方针》(下册),教育科学出版社 1980 年版,第 462 页。

② 《陕甘宁边区暂行中学教程草案》,陕西师范大学教育研究所编:《陕甘宁边区教育资料·中等教育部分》(上册),教育科学出版社 1981 年版,第 18 页。

③ 《陕甘宁边区小学教育实施纲要》,陕西师范大学教育研究所编:《陕甘宁边区教育资料·小学教育部分》(上册),教育科学出版社 1981 年版,第 97 页。

浓厚的私塾味道,学生的书本中间,夹杂着《三字经》《百家姓》,教书多年的老先生以及一些学生家长常说:"对小孩子要有王法。"然而这些,在今天一般是成为过去的陈迹了。

第三,边区小学里学生集体自治的实行。学生都参加儿童团和少先队,学生参与社会活动,盘查放哨抓烟灯,帮忙土地调查,慰劳抗属等,校内儿童和校外儿童,联系一块游戏、上操、唱歌、做小先生等,这也是边区教育的本身能冲破边区社会沉闷的所在。[①]

【中学传统文化教育的"正规化"】

1940 年之后的边区中学为了体现教育的"正规化",参照国统区中学开设了公民知识、国文、外国语(英文或俄文)、历史、地理。数学、自然(动物、植物、物理、化学)、生理卫生、美术、音乐及军事训练(女生习军事看护),体育、劳作等课程。以上的课程设置与抗战初期边区中学的课程明显不同,而与国统区中学的课程却非常相似。不仅课程设置追求"正规化",而且教学内容也以"正规化"为标准,以致这一阶段边区中学传统文化教育出现了脱离根据地实践需要的倾向,以边区师范学校为例。

1940—1943 年,"边师科目共十六门,即:公民、国语、数学、历史、地理、生理卫生、动物、植物、物理、化学、音乐、体育、美术、教学法、教育原理、教育实施。这些课目的内容,有十二门完全是根据外间出版的课本编改的,有新内容的仅有公民、国语、历史、音乐等科。公民一门中有边区问题(包括历史、民主建设、文化建设等)统一战线、阶级、国家、政党、殖民地、帝国主义、三民主义与共产主义、辩证法、党的组织原则、民主集中制、社会发展史等。然大致只讲一些抽象的原则,与边区实际无联系,关于边区问题所谈到的更空洞不合实际。国语选文,如拿该校四、五、六班国文教材所选的四十九篇文章为例,则多偏重文艺文,应用文甚少,反映边区生活的一篇也没有。全部选文,没有贯串一种正确思想教育,连激发民族意识的也不多。就边师教学科目和教材内容说,和鲁师比较,是有很大不同,很多有关抗战科目不见了,换上了许多外间学校一般的科目,教材内容,几乎全部是用外面的课本作底本而编写的"[②]。不仅边区师范是这种情形,其他中

---

① 《三年来的小学教育》,陕西师范大学教育研究所编:《陕甘宁边区教育资料·小学教育部分》(上册),教育科学出版社 1981 年版,第 120—121 页。

② 《边区中等教育发展情况》,陕西师范大学教育研究所编:《陕甘宁边区教育资料·中等教育部分》(上册),教育科学出版社 1981 年版,第 42 页。

学亦是如此。如关中师范的师范班开设"国语、数学、历史、地理、自然、政治、教学法、心理学、教育概论、图画、音乐、军事、书法、新文字、补充课,教材内容除国语、历史、政治、军事、音乐、新文字有新内容,补充内容为党建、民运外,余均用外面课本编改"①。紧密结合根据地实践和抗战需要的教学内容减少了,但课程教材有许多学了不能用的东西,如"动物学讲袋鼠、鲸鱼,大西北的学生从来未见过,又无挂图、标本,怎样能懂?师范班讲代数,在学校中费了很大的力气去学,工作中又用不着,这不是教条八股吗?教材随着教员变更,缺乏系统,学习效果,事倍功半,中等学校课程标准颁布教材统一,实为急需"②。

中小学传统文化教育的正规化,如上所总结,使中小学传统文化教育,如国语教育、政治教育等都趋向规范化、科学化,符合教育规律的特征日渐明显,也纠正了之前边区传统文化教育随意、散乱、无序等问题。但正规化趋向也给边区中小学传统文化教育带来一定负面影响,突出的体现就是传统文化教育越来越脱离边区生产、生活和抗战需要与实际,脱离了当时边区特殊的自然、战争和社会环境,使这一时期达到"教育上的主观主义、命令主义、官僚主义、形式主义的顶点"③。

(三)与实践教育相结合的中小学传统文化教育(1944—1945)

边区中小学教育在上一阶段呈现了教条主义与旧型正规化的倾向,脱离了边区的实践教育需求,造成了边区教育的教条主义和形式主义问题。针对此问题,自1943年始,边区教育厅着手进行整风运动,并就今后边区中小学教育发展提出思路:"今天要想把我们的学校办好,这与我们的教育方针和教学内容,甚至教职员的待人接物、生活习惯等更加地方化和群众化是有极密切的关系的。只有尊重群众利益,尊重地方的生活习惯,和群众建立血肉不可分离的联系,办老百姓所需要的教育,学校才能吸收当地人民的营养,才能生长和壮大起来,这可以说是我们痛苦的经验教训。……今后学校应当在各方面注意到地方化和群

---

① 《边区中等教育发展情况》,陕西师范大学教育研究所编:《陕甘宁边区教育资料·中等教育部分》(上册),教育科学出版社1981年版,第42—44页。

② 《陇东中学简史》,陕西师范大学教育研究所编:《陕甘宁边区教育资料·中等教育部分》(上册),教育科学出版社1981年版,第65页。

③ 陕西师范大学教育研究所编:《陕甘宁边区教育资料·政策部分·教育方针》(下册),教育科学出版社1980年版,第461页。

众化,使学校从当地的土壤里生根。"①依据教育方针的调整,中小学传统文化教育表现出了与实践教育相结合的特征。

【小学传统文化教育的"实践化"】

1943 年 4 月,边区政府教育厅组织召开了吴堡小学教员会议,会上就确定了"训导学生重视生产"的教育方针,决定今后小学教育以发展生产为教学内容,以学以致用为教学原则。强调:"今后应一反过去单纯教育观点和主观主义作风,如劝导入学首先应估计学龄儿童家庭生活情况,在课程内容上除原课本以外,可补充有关生产实用知识,使课外活动和书本知识联系起来,训导学生重视劳动,帮助家庭生产等,使学生感到读书的好处,使家庭愿送子弟入学。同时为使小学校成为群众生产运动的推动者和组织者。……提倡小学附办识字班、读报组、给群众以生产的实用知识和政治常识,代群众写信写契约,露暴破坏分子谣言等,并提倡学校教员帮助领导学校附近村庄的生产委员会和变工队等组织。"②可见,教育与实践相结合被确立为了小学教育发展的方向。

自 1943 年下半年,小学教育与边区实践相结合的教育方针开始落实,各小学纷纷实施相应的教学改革,这既促进了小学教育的发展,也使小学传统文化教育发展了重要变化。以延安完小为例,自 1943 年始,延安完小针对之前传统文化教育与实践脱节所引发的一系列问题进行了具体改革:

1. 编写以边区为内容的教材。除采用教厅出版的新课本外,又自编以边区为内容的自然、地理的综合补充教材、边区革命历史;音乐着重教综合艺术的秧歌剧。

2. 教学方法由近而远。"从延市到延属分区、全中国、全世界,务使学生能够接受。其次就是从日常和婚丧大事上和他们取得联系。增加教习群众所喜欢并且能给群众服务的教材,如去年下半年所教过的记账、珠算、写信,今后都要加强,务使学生们学习后,真正能用。"③

---

① 《边区中等教育管见》,陕西师范大学教育研究所编:《陕甘宁边区教育资料·中等教育部分》(上册),教育科学出版社 1981 年版,第 17 页。

② 《吴堡小学教员会议确定教育方针,训导学生重视生产》,陕西师范大学教育研究所编:《陕甘宁边区教育资料·小学教育部分》(上册),教育科学出版社 1981 年版,第 133 页。

③ 《学校和实际密切结合,延市完小面貌一新》,陕西师范大学教育研究所编:《陕甘宁边区教育资料·小学教育部分》(上册),教育科学出版社 1981 年版,第 142 页。

3.教学与生产的结合。"学校曾根据学生的年龄、体力,分成三个生产小组,有木工组(十四岁以上的男生),纺纱组(主要是女生),农业牧畜组。首先,学习木工,学会修理桌椅,现在学生们都掌握了技术,多能自修家中用具,使学生家长们非常高兴。纺纱组已纺成甲等线七斤,乙等线十二斤,有些学生,并且还能帮助家庭里修纺车。农业牧畜组,学会了种菜喂鸡的方法。学生的生产时间自下午一时起,规定最长两小时(教学时间五小时)。……由于教学和生产结合了起来,群众对娃娃念书后不会生产的惧怕业已消除了。另一方面,又解决了因为要生产不能来校上学的学生的困难。"①

4.学校教育与政治、社会教育相结合。"今春拥军拥政爱民运动中,完小学生把拥军、拥政爱民的道理,给他们家长传说。此外学校又以生产、拥军、防奸为内容编成秧歌剧,到外去宣传,给了市民很大的教育。在这次政府号召市民注意防疫,学生又一个个回去给家里宣传,劝有病的人迅速看病,并动手大扫除,使政府的号召真正贯彻到群众中去。现在市民赞誉完小的话随处都能听到。赞美学生不仅通达道理、懂礼貌,而且识字、会算、会记账、会开条子,能看店做买卖,又极勤劳。"②

教育与实践相结合的落实,使小学的传统文化教育内容与特点有了很大改变。如延安完小,"该校去年上半年以前,由于教学方针脱离群众,教的是天下国家大事,少谈边区的事情,致使娃娃们都学说一套空话,学校所学的不能为群众服务。这也就使市民们感到娃娃念书几年,既不会算,又不能写,甚至有时连爸爸妈妈的名字也不会写。特别是小孩念书后,回到家里啥也不干,加上对学校认识不正确,因此有许多市民不愿送子弟入学。但去年下半年完小改变教学方针,听取了群众的意见,在正课之外,四年级以上学生添教记账法、写信、写路条、写契约、珠算,并且着重于习字。又把教学和生产相结合,群众对于学校这样大改革的栽培他们的子女,都高兴地说:'儿女念书学灵活了,又识字,又能生产,因之对学校表示爱护。加上去年他们的大进步,生活日益改善,不要政府的劝导,今年就自动送子弟入学了。'"③

---

① 《学校和实际密切结合,延市完小面貌一新》,陕西师范大学教育研究所编:《陕甘宁边区教育资料·小学教育部分》(上册),教育科学出版社1981年版,第142页。

② 《学校和实际密切结合,延市完小面貌一新》,陕西师范大学教育研究所编:《陕甘宁边区教育资料·小学教育部分》(上册),教育科学出版社1981年版,第143页。

③ 《学校和实际密切结合,延市完小面貌一新》,陕西师范大学教育研究所编:《陕甘宁边区教育资料·小学教育部分》(上册),教育科学出版社1981年版,第141页。

【中学传统文化教育的"实践化"】

1944 年,西北局宣传部及边区教育厅,在中央宣传部协助下,拟定边区各中学师范三年(六学期)的课程项目及各科主要内容,并分配专人编撰教科书。所设课程包括边区建设、政治常识、国文、史地、自然、生产知识和医药知识七科目。

这一阶段中小学课程调整,突出了几方面的改革:其一,课程与边区实际需求相结合。"边区建设""生产知识""医药知识"是以往从未有过,完全依照根据地实际需要设置的课程,目的就是培养学生服务边区人民的意识和技能。其二,课程数量大大减少。正规化阶段中学课程有十几门之多,而且很多课程严重脱离实际需求,调整后的中学课程三年只设置八门科目,与实际需要相脱节的课程几乎全部被取消。其三,课时少但集中。前三学期每周 19 课时,第四学期只18 课时,而第五和第六学期则只有 16 课时,相对于上一阶段减少了一半左右的课时量,学生的学习负担明显减轻了,而且课程安排相对集中,每学期课程虽然不多,但每门课程周学时都不少于 3 课时,能使学生在短时间内学习到应学习的课程内容,也符合特殊时期对教育的要求。

传统文化教育科目教学内容也充分体现抗战与建设的实际需要。边区建设课的教学内容主要涉及边区史地、边区政策、边区组织;政治常识课主要讲授边区经济、政治常识、抗战与三民主义常识、组织生活与工作方法常识;国文课则讲授日常工作中各种实用文字的正确读法和写法;史地课则着重讲授中国史和地理,历史尤其侧重讲五四以后的现代史,地理侧重讲以根据地战争与生产的需要为背景的经济政治地理;生产知识课侧重讲授农业知识;医学知识课则主要涉及边区急需的如接生、救急、防疫、兽医等实用医药知识和技术。[①]

在新教育方针的指导下,边区中小学教育得以日益改进,"一般都增加了农村迫切需要的教材,如珠算、应用文等。若干学校教学生植棉、防治病虫害等新的农业知识,并灌输学生劳动观点,鼓励学生帮助家庭生产,使教育服务于分散的农村经济"[②]。抗日根据地中小学教育经过不断地积极探索和改进后逐渐形成了自己的特色,这些特色也成为抗日根据地中小学传统文化教育的重要特征。

---

① 《西北局宣传部、边区教育厅拟定中等学校新课程》,陕西师范大学教育研究所编:《陕甘宁边区教育资料·中等教育部分》(上),教育科学出版社 1981 年版,第 101—103 页。

② 陕西师范大学教育研究所编:《陕甘宁边区教育资料·政策部分·教育方针》(下册),教育科学出版社 1980 年版,第 469 页。

二、抗日根据地的中小学国语教育

抗日根据地多建立于偏僻、落后的山区和农村,根据地中小学教育所面临的最急迫任务就是儿童识字,因而国文国语教育成为中小学教育的中心课程。根据地中小学国文国语教育在艰苦的条件下,基于特殊的抗战环境,教育内容服务于抗战需求,多从抗日救国和农村生产劳动的现实生活取材,教育形式则力求语句生动、活泼、通俗易懂,经过不断探索,逐渐形成了颇具特色的教育内容和形式。

抗日根据地中小学国文国语教材很多,使用最广泛、最具代表性的一是陕甘宁边区辛安亭主持编写出版的《初级国语课本》《高级国语课本》和《中等国文课本》,二是晋察冀边区教育处主持编写的《抗战时期国语课本》。其中陕甘宁边区的小学国语课本和中学国文课本于 1938 年开始编写出版,分别于 1938 年、1942 年、1944 年共编写、修订出版了三套中小学国文国语课本,是抗日根据地非常具有代表意义的中小学国文国语教材,下面就以此教材为考察中心,就抗日根据地中小学国文国语教育的特征进行分析总结。

(一)突出国语教育的政治教育功能

1. 教材内容注重宣传抗日。抗日根据地中小学依据"实行以抗日救国为目标的新制度、新课程"的教育政策,着重增加了抗日教育的教学内容。小学国语课本中,"关于猫儿狗儿的物话,也都装上抗日的内容"。即便是经过几次教育政策、教育方针和内容的调整,抗日教育的内容在中小学国文国语教育中也占有相当的比重。如 1945 年由辛安亭主持编写的第三套陕甘宁边区中小学国文国语课本(辛安亭在陕甘宁边区基于教育政策和教育方针的调整分别于 1938 年、1942 年和 1945 年主持编写了三套中小学国文国语课本)中,与抗日教育相关的课文占了相当的分量。从如下这套教材的《中等国文课本》第一、二两册课文目录可见一斑。

表6-2　陕甘宁边区《中等国文课本》第一、二两册课文目录①

第一册　目录	第二册　目录
刘志丹 ……………………… 孔厥(1)	遗嘱和遗书 ……………………… 孙文(1)
困难压不倒他 ……………………… (7)	新民主主义的宪政(上) ……… 毛泽东(8)
从穷人教育想到穷国教育 … 陶行知(15)	新民主主义的宪政(中) ……… 毛泽东(16)
识字 ……………………………… (19)	新民主主义的宪政(下) ……… 毛泽东(26)
我你他 …………………………… (34)	书法和字体 ……………………… (27)
接近群众 ………………………… (35)	几个断片 ………………………… 谢觉哉(42)
说服群众 ………………………… 生本(41)	"五四"以后 ……………………… 张浩(51)
外国记者与民兵的谈话 ………… (49)	群众领袖白桐木 ………………… (63)
记录 ……………………………… (59)	梧桐沟突围 ……………………… (74)
句读和语调 ……………………… (67)	语气 ……………………………… (82)
吴满有的秋庄稼 ………………… 莫艾(77)	陈丕秀下河南(上) …………… 胡果刚(91)
给高岗同志和林李主席的信…吴满有(85)	陈丕秀下河南(下) …………… 胡果刚(101)
两个小英雄 ……………………… (91)	国民党统治下的民生 …………… 康生(103)
书信 ……………………………… (99)	诗选 ……………………………… 白居易等(117)
说和写 …………………………… (109)	语助词 …………………………… (128)
减租会开美了 …………………… 郭鸿生(117)	安乐王子(上) ………………… 英·王尔德(140)
查路条(上) …………………… 马健翎(127)	安乐王子(下) ………………… 英·王尔德(148)
查路条(下) …………………… 马健翎(137)	动物的远游 ……………………… (155)
契据 ……………………………… (143)	生物的生殖 ……………………… (163)
表格 ……………………………… (150)	句的构造(一) ………………… (171)
我们的学习生活 ………………… 何玉岚(162)	丹娘 ……………………………… (178)
陇东通讯 ………… 陇东文教工作组(169)	苏联见闻 ………………………… 美·琼斯敦(187)
几页日记 ………………………… 立波(179)	重游北美的几点感想 …………… 陈衡哲(197)
日记 ……………………………… (187)	愤怒的葡萄 ……………………… 美·斯坦恩培克(206)
事物的特点 ……………………… (195)	句的构造(二) ………………… (214)
中国寓言 ………………………… (203)	大地山河 ………………………… 茅盾(222)
外国寓言 ………………………… (213)	三渡天险 ………………………… (229)
黑板报 …………………………… (221)	盐池一瞥 ………………………… 姜克夫(240)
新闻 ……………………………… (229)	清涧的贸易习俗 ………………… 洪彦霖(248)
六个什么 ………………………… (237)	对联 ……………………………… (256)

---

①　韩作黎、欧阳代娜:《延安教育研究》,文心出版社2003年版,第146—149页。

以上内容编排,一方面遵从了课程自身的规律性要求,体现了国文课程内容的科学性,选文既有记叙文、说明文,也有议论文、应用文;既有诗歌、小说,也有散文、寓言等;另一方面也突出了特殊时期对教育内容的政治性要求,课文中有很多抗日宣传的内容编排。

2. 教材内容注重进行党的宣传教育。增强党的凝聚力是抗日根据地的重要任务,因此根据地的中小学国文国语课程的教学内容中有很多党的宣传教育的内容,如辛安亭主持编写的陕甘宁边区《高小国语课本》中的课文《列宁在理发馆》《蜜蜂引路》《毛主席在戏院里》《兰湾改编》《朱德的扁担》《志丹陵歌》《好领袖》《好军队》等都是以宣传革命领袖为题材的课文,而课文《枣子的故事》《欢迎》《杨步浩送麦》《农民见工人》则注重宣传"军民鱼水情"的革命传统和作风。《农民见工人》的课文内容如下:

农民见工人

农民见工人,拉手笑吟吟,你已得解放,我也翻了身。你住在城市,我住在乡村,住虽不一处,根是一条根。要论力量大,农民人数多,要论力量强,工人老大哥。你造工业品,我种田和地,办起合作社,两头来联系。工人和农民,咱是同盟军,建设新社会,靠咱一条心。(辛安亭:《高小国语课本》第一册,华北书店1943年版)

3. 抵制资产阶级教育内容。为了宣传抗日,增强党的凝聚力和党对抗日的领导作用,抵制国统区资产阶级的教育内容在抗日根据地中小学教育中体现也很突出。如1938年辛安亭编写的《初小国语课本》中曾经收录了如下一篇课文:

麻雀偷米

一个雀儿来偷米,偷了一斗一升一合米。的儿的儿向南飞,飞去又飞回。十个雀儿来偷米,偷了一石一斗一升米。的儿的儿向南飞,飞去又飞回。(辛安亭:《初小国语课本》第一册,华北书店1943年版)

课文以优美、生动的语言表现了麻雀偷米的自然现象,词句简洁、流畅,适合儿童心理和兴趣。但在1942年再次修订的版本中,这一课文被取消了,原因主要是因为编者辛安亭先生认为这一课文语言虽然很美,但立意有问题,思想感情不对头的,不符合工农群众的要求,"小孩子看着麻雀偷米还高兴地欣赏,那一定是不知生产艰辛的地主家的子弟"。如辛安亭先生所讲,起初从儿童国语教学的角度认为类似的课文非常适合儿童阅读的课文,以儿童喜闻乐见的动物为题材,描写生动,生字、句式多重复,适合儿童心理和学习特点。但立意的角度和立场还是出了问题,不是站在劳动人民的立场而是从上层社会的"洋学生"角度编写的课文内容。① 正是从抵制资产阶级教育内容出发,这样的课文在修订过程中都被一一取消了。

（二）突出国语教育的德育功能

根据地中小学教育方针强调政治教育与道德品质教育相结合,依据此教育方针,中小学国文国语课程德育内容非常突出。主要表现为以下几个方面:

1.注重培养儿童热爱劳动品德的内容编排。热爱劳动是劳动人民的美德,根据地中小学非常注重培养学生热爱劳动的品德,劳动教育内容是各根据地中小学国文国语课程的重要内容。"根据一九四六年出版的初小六本国语课本的统计,共二百四十三课,其中从各方面进行劳动教育的就有七十课,占总课数的百分之三十。"②在辛安亭编写的中小学国文国语课本中就包含了大量劳动教育的课文。下面节录《初小国语课本》第一册中的两篇这方面内容的小课文:

人有两只手

左手和右手,两个好朋友;不论吃和穿,动手样样有。（辛安亭:《初小国语课本》第一册,华北书店 1943 年版）

手的用途

我的手,会扫地,爸爸的手会种地,姐姐的手会洗衣,妈妈的手会缝衣。（辛安亭:《初小国语课本》第一册,华北书店 1943 年版）

这两篇小课文以儿童熟悉的儿歌形式,生动活泼的儿童语言让学生懂得了人的双手能够劳动,劳动能够创造财富的道理。教材中类似这样劳动教育内容的课文还有很多,如鼓励儿童从自己日常生活的事做起,从小养成劳动习惯的课文:

好娃娃

好娃娃,早早起,自己打水把脸洗,好娃娃,早早睡,自己铺毡又铺被。（辛安亭:《初小国语课本》第一册,华北书店 1943 年版）

---

① 辛安亭:《教材编写琐忆》,陕西人民出版社 1981 年版,第 6 页。
② 辛安亭:《教材编写琐忆》,陕西人民出版社 1981 年版,第 22 页。

描写儿童劳动的场面,培养儿童热爱劳动的思想的课文:

小英雄

李有娃,眼儿明,少说话,和大人,你叫他,年纪小,手儿快,多做事,比一比,小英雄,去摘棉花不弯腰。过来过去真轻巧。半天摘了一大包。有娃不比大人少。有娃听了低头笑。(辛安亭:《初小国语课本》第二册,华北书店1943年版)

此外,还有批判好逸恶劳的剥削者和旧习气的课文:"猪儿没有手,狗儿没有手,有手不动手,好比猪和狗。"有意思的是在这篇课文的文字旁边还配有一幅小插图,插图上画了一个肥头肥脑、戴着瓜皮小帽、伸着双手的家伙。相信读了这篇课文、看了这幅插图的农村儿童,一下就会领会这是描写农村白吃不做的地主少爷的样子。还有一篇类似的课文:"二流子,不动弹,不劳动,不生产。人穿好,他穿烂。人家吃,他在看。"这类课文从反面教育儿童懂得好逸恶劳是不好的品德,而热爱劳动则是从小就应该养成的优秀品质。

此外,由浅入深,对儿童进行生产知识教育也是根据地中小学国文国语课程劳动教育的重要内容。辛安亭编写的《初小国语课本》就包含了很多涉及农业生产知识教育的内容。低年级教材有很多课文教儿童认识农村生活、生产中常见的动物、农作物、农具,如第一、二册中很多课文是描写牛、羊、马、驴、公鸡、母鸡、小燕子等动物,麦子、棉花、糜子、谷子、豆子等农作物及铁锨、犁头等农具。随着儿童年龄的增长和知识的积累,中年级的教材则向学生介绍季节与农业生产和农作物的关系。《高小国语课本》则着重教授学生农业生产科学技术方面的知识。如《上粪有讲究》《棉花打杈》等课文,直接向学生传授农业生产的技术知识。

2. 注重团结友爱、互相帮助品德教育内容的编排。为了培养儿童团结友爱、互相帮助的品德,根据地中小学国文国语教材中编排了很多这一题材的课文。如下面的两篇课文:

姐姐会做鞋,弟弟不会做鞋,姐姐帮弟弟做鞋。弟弟会念书,姐姐不会念书,弟弟教姐姐念书。(辛安亭:《初小国语课本》第一册,华北书店1943年版)

大同学,像哥哥,念书识字比我多,请你多多帮助我。小同学,像弟弟,放学回家我等你,路上跌倒我拉你。(辛安亭:《初小国语课本》第一册,华北书店1943年版)

这两篇课文都是讲兄弟、姐妹和同学之间应互相友爱,互相帮助的精神。

3. 注重礼貌教育内容的编排。礼貌教育是培养儿童优良品德不可缺少的一环,根据地中小学国语课程中这方面的内容很多,如下面的课文:

客来找爸爸,爸爸不在家。我请客人炕上坐,点火拿烟又倒茶。我说客人等一等,我的爸爸就回家。(辛安亭:《初小国语课本》第一册,华北书店1943年版)

类似的课文大多结合边区儿童生活中熟悉的事及场景,生动形象地讲授了儿童生活中应该懂得的礼貌、礼仪规则,学生很容易对学习内容产生兴趣,而且这些内容对于学生来讲易学、易记、易做,很好地对学生进行了礼貌教育。

（三）突出国语教育内容的科学化

1944年,边区政府关于改善教育工作的文件中明确指出:"(边区)教育内容,以文化教育为主。"由此,中小学传统文化教育的各科内容中,在注重政治教育、德育内容的同时,也非常注重科学文化知识内容的编排。体现为:

1. 中小学国文国语课本,除根据语文课的特点,涉及识字、阅读、写作的内容外,同时也编排了许多普及社会常识和自然科学知识的课文。如辛安亭编写的《初小国语课本》第二册,全册40篇课文中,有28篇是关于科学知识教育的课文,其中有关家庭、学校生活常识的7篇,普及卫生知识的7篇,动植物知识的6篇,生产劳动知识的5篇,度量衡和气候知识的3篇,可以说比较广泛地向学生传播和普及了科学文化知识。节录如下两篇具有代表性的课文:

大黄牛

两只弯弯角,一个大尖头,谁要喂好我,吃穿不用愁,你猜我是谁,我是大黄牛。(辛安亭:《初小国语课本》第二册,华北书店1943年版)

春夏秋冬

春季里,暖风来,麦苗青青桃花开。夏季里,热又热,家家忙着收小麦。秋季里,西风凉,谷子糜子遍地黄。冬季里,冷风吹,河水结冰雪花飞。(辛安亭:《初小国语课本》第二册,华北书店1943年版)

2. 提倡科学技术,提倡发明创造。1945年辛安亭编写的《高小国语课本》就编排了很多篇这方面内容的课文,如《两个铁球同时着了地》《在火车刚发明的时候》《赖特兄弟》《发明轮船的故事》《苏联园艺家米丘林》《电子巨子爱迪生》等,很有效地向学生传播了科学技术知识。

（四）贴近儿童生活

1. 吸纳反映学生生活、学习场景和内容的素材。根据地的中小学国文国语教材在编写过程中，最初基于突出政治教育内容的要求和目的。《初小国语课本》《高小国语课本》及《中等国文课本》内容上多注重宣传党的路线、方针、政策，而"对边区的生产实际、生活实际，对儿童特点和科学知识却有所忽视"。①但之后随着中小学教育指导方针和内容要求的不断调整，编写者开始注重教学内容的实践化，即注重教学内容贴近儿童生活，在教材修订过程中，编写者开始经常深入到学生的生活和学习实践中，经常去学校听课、和学生谈话、翻阅学生作业、了解儿童的生活，由此，大量反映学生生活、学习场景和内容的素材被纳入了新修订的教材内容中，使教学内容更加贴近学生生活。如以下《打斑蝥》的课文：

打斑蝥

嘻嘻嘻，哈哈哈，排好队，就出发。有的拿上烂鞋底，有的带上刺条把。边走路，边看花，边唱歌，边说话。斑蝥吃咱好洋芋，就在地里打死它。人多手多打得快，帮了你家帮我家。（辛安亭：《初小国语课本》第三册，华北书店 1943 年版）

编者将学生李有娃参加摘棉花劳动和班级参加打斑蝥劳动的情况作为素材编写而成的课文，教材中像这样的课文还有很多。这些课文由于以儿童真实的实际生活为素材，因而学生们读起来倍感亲切，大大提高了学生的学习兴趣，增强了学习效果。

2. 内容编排循序渐进。根据地的中小学国文国语课本教学内容的组织形式经过不断探索也颇具特色，突出体现为内容编排循序渐进。如辛安亭编写的六册《初小国语课本》，第一、二册重点内容为教学生识字，因而课文形式多简短且为韵文，有些课文还配有插图，既便于儿童背诵，也有利于提高儿童识字的兴趣和能力。自第三册始，因为学生具备了一定的阅读能力，因而课文形式上长句增多，故事性课文篇幅也渐长，目的在于提高学生的阅读和写作能力。这种教学内容的编排形式非常适合儿童的语文学习特点，也有利于提高教学效果。

---

① 辛安亭：《教材编写琐忆》，陕西人民出版社 1981 年版，第 33 页。

三、抗日根据地的中小学德育

抗战爆发后,新民主主义政权主导建立的抗日民主根据地,基于新政权的性质、抗战特殊环境需求及中小学抗战教育方针的影响,根据地的中小学教育在突出国文国语教育的同时,对德育也极其重视,其中小学德育也呈现了鲜明特色。

(一)政治教育成为中小学德育课程的主角

抗战之初,陕甘宁边区根据地就发布通告,将中小学教育的重心定位于政治和抗战教育,1938 年 8 月 15 日颁布修正的《陕甘宁边区小学法》所制定的根据地中小学政治教育方针更加明确:"提高青年民族意识巩固中华民族的大团结,坚定青年'抗战必胜,建国必成'的信心,并发扬青年为民族解放斗争的英勇精神;以抗战的政治、军事及基本科学知识武装青年的头脑,给予青年以抗战建国必须的知识技能;战时军事教育、军事生活的锻炼也是不可少的武器,每个青年应获取这武器,准备随时参加作战,捍卫国土,收复失地。再次,基本科学知识是日常生活中必须的工具。尤其抗战建国需要各式各样的专门技术人材,这些人材是需要在中学时代加以基本的训练;在学习活动中给予青年适当的指导,使得青年的品行、智力、体格得到健全的发展。边中所提到的品性,绝不是一般的道德教育——玩忽了政治、隐蔽了真理的道德教育——他们所要求的品性是:坚强的民族意识、集团精神、牺牲、勇敢、互助、团结、热忱、坦白、自动……而且这些良好品性都是在行为中表现出来,一反以往只拣取书本上口头上训练的道德教育。坚强的民族意识是表现在直接间接的抗战行动上;集团精神是表现在集团生活上;牺牲、勇敢是表现在舍小我利益为民族利益而奋斗上;团结互助是表现在全民族团结互助友爱上。再,在中学时代的青年,身心思想,正在发育时期,他们一方面注意平日有适当的劳动,使体格健壮,身心健全。另一方面在平日学习中多给思考的余地,使思想清楚灵活,增强理解能力;在生活中发扬青年的独立性、创造性、积极性、自动性,培养独立工作,找寻方法解决困难,领导群众的抗战建国的青年干部。独立创造性是要青年把握住正确的方向,独当一面去工作,不依附人家,在独当一面工作中发扬自己的才能。积极自动性是要青年把握住坚定的工作信心,在任何困难下不退缩不消极,在困难工作中寻求方法解决困难,不处于被动地位。"①可见,政治和抗战教育成为根据地中小学德育教育方针的重心。

根据政治教育的方针,根据地的中小学都专设了政治课程作为德育的中心课程。

初级小学设常识课,常识课由政治、自然、历史、地理、卫生几个科目综合而成。高级小学则开设政治常识或公民课、时事课,政治常识课教学内容主要涉及边区建设情况、中国政治状况、国际常识等。公民课则旨在对学生进行公民道德,内容主要涉及新社会公民品德教育,如爱国主义、革命英雄主义、为人民服务等方面内容。老向编写的根据地小学德育教材《抗日三字经》,就着重以爱国主义教育为主要内容:"……我民族,救危亡,众壮丁,齐武装。联壮会,自卫团,训练紧,组织坚。助军队,保地方,修道路,守桥梁。蠢汉奸,难掩藏,敌侦探,要提防。我政府,贤且能,惩败将,赏英忠……""……念八省,锦江山,尺寸土,必保全。五千载,文化传,考世系,史书全。国土保,子孙延,彼倭寇,掳三岛。寡信义,多诈巧,欺我国,压世界。国际法,都毁灭,和平约,统撕裂……"②

中学政治课程的内容主要讲授抗日战争形势、抗日统一战线政策、阶级、国家、政党等政治和抗战教育内容。如陕甘宁边区师范学校,从 1940 年下半年至 1942 年上半年,学校共开设公民、国语、数学、历史、地理、生理卫生、动物、植物、物理、化学、音乐、体育、美术、教学法、教育原理、教育实施十六门课程,其中德育课程"公民"课教学内容主要为政治教育,涉及"边区问题(包括历史、民主建设、文化建设等)、统一战线、阶级、国家、政党、殖民地、帝国主义、三民主义与共产主义、辩证法、党的组织原则、民主集中制、社会发展史等"。③ 边区中学则开设国语、数学、政治、自然、军事、历史、地理、新文字、美术、音乐、体育十一门课程,其中承担德育职责的政治课教学内容包括抗日民族统一战线、新的革命道德观与人生观、一般的政治常识(阶级、国家、政党)、社会科学(社会发展史及方法论)、党建、三民主义等内容。就是历史、地理课也多侧重与抗战密切相关的政治内容教学:"历史课前一年半教本国史,后半年教外国史,中外史都侧重在近

① 吕良:《"边区中学"的教育方针和学习方法》,陕西师范大学教育研究所编:《陕甘宁边区教育资料·中等教育部分》(上册),教育科学出版社 1981 年版,第 1—2 页。

② 老向:《抗日三字经》,三户图书社 1938 年版,第 17—19 页。

③ 《边区中等教育情况》,陕西师范大学教育研究所编:《陕甘宁边区教育资料·中等教育部分》(上册),教育科学出版社 1981 年版,第 42 页。

代史(占篇幅四分之三)。本国史尤以鸦片战争至抗日战争为主要内容。地理课前一年半教本国地理,后半年教外国地理。中国地理侧重国防要塞、交通地势、重要物产、战区失地的研究。"①

即便是抗日战争胜利后,根据地中学的政治课同样备受重视,是中学的重要课程。1946 年 8 月 20 日,陕甘宁边区专门就中学政治课的教学内容在《边区中等教育资料》刊物上发表《政治课应当讲些什么》一文,文中不仅明确规定了中学政治课的教学内容、方法的基本要求:"一、在内容上:主要的应当讲当前的政治情况,如边区概况,中国概况,世界概况,民主纲领,三民主义,共产主义运动等。二、在方法上:应着重分析和比较,如共产党政策与国民党政策之比较,英美政策与苏联政策之比较,共产主义常识与某些反共理论之分析。三、在要求上:目的在于引导学生认识真理,纠正错误,培养为人民服务的观点。"②而且非常详尽地规定了各学期以边区社会、政治、经济和文化建设为主题的教学内容:"第一学期:1. 革命前社会状况;2. 西北人民为建立边区奋斗之经过(附带讲刘志丹、谢子长同志奋斗之简史);3. 现状介绍:包括面积、人口、区分、富源及民主建设、民主改善情形(具体政策留待以后讲);4. 边区在建设新中国之地位及当前之任务。第二学期:1. 解放区、国民党统治区不同的情况介绍;2. 各党派及其政治主张:着重国共两党。如两党的阶级基础、政策比较、社会影响等;3. 第二次世界大战后之世界新形势。第三学期:1. 全国民主力量之发展,包括共产党力量之强大,大后方民主运动,国际民主力量之援助等;2. 国共会谈与政协会之召集;3. 纲领主要内容介绍;4. 国民党反民主反人民的具体表现。第四学期:1. 边宪基本内容;2. 三三制;3. 土地政策与减租减息;4. 发展生产;5. 文教政策;6. 防奸自卫等。第五学期:1. 中国的历史特点;2. 中国革命是世界革命的一部分;3. 新民主主义的政治、经济、文化;4. 新三民主义与旧三民主义;5. 新三民主义与新民主主义。第六学期:1. 苏联是一个什么国家,和在世界革命中之作用;2. 英美是一种什么国家,和它的发展前途;3. 新民主主义诸国家;4. 殖民地的革命运动。"③

---

① 《边区中学的历史叙述》,陕西师范大学教育研究所编:《陕甘宁边区教育资料·中等教育部分》(上册),教育科学出版社 1981 年版,第 71—72 页。

② 陕西师范大学教育研究所编:《陕甘宁边区教育资料·中等教育部分》(下册),教育科学出版社 1981 年版,第 264 页。

③ 陕西师范大学教育研究所编:《陕甘宁边区教育资料·中等教育部分》(下册),教育科学出版社 1981 年版,第 265 页。

综上所述,政治教育始终是陕甘宁边区中小学德育的重要内容,而政治教育又始终以边区建设和抗战教育为重心。

(二)实践教学是中小学德育的主要教育形式

根据地的中小学德育的教育形式基于当时特殊的战时环境与条件也颇具特色。小学阶段,初级小学的德育教育主要通过讲故事的形式实施,讲一些浅显、生动,明确体现好公民、好孩子、好学生的道德标准的典型故事启发小学生形成好的道德观念和道德行为。中级小学的德育则逐步与社会生活、家庭生活、学校生活相联系,教师讲述学生熟悉的社会、家庭和学校生活故事,学生发言讨论,发扬教育教学民主的精神,生动的教学形式调动了学生的学习积极性。高级小学的德育则结合抗战形势"讲一讲国家大事,比如国共关系、抗战形势,再讲讲世界大事,苏联、美国和我们打日本的关系,说明这些问题都直接影响着边区人民的生活"。总之,根据地的小学德育通过不断地探索,逐步完善了教育形式,力求生动、活泼,符合儿童的学习特点和兴趣,避免单纯的政治说教。

中学阶段,德育教育内容逐步系统、深入,为了提高中学德育课的教学效果,实践教学的形式也被广泛使用。如1947年3月,陕甘宁边区行知中学向边区教育部门所提交的《吊儿沟政治国文教学计划进行情况报告》中提到的行知中学政治、国文课教学方法,就充分体现了中学德育注重实践教学的特征:"活动与学习方法:(一)社会调查(个人或分组分村进行调查、搜集和记录材料,配合进行时事读报工作);(二)请老农开拉话会(教员同学均参加,每人作记录);(三)座谈会(每人讲自己知道的事实);(四)讨论会把记录出的材料加以分析、综合、研究、讨论,教员起指导作用;(五)课程用书:政治提出必要参考书,使了解全面,国文依据活动情况及语文教学的要求,指导精读和参考的文章、课程的讲法,不能像从前那样课堂注入,也不能凭主观讲一套,因为书和文章的用处是帮助解决活动中的问题,同时启发诱导向前进行,纠正某些缺点和不正确的地方;(六)单元总结,这一单元活动完结,政治、国文分别总结,先由同学讨论作出,教员补充修正;(七)组织领导,全部活动学习由班分会分别领导进行,教员须参加领导,而教员还必须是集体的具体的领导;(八)考核、随时看记录、日记及参加活动的情形,随时予以纠正、启发、引导。总结时,他们的日记、记录、总结报告、整理出的文章、参加活动情况,对问题的看法和深度,都是最具体最公正的考核材料,比用过去的考试方法好。"①

　　根据地的中小学德育以政治教育为主,教学内容却也丰富多彩,涉及新公民品德教育及抗日战争形势、抗日统一战线政策、阶级、国家、政党等内容。教育的方式突出实践性特征,是具体生动、灵活多样的。除课堂教学之外,更多的是注重在课外各项社会实践中对学生进行德育感染、熏陶、锻炼。根据地中小学德育实践证明,在当时特殊的教育环境下,其教育内容和教育形式是基本正确的,虽然在德育教育过程中也曾出现了一定的问题,如过于强调和注重政治教育的内容,以致一度忽视了文化教育,但根据地德育教育还是在不断探索中取得了显著成就。

　　抗战后,中国共产党领导的人民革命政权建立了抗日民主革命根据地,经过长期的探索、发展,抗日根据地的中小学传统文化教育独具特色,主要表现为教育性和实践性,政治性和思想性的统一。

　　综上所述,抗日根据地的中小学传统文化教育首先表现出教育性与实践性相统一的特征。如当时的中小学国语课,其内容与国统区的中小学国语课程有重要的区别,教育形式生动活泼,符合儿童实际;内容编排由易到难,由简到繁,由浅入深,由近及远,由具体到抽象,由已知到未知等儿童认识事物的一般规律;内容与根据地抗日和生产、生活实践紧密联系,突出抗日教育和生产劳动、生活等实践教育。教材内容适应战争环境,强调"精简集中"即内容少而精且突出重点。另一特征就是政治性与思想性相统一。基于抗战的需要,抗日根据地的中小学教育在集中力量学好最必要的生产、生活实践的基本知识的同时,为了配合战争形势的发展,中小学传统文化教育也将传播革命真理,激发中小学民族、爱国意识和人民革命的情怀放在重要地位,因此,中小学传统文化教育内容,如中小学国语课程的教学内容具有鲜明的政治性和思想性,把语言文字和思想内容统一起来。这种为服务抗战救国的中小学传统文化教育在当时很好地发挥了服务革命形势需要的积极作用。但教学形式和内容过于政治化的倾向,也使根据地的中小学传统文化教育难免失之单调、僵化和机械,同时忽视了传统文化教育基础知识的学习,这为后来乃至当今中小学传统文化教育的发展明确了改革方向。

---

　　①　行知中学:《吊儿沟政治国文教学计划进行情况报告》,陕西师范大学教育研究所编:《陕甘宁边区教育资料·中等教育部分》(上册),教育科学出版社1981年版,第259页。

第七章　近代中小学传统文化教育的
历史反思及当代价值

　　前文梳理了近代中小学传统文化教育发展的整个历史过程。在这一历史过程中，中小学传统文化教育可谓内容丰富多彩，修身教育、公民教育、读经讲经、国文国语等都曾出现在近代中小学国语教育的舞台上。教育宗旨日趋完善，奉行教学生做人，一做有健全人格的人，二做有社会生存能力的人。做有健全人格的人意味着教育学生不仅有良好的个人道德修养，懂得礼、义、廉、耻、仁、爱、忠、孝，而且有良好的公民道德修养，爱家庭、爱学校、爱社会、爱国家以及爱人类。做有社会生存能力的人意味着教育学生有适应和处理各种社会关系的能力，作为家庭成员，懂得家庭伦理规范，具有处理家庭关系的能力；作为社会公民，懂得社会行为规范，具有处理社会关系的能力；作为国家公民，懂得国家公民必需的公民知识和行为规范。教育形式奉行"以儿童为中心"，教学内容的编排、教学形式的选择都注重依据儿童心理、生理及年龄特点，适应儿童的需要，以儿童的方式实施教育。可见，近代中小学传统文化教育在曲折、漫长的发展过程中，遵循中小学传统文化教育适应社会和儿童的改革方向，在诸多方面都取得了显著成就。但从传统文化传承的视角审视近代中小学传统文化教育，传统修身教育、读经讲经的传统等逐渐被边缘化仍是不争的事实。反思近代中小学传统文化教育，并在此基础上探究当今的实施是研究近代中小学传统文化教育的意义所在。

　　如果从课程的视角审视近代中小学传统文化教育的变革，德育、读经讲经及国语课程作为中小学传统文化教育的核心课程，应是最能体现近代中小学传统文化教育变革特征与实质的课程。下面就以这三方面课程为考察中心，就近代中小学传统文化教育的价值进行总结。

一、近代中小学德育的反思

（一）中小学德育变革的历史展现

中国传统社会是以封建小农经济、宗法家族本位、中央专制集权为基本特征的社会形态。儒家伦理道德理论体系正是在传统社会形态基础上及基于传统社会形态的稳定需求而建构起来的，儒家道德经典也进而构成了传统道德教育的核心内容。但道德教育总是内在地受制于其背后的文化异动与价值变迁。自晚清伊始，在西方文化的冲击下，伴随着中国传统社会形态的近代化历史变迁，传统道德教育也受到了前所未有的撼动，历经晚清、民国初期、五四新文化运动时期及南京国民政府时期，传统道德教育经历了从修身教育到公民道德教育、公民教育、国民道德教育几个教育形态的变革，每一次的变革都有其深层次的文化动因，每一种变革的形态都对当今中小学德育的开展提供了历史借鉴。

【晚清以传统儒家道德为核心的修身教育】

传统儒家道德原则为修身教育的宗旨。清末"新政"，清政府为了加强新式学堂的道德教育，1902 年，在中小学堂正式设置修身科，至 1911 年间，清政府虽屡次修改教育宗旨，但传统儒家的礼、义、廉、耻、仁、爱、忠、孝等道德伦理原则始终是修身教育的根本宗旨。1903 年清政府颁布的《奏定初等小学堂章程》和《奏定高等小学堂章程》中就规定小学修身科以学习和效法"古人之嘉言懿行"，着重培养儿童诸如"平情公道""不可但存私吝""爱众亲仁""恕以及物""爱同类""爱国家"等德性为教育宗旨。① 中学则更强调修身教育旨在坚定学生"敦尚伦常之心"，从而以"一身与家族朋类国家世界之关系，务须勉以实践躬行"，②即以儒家的"修身、齐家、治国、平天下"为宗旨培养学生。

修身教育内容更以传统儒家道德为主。依照小学堂章程规定，小学修科主要讲授以诸如《小学》及"有益风化之极短古诗歌"为主的儒家经典，读经讲经科

---

① 《奏定初等小学堂章程》，舒新城编：《中国近代教育史资料》（中册），人民教育出版社 1961 年版，第 419 页。

② 《奏定中学堂章程》，舒新城编：《中国近代教育史资料》（中册），人民教育出版社 1961 年版，第 507 页。

则讲授《孝经》、四书、《礼记》中的相关内容。① 中学修身科则以儒家德育教材，如陈宏谋的《养正遗规》《训俗遗规》《教女遗规》《从政遗规》和《在官法戒录》为教学内容，读经讲经科主要讲读《春秋左传》和《周礼》等儒家道德经典。②

除修身、读经讲经德育课程外，清末中小学堂的历史、国文、音乐等课程中也渗透着德育内容，如历史课"陈述本朝列圣之善政德泽，暨中国百年以内之大事；次则讲威信忠良贤哲之事迹，……凡教历史者，注意在发明事实之关系，辨文化之由来，使得省悟强弱兴亡之故，以振发国民之志气"。③

【民初以公民道德培养为核心的修身教育】

公民道德培养为德育宗旨。民初，随着政治体制的变革，教育领域也发生了根本性的革新，道德教育虽然依旧称为修身教育，但教育宗旨和内容已由传统儒家道德转而以培养"自立、爱人、爱国、爱社会"的公民性道德为核心。

1912 年 9 月，中华民国临时政府颁布《小学校令》和《中学校令》，规定"小学教育以留意儿童身心之发育，培养国民道德之基础"，④而中学教育则更是以塑造"健全国民"为宗旨，"旨在养成道德上之思想情操，……完具国民之品格"。⑤

公民道德也成为民初学校修身课程的主要内容。在小学，围绕"国民""国家""社会"设置培养学生具有孝悌、亲爱、信实、义勇、恭敬、勤俭、清洁等诸方面品德的相关课程内容，以激发学生的进取心，养成其对社会、国家的责任感，养成爱人、爱国家、爱社会的精神。特别是高等小学校，在初等小学校"道德之要旨"的基础上适时增加了"民国法制大意"的内容，⑥对学生进行民主法治教育，更体现了培养近代国民的目的和特点。中学的德育，国民性道德培养的内容更深入、

---

① 《奏定初等小学堂章程》，舒新城编：《中国近代教育史资料》（中册），人民教育出版社 1961 年版，第 420 页。

② 《奏定中学堂章程》，舒新城编：《中国近代教育史资料》（中册），人民教育出版社 1961 年版，第 507 页。

③ 《奏定中学堂章程》，舒新城编：《中国近代教育史资料》（中册），人民教育出版社 1961 年版，第 509—510 页。

④ 《教育部公布小学校令》，舒新城编：《中国近代教育史资料》（中册），人民教育出版社 1961 年版，第 507 页。

⑤ 《教育部公布中学校令施行规则》，舒新城编：《中国近代教育史资料》（中册），人民教育出版社 1961 年版，第 527 页。

⑥ 《教育部订定小学校教则及课程表》，舒新城编：《中国近代教育史资料》（中册），人民教育出版社 1961 年版，第 462 页。

突出。其一,培养学生自主、自立,教授其"持躬处世和待人之道";其二,培养其对国家、社会的责任感,授以"对国家之责务和对社会之责务";其三,培养其对生命、生活的热爱,授以"对家庭及自己之责务和对人类及万有之责务";其四增强其道德意识,授以"伦理学大要和本国道德之特色"。①

民初公民道德培养从内容和形式上虽仍带有传统德育的特征,但从根本上可以说是传统德育近代化转型的重要标志。

【五四新文化运动时期以公民教育为核心的德育】

公民教育为德育教育宗旨。修身教育是封建专制社会产生的道德教育范畴,随着民主共和观念的不断深入,修身教育理念和原则的局限性在德育实践中越来越凸显出来,进而具有资产阶级民主教育特征的公民教育观开始盛行。五四新文化运动时期,有教育思想家曾就修身教育与公民教育的理念差异进行了总结,认为修身教育仅限于个人的道德修养,目的是使个人适合于社会的要求,公民教育则注重改良社会以适合于个人的发展;修身教育只专注于道德养成,但缺乏法律意识的培养。公民教育则尤其注重培养公民的法治精神,以适应公民社会的需要;修身教育旨在以道德规则消极约束人,公民教育则更注重以图谋团体幸福的目标积极的培养人。② 这可说是以"公民""社会""人生哲学"为内容的公民教育取代修身教育的思想基础。

1923年6月,教育部颁布《小学新学制课程标准纲要》,明确规定了小学应以了解包括家庭、学校、组织、国家、国际在内的社会关系为出发点,启发学生的社会常识和思想,"养成适于现代生活(如热心、从公等)的习惯"为公民道德教育宗旨,③将公民教育理念具体化为了学校德育宗旨。这一德育宗旨不仅不同于以往修身科注重个人道德修养的宗旨,也有别于民初专注于公民性道德培养的宗旨,更加注重对儿童社会认知及世界观的培养。同时颁布的《初级中学公民学课程纲要》,更是强调让学生了解人类社会的生活、宪政的精神、法律的常识、经济学原理及国际的关系,从而养成学生公民道德的公民德育宗旨。④ 这一

① 《教育部公布中学校令施行规则》,舒新城编:《中国近代教育史资料》(中册),人民教育出版社1961年版,第535页。

② 《中华教育改进社第一次年会报告公民教育组会议记录》,《新教育》1922年第5卷第3期。

③ 盛郎西:《小学课程沿革》,福建教育出版社2010年版,第8页。

④ 《初级中学公民课程纲要》,课程教材研究所编:《20世纪中国中小学课程标准·教学大纲汇编:思想政治卷》,人民教育出版社2001年版,第137页。

德育宗旨更加专注于对学生社会道德的培养,以使学生了解社会常识,服务社会、参与解决社会问题等为德育准则。以上内容的规定远远超出了传统修身教育的范畴。

公民教育也具体化为了德育课程的主要内容。1923年,民国政府颁布了《新学制课程纲要总说明》,该纲要明确中小学校课程均设置社会科(卫生、公民、历史、地理合并为社会科),①而高级中学在颁布的《高级中学课程总纲》中规定设置人生哲学和社会问题课程,且对人生哲学课程的原则作了"不宜过于抽象。且对于人生之各种重要理论,不宜偏颇,使兼有理智的与艺术的精神。其方法注重修养,不尚谆训"②的进一步规定。很明显,以上中小学德育课程已涉及或包含个体在社会中作为公民所必需的权利、义务和各种社会知识等内容,表明民国中小学德育从课程内容方面已基本转型为西方近代的公民教育。

【南京国民政府时期以国民道德教育为核心的德育】

南京国民政府时期,强化政治和思想的统一与控制,政府对学校德育尤为重视,国民道德教育成为学校德育的主要内容和主导形式。

国民道德教育为德育教育宗旨。国民政府最初确定的学校德育课程为党义课,1931年2月,国民政府中央训练部党义课程编订委员会制定了小学党义课的教育宗旨,强调小学的党义课旨在使学生初步了解国民革命、帝国主义者侵略中国的历史,了解三民主义、地方自治的基本宗旨。③ 之后,公民训练课取代党义课,1933年2月,教育部又颁布了《公民训练之课程标准》,强调公民训练课旨在以忠、孝、仁、爱、信、义、和平等中国传统道德原则训练儿童以养成健全公民。④ 以上德育宗旨明确反映了国民政府用三民主义等政治思想和传统道德原则强化学校德育,以实现思想统一的政治目的。

国民道德教育也内化为了学校德育课程的主要内容。1931年2月,国民政府中央训练部拟订《小学党义课程标准草案》,规定小学党义课程内容主要向学生浅显介绍中山先生革命、三民主义的大要、地方自治的大要、帝国主义侵略中国的事略等方面的内容。关于公民训练课,1933年2月,国民政府教育部颁布

① 《新学制课程纲要总说明》,课程教材研究所编:《20世纪中国中小学课程标准·教学大纲汇编:课程(教学)计划卷》,人民教育出版社2001年版,第109页。

② 《高级中学课程总纲》,课程教材研究所编:《20世纪中国中小学课程标准·教学大纲汇编:课程(教学)计划卷》,人民教育出版社2001年版,第113页。

③ 盛郎西:《小学课程沿革》,福建教育出版社2010年版,第8—9页。

④ 盛郎西:《小学课程沿革》,福建教育出版社2010年版,第9页。

了《小学公民训练课程标准》，明确规定公民训练课主要内容包括："（一）关于公民的体格训练：养成整洁卫生的习惯，快乐活泼的精神。（二）关于公民的德性训练：养成礼义廉耻的观念，亲爱精诚的德性。（三）关于公民的经济训练：养成节俭劳动的习惯，生产合作的知能。（四）关于公民的政治训练：养成奉公守法的观念，爱国爱群的思想。"①此外，除了党义课、公民课，国民政府还设置了童子军训练和军事训练等课程，加强学生的国民道德教育，国民道德教育最终成为学校德育的主导宗旨和内容。

（二）近代中小学德育变革的文化反思

【传统儒家道德文化是中小学德育变革的文化渊源】

传统儒家道德文化一直是中国传统社会的主流道德文化，经过几千年的同化与认知，儒家道德文化可以说已经融入了中国人的血液，成为中国社会的文化特质。近代传统德育变革过程也深受传统儒家道德文化的影响。

其一，近代传统德育变革一定意义上继承了传统儒家道德文化中"群体仁和"的道德理念。传统儒家道德文化的精义在于"群体仁和"的道德理念，认为"仁""爱"是调整人与人社会关系的根本原则，儒家追求的人格教育理想为"己欲立而立人，己欲达而达人"；"己所不欲，勿施于人"。《中庸》讲"仁者，人也"，颇为贴切地阐释了儒家"群体仁和"的精神。"礼之用，和为贵""君子和而不同"都是儒家不失自我的"群体仁和"的道德文化理念的精准阐释。

儒家"群体仁和"的道德理念在实践中具体表现为：从个体而言，强调修身，以仁、爱、亲、恕等为私德修养的主要内容和教育原则；从社会关系而言，强调孝、顺、尊、敬等作为社会公德的重要内容和教育原则；从国家关系而言，强调忠、诚等为公德的核心内容和教育原则。这些内容共同构筑了中国传统社会道德文化体系，这一道德文化体系也长期成为传统道德教育的核心。

在近代传统德育变革过程中，传统儒家道德文化成为变革的深层次文化背景。近代的传统德育变革不仅不是完全意义上的否定传统道德理念与原则，而且是在认同儒家"群体仁和"的道德理念基础上开启变革历程。晚清与民初将中小学的德育定名为修身教育，更具实质意义的是清末德育变革将教育宗旨和课程内容主要定位于传统德育的传承，即便是在之后民国各阶段德育宗旨和课

---

① 盛朗西：《小学课程沿革》，福建教育出版社 2010 年版，第 9 页。

程内容的变革中,虽然变革过程中主要以西方德育思想与理念为指导原则和参照系,但在教育宗旨和课程内容中依然可以滤渐出传统儒家道德文化的很多成分,这些从一定意义上都说明中国传统德育的变革无法也不应该完全脱离传统儒家道德文化体系的背景。

其二,传统儒家道德文化体系中的诸多内容和元素也恰恰是变革的核心内容。儒家"群体仁和"精神是中国传统道德教育的目标指向,它所凝练出的仁、爱、亲、恕的私德;孝、顺、尊、敬的社会公德观念及对国家要忠诚和爱国的公德观念都成为传统儒家道德文化内容体系中的合理内核,但这一具有崇高价值的道德文化理念在传统社会长期发展过程中,却被专制统治集团扭曲成群体至上主义、权威主义和专制主义,具体体现为:在私德教育方面,将传统群体仁和的道德文化理念扭曲为纲常伦理原则,强调三纲五常及仁义礼智信,并将这些原则演变成压抑人的个性,束缚人个性自由发展的伪道德枷锁,背离了传统道德文化理念"和而不同"的原则。在公德教育方面,将传统德育中的忠诚国家和爱国的公德理念扭曲为了"忠君",忠于专制统治者。这些被异化了的道德元素理应是传统道德近代变革的核心内容。

【西方公民道德教育思潮是中小学德育近代变革的文化动因】

辛亥革命后,西方公民道德教育思潮得以在中国广泛传播,形成了传统德育变革的重要文化动因,但这绝非偶然,与中国传统德育变革的内在必然性和西方公民教育理念本身的特质迎合了当时中国民主共和的道德文化需求不无关系。

1. 公民道德教育激活了中国传统德育固有的被变革因素。修身教育在近代德育变革过程中逐渐为公民道德教育所取代,根本原因是传统修身教育本身存在着必然性变革因素。民国学者程湘帆先生在其著作《小学课程概论》中曾论证了传统修身教育"范围太狭""标准太旧""太重学理""教材支配未能适当""不能造成法律的观念"几个方面的缺陷。[1] 张粒民先生更是重申修身教育只专注于个人的道德修养,但公民道德教育则尤其注重培养儿童的法治观念,因此,公民道德教育相较修身教育更适于法治国家。[2] 此番总结对修身教育相对于中国社会近代化变迁而言所存在的弊端可谓切中要害。丁晓先先生则从社会、国

---

[1] 盛郎西:《小学课程沿革》,福建教育出版社 2010 年版,第 4—6 页。
[2] 张粒民:《小学校之公民教育》,《教育杂志》1924 年第 16 卷第 4 期。

家的视角阐释了公民教育取代修身教育的必然性,认为旧时注重个人道德修养的修身科:"着眼点在个人方面,目的在修养成功一个矩步规行的徇良仕子弟;……只是人格上片面的修养。即使达到了所期望的目的,也未必即可适合共和国民的资格。"因而,"应当以使儿童修养成功一个适合于共和国家世界潮流的好公民为标准,而从实际生活中指导儿童生活于会的种种德智"。① 正是基于公民道德教育理念的深刻影响,传统修身教育自身所固有的被变革因素愈发突出,使修身教育演变为公民道德教育成为必然。

2. 西方公民道德教育的特质迎合了德育变革的文化需求。民初教育家朱元善就认为公民道德教育是"唤起国家观念,以矫正其冷淡国事之弊,使之对于国家有献身奉公之精神,对于一己有自营自主之能力"。② 公民道德教育本质上是强调从国家、社会的角度出发对学生进行道德教育,是一种公德教育,其目的是通过公民道德教育,使每一个体都能成为胜任公民资格的公民,都能对国家、社会具有献身奉公的精神。正如杜威所言:"在德国思想的影响下,教育变成一种公民训练的职能,而公民训练的职能就是民族国家理想的实现。于是用'国家'代替人类;世界主义让位于国家主义。教育的目的是塑造公民而不是塑造'人'。"③这种道德思想文化恰是中国传统道德文化体系中所缺失的内容,也恰与近代传统德育变革的宗旨相契合,因此,西方的公民德育思潮也就成为传统德育近代变革的重要文化渊源和动因,这也是认识近代传统德育变革历程和本质特征的重要视角。

二、近代中小学传统经典教育的审视

传统经典教育是中国传统教育的核心,也是中国传统文化教育的最重要载体。但自晚清,传统经典教育就遇到了前所未有的危机,至民初,传统经典教育正式退出了中国教育的舞台。但此后围绕传统经典教育存废之争可以说从未终止,这也就成为即便是当今传统文化教育开展也绕不开的课题。

---

① 丁晓先:《小学社会科教学概要》,《教育杂志》1924 年第 16 卷第 1 期。
② 朱元善:《今后之教育方针》,《教育杂志》1916 年第 8 卷第 4 期。
③ [美]杜威:《民主主义与教育》,王承绪译,人民教育出版社 2001 年版,第 104 页。

（一）中小学传统经典教育的嬗变

【中小学读经讲经的废止】

中国传统社会自西汉中期始,儒家经典成为传统教育的内容,自此儿童朗朗读经声伴随传统文化教育上千年,诵读传统经典成为传承中华民族传统文化的重要形式。近代,迫于战争的威胁,基于求强、求富的功利与现实目的,以科技教育为特征的西学成为清末教育的重要内容。但传统经典教育在中国毕竟已延续了上千年,是传统教育的重要内容与形式,为了延续中国传统教育,晚清政府"中体西用"的改革方略使传统经典教育得以保留于新教育体系中。在新式中小学堂中,读经讲经科变为修身科、中国文字科、中国文学科成为基础教育的重要课程。学堂中进而呈现上午"子曰诗云"、下午"声光电化"的独特情景。

1912 年,随着资产阶级民主共性质的中华民国的建立,"共和精神",即天赋人权、自由平等的思想原则成为新社会建设包括教育建设的指导原则,维护传统教育的经典教育自然显得格格不入。为了确立新教育,1912 年,民国临时政府教育部宣布在各级教育中废除读经讲经科,"以经科分入文科之哲学、史学、文学三门"①,"如《诗经》应归入文科,《尚书》、《左传》应归入史科"②,终止了经典教育在教育体系中的主导地位。但走下神坛的经典教育如何实施? 当时蔡元培等人做了如下设想:"为大学国文系的学生讲一点诗经,为历史系的学生讲一点《书经》与《春秋》,为哲学系的学生讲一点《论语》《孟子》《易传》与《礼记》,是可以赞成的。为中学生选几篇经传的文章,编入文言文读本,也是可以赞成的。若要小学生也读一点经,我觉得不妥当,认为无益而有损。"③但这样的设想脱离特定政治环境需求而从教育语境下思考的话很难说科学、合理,传统经典毕竟承载了几千年中国传统文化,"讲一点""读几篇"及小学干脆一点也不读,传统文化教育如何很好的传承?

【中小学读经讲经存废之争】

民初,政府断然废止了读经讲经科,但即便是蔡元培这样主张并亲自主持废止读经讲经科的教育家、思想家也深深明白,即使废止了读经讲经科,即使要大

---

① 蔡元培:《全国临时教育会议开会词》,高平叔编:《蔡元培教育论著选》,人民教育出版社1991 年版,第 17 页。

② 蔡元培:《在北京任教育总长与记者谈话》,高平叔编:《蔡元培全集》(第 2 卷),中华书局1984 年版,第 159 页。

③ 蔡元培:《关于读经问题》,高平叔编:《蔡元培教育论著选》,人民教育出版社 1991 年版,第670 页。

兴西学,承载着中华民族文化的传统经典也不能不读,新兴教育不可能完全脱离传统教育而构建与发展。但是没有了读经讲经科这一载体的传统经典教育如何实施,这一课题在民初乃至之后都没能很好地解决,以致民初及之后围绕传统经典教育存废的纷争就从来没有停止过。

1. 主张恢复读经的声音从未消失过。一方面,有人站在复兴传统文化的立场上呼吁恢复和加强传统经典教育。1913 年,严复发表《读经当积极提倡》的演讲,站在文化传承的角度提出:"读经为培养人格之事,无人格谓之非人,无国性谓之非中国人,故曰经书不可不读也。"1927 年,梁启超更是发表《学校读经问题》,历数传统经典教育的精妙之处:"第一,经训为国性所寄,全国思想之源泉,自兹出焉。……第二,……文字古今,虽微差别,然相去实不远,故我国古书,不能与欧西之希腊、罗马古文相提并论。自幼即当读也。第三,……古书训词深厚,含意丰宏,能理解古书者,则藉此基础以阐发新思潮;……第四,学童幼时,当利用其记性,稍长,乃利用其悟性。……今若谓经终可不读,斯亦已矣。苟犹应读,则非自小学时即读之不可……"①另一方面,有人站在维护政治统治的立场上大力主张读经讲经。1915 年年初,袁世凯政府继将"国民教育,以孔子之道为修身大本"②的传统道德教育宗旨写进宪法之后,专门颁布所谓的《特定教育纲要》,宣布恢复传统经典教育:"中小学校均加读经一科,按照经书及学校程度分别讲读,由教育部编入课程,并妥拟讲读之法,通咨京外转饬施行。各学校应读之经如下:小学校:初等小学,《孟子》;高等小学,《论语》。……中学校:《礼记》,节读,如《曲礼》《少仪》《大学》《中庸》《儒行》《礼运》《檀弓》等篇,必须选读,余由教育部选定;《左氏春秋》,节读。"③而且同时规定:"中小学教员宜研究性理,崇习陆王之学,导生徒以实践。教科书宜采辑学案,以明尊孔尚孟之渊源。"④无独有偶,1927 年,南京国民政府建立后,也是出于维护政治统治的目的,将"陶融儿童及青年'忠、孝、仁、爱、信、义、和、平'之国民道德"确立为教育方针,并实施了一系列举措恢复中小学读经讲经。

---

① 梁启超:《学校读经问题》,刘东、翟奎凤编:《梁启超文存》,江苏人民出版社 2012 年版,第 710—711 页。

② 陈学恂:《中国近代教育大事记》,上海教育出版社 1981 年版,第 247 页。

③ 《特定教育纲要》,舒新城编:《中国近代史教育史资料》(上册),人民教育出版社 1961 年版,第 263 页。

④ 《特定教育纲要》,舒新城编:《中国近代史教育史资料》(上册),人民教育出版社 1961 年版,第 261 页。

2.反对读经讲经的声音也从未终止过。新文化运动中，倡导新道德、反对旧道德的新文化先导者们明确提出反对读经讲经。陈独秀就提出中国传统文化"始固有之伦理、法律、学术、礼俗，无一非封建制度之遗"①，胡适等人则在文学领域大力倡导白话文，反对文言文。1935年，《教育杂志》专门开辟关于读经问题的讨论专栏，叶圣陶就提出："所谓'经'乃是古代的文化史料。在大学生及专门家，如果研究古代的文化，'经'是必要的对象的一部分。……中等学生并不担负研究古代文化的责任。他们有历史、文学等课程，从这些课程他们会接触古代文化。假如嫌仅仅接触还不够，要他们与大学生和专门家一样，去研究古代文化，对各种'经'下功夫，这已经是责望非人，而且紊乱了教育系统。何况所谓'读经'并不是这个意思，而是要青年去上'查经班'，希望收到麻醉的效果。这不是非常严重的一个问题吗？"②

（二）中小学传统经典教育嬗变的审视

近代传统经典教育之所以纷争不断而终无定论，主要是因为传统经典教育自始至终都是被挟持于政治漩涡中，由政治决其胜败，而并非由教育本身来定夺。而近代，政治恰恰一直处于纷争、动荡，政权不断更迭的状况下，传统经典教育没有定论也自在情理当中。但如果抛开政治，只从教育的角度反思传统经典教育，似乎更容易得出客观结论。反思近代中小学传统经典教育，有几个方面的问题是应该面对的。

【读经讲经科与修身科的冲突】

传统经典教育虽于民初废止，但其危机在晚清即已显现，如在清末教育改革中，中小学的经典教育被分科为修身、读经讲经、中国、文学等科后，这些科目在教育内容就此产生了冲突（也可称为融合）。依照《奏定学堂章程》的规定，小学堂修身科以"随时约束和平之规矩，……并指示古人之嘉言懿行，动其欣慕效法之念，养成儿童德性，以求合于爱众亲仁、恕以及物之旨"为教育宗旨，初等小学堂"摘讲朱子《小学》、刘忠介《人谱》、各种养蒙图说、读有益风华之极短古诗歌"、高等小学堂则以"四书"要义为教学内容。小学堂读经讲经科其"要义在授读经文，……令圣贤正理深入其心，以端儿童知识初开之本"，初等小学堂以《孝

---

① 陈独秀：《敬告青年》，《青年杂志》1915年第1卷第1期。
② 叶圣陶：《读经》，朱晓编：《问孔》，海南出版社2011年版，第231—232页。

经》、四书、《礼记》节本为必读之经,高等小学堂则讲读《诗经》《书经》《易经》和《仪礼》之一篇;中学堂的修身科摘讲陈宏谋的《五种遗规》和有益风化的古诗歌,读经讲经科则讲读《春秋左传》和《周礼》两经典。以上内容明确宣示,读经讲经与修身科是清末中小学教育课程体系中共同承担道德教育重任的两科目,但修身科较读经更为简单易懂,易被儿童吸收,如清末发行的一本修身教科书所宣传的:"本书采取群经中合于日常须知之道德,……另撰教授法,纯用通行官话。教员按书讲授,兴趣横生,"①修身科凭借自身的优势成为德育新形式,促进了德育规范化和普及化,但也使读经讲经科日渐处尴尬境地。

面对如此危机的局面,清政府也曾试图通过改革化解危机,如清末教育改革过程中曾尝试通过改革经典教育形式来挽救传统经典教育。1905 年,上海传统文化保存会出版了刘师培编写的《经学教科书》。《经学教科书》即试图以教科书这种新结构承载经典教育的知识体系。

但形式上的改革并没有化解传统经典教育的危机,废止读经讲经科的态势已然出现。1904 年 1 月,在商务印书馆编译所的一次会议上就发生了针对读经讲经科的不同意见,编译所在讨论清廷于 11 月 26 日公布的《奏定初等小学堂章程》时,学者夏瑞芳认同《章程》"每周读经十二小时,中国文字四小时"的规定,而张元济、高梦旦、蒋维乔等则坚决反对设置读经讲经科,认为:"新定章程所定小学科全然谬戾,不合教育公理。"②1911 年,清学部召开中央教育会,会上讨论的涉及教育的重大议案中就包括"废止小学读经"的议案。此外,当时教育界的知名人士诸如何劲、庄俞、顾实等人也表示反对在中小学保留经学教育,认为地方上没有必要都设存古学堂,小学堂里读经是十分有害的,并对小学堂读经作出指责。③

1912 年 1 月,民国政府教育部宣布"小学读经科,一律废止",正式结束了传统经典教育的制度化历程,经典教育的废止,从某种意义上讲标志着道德教育的转型,也解决了读经讲经与修身科的内容冲突,但民初在废止经典教育后却将德育边缘化,从一定程度上偏离了废止经典教育的初衷。

---

① 姚祖义、金为:《最新中国历史教科书》(第一册),商务印书馆 1904 年版,封面三。
② 张树年主编,柳和成、张人凤、陈梦熊编著:《张元济年谱》,商务印书馆 1991 年版,第 48 页。
③ 庄俞:《论各省可不设存古学堂》,《教育杂志》1911 年第 3 卷第 5 期。

【理性审视传统经典教育，避免因噎废食】

民国时期废止经典教育是基于资产阶级民主共和教育发展需要而实施的改革措施，可说是大势所趋。如蔡元培所讲："废科学（举）而设学校，且学校之中，初有读经一科，而后乃废去，亦自千九百年以来积渐实行，亦教育界进步之一端也。"①废止读讲经学，最大限度地克服了传统经学教育中腐朽内容的流弊与影响，同时很多传统儒家经典对于小学生来说枯燥乏味，深奥难懂，无疑是对儿童身心上的一次解放，可以说是继废科举之后教育上的又一大进步之举。但在承认民初废止经典教育进步性的同时，我们也应清醒地认识到，民初废止经典教育是在引进西学，实施资产阶级新教育改革的背景下实施的，是本着推进资产阶级新教育改革，扫除传统经典教育的障碍而进行的。如果脱离这一特定背景，从中国教育现代化的角度去审视民初废止经典教育的举措，一味地废止经典教育，未必一定就意味着中国教育的现代化发展。因为儒家经典、传统儒家经典教育不是腐朽、没落的代名词，儒学经典毕竟是中国传统文化的代表，很多是中国优秀文化教育遗产，在中国有上千年的教育实践，是传承中华民族优秀传统与民族文化的重要途径，不加甄别地当作糟粕全部摒弃终是一种非理性地将传统文化教育边缘化的体现，终不利于传统文化教育的变革与传承。在文化传承过程中完全脱离民族文化，一味地西化，即便西学代表着先进，也不可能实现一个民族教育文化的现代化。

【以国文科为核心的中小学课程体系的理性审视】

民初在废止经典教育后构建了一个以国文教育为核心的中小学课程体系。民初废经科其最直接的目的是倡兴西学，实现中小学教育的近代化，但最终的结果却是以德育为特征的传统文化教育被淡化甚至边缘化，废止经典教育后设置的修身科被西方公民教育而取代，但公民教育没能在近代中小学教育中得以真正落实反而被政治教育所挟持。而废止读经科后设置的国文科成了中小学核心课程，虽然在文字、文学教育方面取得了显著成就，但作为中小学核心课程的国文科自然也被赋予了德育教育的使命和功能，这就为政治教育侵占中小学国文教育创造了充分条件，相应地也就使中小学传统文化教育的内容和特征日渐失去。南京国民政府时期中小学国语教育非常突出三民主义教育特征和内容，甚

---

① 蔡元培：《1900年以来教育之进步》，高平叔编：《蔡元培教育论著选》，人民教育出版社1991年版，第42页。

至抗战后的国统区中小学国语教育一度也很突出政治教育的特点应该都很能说明这一点。因此,废止了传统经学教育的近代中小学传统文化教育虽然在近代化转型过程中取得了显著成就,但最终还是未能实现真正意义的近代化,反倒暴露出诸如传统中小学传统文化教育淡化、政治教育被人为强化等一些问题,这些应该是不容忽视的。废止经学教育后出现的教育现象,其对之后甚至当今中小学教育的发展依然有着深入的影响。

三、近代中小学国语教育的评估

(一)中小学国语教育的确立

近代中小学国语学科的确立和发展经历了几个典型历史阶段,一是清末中小学堂设置中国文学、文字科。1904年,清政府颁布《奏定学堂章程》,规定中小学堂除开设读经讲经科之外,将传统教育中的识字课、习字课和作文课合为一科单独设置,新设置的科目初级小学堂称为中国文字科,高级小学堂和中学堂则称为中国文学科,这是中国中小学国语科,即后来语文科的最早设置。二是民初中小学改中国文学、文字科为国文科。1912年,中华民国临时政府颁布《中小学校令》,规定将中小学中国文字科和文学科统一改为国文科。国文科得以正式确立。当然这两个阶段虽然初步确立了新的国文学科,使文字、文学教育从传统的读经教育中分离出来,但从教育内容和形式上仍然与传统教育有着重要关联。比如,清末1909年出版的新式教科书《中学国文教科书》,全书五册七百篇选文,全部是文言文,内容全部为文史常识,内容编排以史为线,由近及远,从清朝上溯至秦汉,每一篇选文都采用传统的文章解法,即逐一对精彩文句加以圈点勾画,进行眉批、总评。就是民初的中小学国文教科书,如当时使用比较广泛的《新制国文教本评注》,全书四册三百一十九篇选文也全部如清末的教科书都是传统的文言文。这表明清末和民初虽然在中小学确立和初步发展了国文学科,但国文学科无论是内容还是形式尚很不成熟。三是民国中期中小学改国文科为国语科。1917年之后,在新文化运动、白话文运动及国语运动的影响和直接推动下,中小学国文科开始了近现代转型。1920年,北洋政府教育部颁布《国民学校令》,将小学国文科改为国语科,国语科的内容也由国文科的识字、习字、作文调整为语言、读文、作文、写字四项,中小学语文教育由传统的文字教育转型为了语言教育,真正成为一种"活"的教育。之后1923年颁布的《中小学国语课程纲要》则规定中小学国语科教学内容以白话文取代文言文。有着两千多年悠久历史的文言文终于为白话文所取代。1924年,由叶圣陶等编写的《初中国语教科书》,全书三百六十篇课文中,白话文的课文就有九十五篇,近三分之一的比重,这标志着白话文真正走进了中小学的课堂,也切实落实到了教学内容中,标志着中小学国语科教育近代化转型的基本完成。

民国中期新学制阶段之后,中小学国语科无论是课程体系、教学内容还是教学形式日渐成熟,如抗战前南京国民政府时期由夏丏尊与叶圣陶编的中学国文课教科书《国文百八课》就很典型地反映了这一阶段中学国文课的改革成就。《国文百八课》全书共六册,每册十八课,全书共一百零八课。该教科书本着"给予国文科以科学性,一扫从来玄妙笼统的观念"的编纂宗旨,以每课为一单元,选列古今文章两篇为范例,教授学生"文话、文选、文法或修辞、习问四项"。《国文百八课》在选文方面,以旨趣纯正为选文原则,力求兼顾各种文体,传授知识的同时也非常注重涵养学生的品性与修养。教学内容组织形式上,《国文百八课》总体呈现语体文多于文言文,而且注重选择名篇精华,像"孔乙己""背影""最后一课"等都入选该教科书。此外,该教科书中应用文和说明文也占有了相当比重,这也是以往中学教科书所没有的特点。

民国中期新学制阶段之后,无论是南京国民政府时期还是抗战时期,中小学国语科的变化基本上只限于教学内容方面政治教育内容的加强,但从课程体系、课程内容编排及结构形式等方面始终没有超越民国中期新学制阶段的成就。

(二)中小学国语教育的成就

中小学国语科自1904年从传统经学教育体系中分离出来并正式确立为独立科目以后,经过民国时期几十年不同阶段的执着探索,不仅逐渐构建了本学科的课程体系,而且形成了诸多方面体现本学科内容特点,即便是对当今中小学语文教育都产生深刻影响,主要体现在以下几方面:

【建立了完备的课程体系】

近代中小学国语科是从传统经典教育中分离出来的一个新的科目,构建既有别于传统经典教育,又能充分体现本课程的特点和内容要求的课程体系是必须解决的问题。自《奏定学堂章程》设置独立的中国文字和文学科始,就科目课程体系构建一直在不断进行探索。1904年的《奏定学堂章程》规定初等小学堂的中国文字科课程内容包括识字、习字、作文三部分,高等小学堂则包括浅显古文阅读、习字和作文。中等学堂的中国文学科课程内容在小学基础上强调读文、作文和习字。这样的内容设计虽然与传统儿童文字、文学教育还有重要相似之处,但一个重要的改革就是将文字、文学教育与读经教育严格区分开来,使文字、文学教育独成体系。1923 年,北洋政府教育联合委员会颁布《中小学国语课程纲要》,规定小学国语课程内容由"语言"和"文字"两大部分构成。其中"语言"部分包括"听"和"说"两方面的学习和训练。而初级中学国语课程内容则分为"读书""作文""习字"三部分,"读书"要求"精读选文,详细诵习,研究;大半在上课时直接讨论";"作文"要求"定期的作文、无定期的作文和笔记、定期的文法讨论和定期的演说辩论";"习字"则要求"楷书或行书的练习"。① 高级中学国语课程内容由"读书""文法""作文"三部分构成,其中"读书"要求"分精读和略读两种,……略读的书,但求了解欣赏书中大体;精读的书,则须有详细的了解,并应注重文学的技术。上课时,由教员与学生讨论答问";"文法"要求"注重语体文与古文文法的比较的研究。最好是用学生所习的外国文和本国文作文法的比较研究";"作文"则要求"注重内容的实质和文学的技术"。② 至此,经过不懈地探索,基本上构建了比较完备的中小学国语科课程体系,这一体系对后来几十年的中小学语文课程建设与教学都产生了深刻影响,就是当今中小学实施的《全日制义务教育语文课程标准》所规定的识字与写字、阅读、写作、口语交际四方面课程内容与训练,可以说依然深受 1923 年所制定的《中小学国语课程纲要》的影响。

【以儿童为学科教育中心】

近代中小学国语科的教学内容编排和教学形式的选择,强调在不违背教学宗旨的前提下,应以儿童为中心。依据这一原则,中小学国语科教育的"以儿童为中心"呈现了两方面突出特点。

其一,教学内容"儿童文学化"。国语科教学内容的"儿童文学化"标准,注重教学内容选材以故事、寓言、童话等及来自儿童现实生活的题材为主,两者兼顾。民国国语教育家朱文叔先生就特别强调:"小学国语读本,究竟应该从实有

---

① 《新学制课程标准纲要:初级中学课程标准纲要》,课程教材研究所编:《20 世纪中国中小学课程标准(教学大纲汇编:语文卷)》,人民教育出版社 2001 年版,第 274—275 页。

② 《新学制课程标准纲要:高级中学公共必修的国语课程标准纲要》,课程教材研究所编:《20世纪中国中小学课程标准(教学大纲汇编:语文卷)》,人民教育出版社 2001 年版,第 277—278 页。

的经验出发,还是从虚设的童话寓言等等出发? 童话寓言等等,可以满足儿童的好奇心,可以发展儿童的想象力,可以涵养儿童的情感,可以在无形之中陶冶儿童的德性,原是极好的小学国语教材,但是过于偏重,用得太多了,也不大妥当,我以为童话寓言等等,只是儿童文学的一部分,不是儿童文学的全体。除童话寓言等等以外,描写儿童日常生活经验的文字,也未尝没有极好的儿童文学作品;除鸟言兽语以外,描写习见动物的实际生活的文字,也未尝没有很好的儿童文学作品。再进一步说,司马光碎缸、文彦博取球等老故事,要是好好的描写起来,又何尝不是好的小学国语教材?"朱文叔先生还举了两则生动、并非童话、寓言,而是来自儿童生活的优美儿童文学作品:"一只黄蝴蝶拍着翅膀,慢慢飞下来,越飞越低,越飞越低,小猫看见了,快快扑过去,逃逃,蝴蝶飞上天,小猫扑个空,抬头向天看。""早上,鸽子飞出笼,飞到屋背上,他向前跳跳,向后跳跳,他站住了,他伸伸颈项,头向左转转,向右转转,咕咕咕,咕咕咕,他叫了几声,扑扑扑扑,他拍着两只大翅膀,飞去了。"由此,朱先生强调:"小学国语读本,不可以专从虚设的童话寓言等等出发,在童话寓言等等之外,至少须加入等量的从儿童实际生活中抽取出来的教材。"①

其二,教学内容表述形式符合儿童审美情趣。民国时期中小学教育界非常注重儿童自主学习能力的提高,为了激发儿童的学习兴趣,吸引儿童对所学内容的好奇和关注,国语科教学内容的编排形式非常注重其艺术性和符合儿童审美情趣,力求生动活泼,切合儿童的兴趣特点。一方面内容表述生动活泼、富于情感,如教材中的故事,表述有时既有优美、虚幻的想象同时也有特殊情境的设置;诗歌读起来则音节自然、简练而多变、明快而不冗长,如此等等。另一方面注重借助插图表述教学内容,且插图不仅与文字密切相关,而且生动、简洁,人物动作逼真,图文并茂。

【注重社会性和实用性教育内容的教学】

近代中小学教育非常注重培养学生适应和服务社会的能力。朱文叔在《怎样使教科书适应儿童和社会的需要》一文中就特别强调要使教科书适应社会和儿童的需要,教科书编写者既要分析教科书应包含哪些具有社会价值的素材,也要考虑素材应符合儿童的经验和本能以及素材编排形式适合儿童的兴趣与特

---

① 朱文叔:《小学国语教材的内容问题与选材标准》,李杏保主编:《语文学科教育参考资料类编》,高等教育出版社1996年版,第156页。

点。① 因此,民国中小学国语教学内容中社会内容是教学内容的主要方面,具体表现为:

1. 编排思想正确的教学内容。教学内容的选择以宣扬积极正确的人生观和价值观为标准,摒弃消极、退缩、悲观、迷信等的内容,如朱文叔先生所言:"要能养成做人正当的态度:正直,独立,平等;不自卑,也不自傲;不欺人,也不欺于人;不畏强御,也不侮弱小。要能打破隐士生活,独善思想,以及袖手旁观,放任小人为恶,安分守己,听天由命等消极的传统观念。"②

2. 内容追求高雅、健康。朱文叔先生就专门对小学国语科教材内容的追求高雅、健康进行过阐述:"要可以引起同情,不残忍、惨酷、刻薄,尤忌能激发儿童不良的情感之材料。依这个观点说,柳宗元氏的三篇寓言——《永某氏之鼠》《黔之驴》《临江之麋》结果都不免惨酷,似以不用为妥;'老虎外婆'和'蛇郎',虽是我国最有权威的二则民间传说,也不是好的教材。又,我国原有的笑话,大部分是迎合社会低级趣味的无意义的讥诮。可用的也极少。依我的眼光看来,中国的民间文艺,差不多没有一篇可以照原样用作小学国语教材的。""要多用中国故事,但必须注意除去其封建思想;士大夫阶级的传统意识,尤须扫除净尽,使在小学国语读本中不见痕迹。依这个观点说,'狐假虎威'和'鹬蚌相争'虽同是有权威的中国故事,但后者不妨用,前者可就不能用;因为'狐假虎威'正是官僚政治最大的缺点,我们宁可使幼小者终身不懂'狐假虎威'这句成语,不愿在他们幼稚的头脑上,留着这句成语所指种种鬼鬼祟祟卑鄙龌龊的事实的影子。"③

3. 教学内容具有教育价值。以儿童为中心并非意味着一味地迎合儿童。儿童的天性自然应是教学内容编排的根据,但儿童天性又难免有蛮性和喜欢新奇的倾向,教学内容一味迎合儿童的蛮性和喜欢新奇的倾向,难免使教学内容失于引导儿童健康成长的初衷。因而民国中小学国语科教育在强调儿童化的同时也非常强调教育价值。朱文叔先生就提出:"教育目标和儿童心理之间,也有许多不相符合的地方。儿童的天性原是教育的根据,但儿童的天性又必须藉教育而

---

① 朱文叔:《怎样使教科书适应儿童和社会的需要》,《中华教育界》1931 年第 4 期。

② 朱文叔:《小学国语教材的内容问题与选材标准》,李杏保主编《语文学科教育参考资料类编》,高等教育出版社 1996 年版,第 159 页。

③ 朱文叔:《小学国语教材的内容问题与选材标准》,李杏保主编《语文学科教育参考资料类编》,高等教育出版社 1996 年版,第 158—159 页。

加以改换。说一句呆话，要是像极端的教育上的自然主义者的说法，儿童的天性都是好的，那么又何必有教育？譬如说，我们虽然不相信儿童生活就是原始人生活的复现之说，但儿童在天赋上总不免有蛮性的遗留，我们决不能以合于儿童心理为理由，就把可以激发儿童蛮性的教材选用；儿童又喜为种种恶作剧，我们也决不能以合于儿童心理为理由，就把可以引起儿童试为恶作剧的教材选用。再进一步说，儿童是欢喜新奇的，我们也决不能因为一味迎合儿童好奇心的缘故，使读本中教材所包含的事实，都没有可能性，满纸都是不会有或者做不到的事情。因为这些教材虽合于儿童心理，而以教育价值衡量之，则不免有缺憾也。"①

4. 教学内容注重吸纳反映乡村儿童生活的题材。中国地域广阔，农村众多，各地的社会差异，尤其是城乡间的差异极其明显，而中小学又多分布于农村。由此，民国中小学国语教科书内容编排中非常注重吸纳反映农村儿童生活的内容。朱文叔先生也特别强调："小学国语读本的选材，要注意顾到乡村儿童的经验，与其偏于城市方面，无宁偏于乡村方面。这有两个主要原因：第一，因为将来的学校，总是在乡村的多，我们的教科书似乎应该为较大地域、较大多数的儿童谋便利。第二，因为城市小学，设备较完全，教师较有余力，自选城市适用的补充教材或自编读本，比较容易；乡村小学则设备比较不完全，参考书比较缺乏，每一学校往往只有一二位教师，一天到晚忙个不了，要自选补充教材或自编读本，事实上都很困难。"②

四、近代中小学传统文化教育的当代价值

近代中小学传统文化教育顺应中国社会及思想的变革趋势而发生课程化转型，一方面表明传承中华民族核心价值观、具有道德、人格和情感教育特征的传统文化教育在新的社会形态中仍有重要价值和强大生命力，另一方面表明传统文化教育不仅能够顺应时代的变化而变革，而且能够落实到学校，尤其是中小学教育当中，以课程化的形式在新的社会形态中发挥其传承优秀传统文化的作用。

---

① 朱文叔：《小学国语教材的内容问题与选材标准》，李杏保主编：《语文学科教育参考资料类编》，高等教育出版社 1996 年版，第 157 页。

② 朱文叔：《小学国语教材的内容问题与选材标准》，李杏保主编：《语文学科教育参考资料类编》，高等教育出版社 1996 年版，第 159 页。

当今中小学传统文化教育越来越受到关注,中小学传统文化教育的开展和完善也取得了相当的成就,但也同时存在着诸多方面问题,如何在中小学更好地实施传统文化教育,使传统文化教育实现课程化,是应进一步思考的问题。

(一)优秀传统文化经典教育的课程化

优秀传统文化经典是中华民族优秀传统文化的载体,近代因为崇尚西学,寄希望于借助西学实现教育的近代化转型,因而断然废止了传统经典教育,虽然中小学传统文化教育改革过程中,一直探索将传统文化教育包括经典教育融入诸如国文、德育、历史等相关科目的教学内容之中,但毕竟西学是近代以来人们认为最具先进性和科学的知识,所以在倾向西学教育的教学内容中融入传统教育内容毕竟是有限的,因而,当今要加强传统文化教育,更好、更理性地传承优秀传统文化,承载传统文化的优秀传统经典教育课程化是合理路径的选择。

【制定中小学传统文化教育规章制度和培养传统文化教育师资】

中小学传统文化教育如能在当代得以复兴,并持续、有序地开展,取得切实的效果,首先得有政府的大力推动、政策的支持及师资的保障,而这一切都是规章制度建立的政策化或法制化过程。

1. 成立国家中小学传统文化教育推行委员会,主管全国的中小学传统文化教育开展工作。同时成立各省和各县市的中小学传统文化教育管理实施机构。

2. 制定开展和推动中小学传统文化教育的相应规章制度。其一,制定《中小学传统文化教育课程标准》《中小学传统文化课程教学标准》《中小学传统文化教育课程考试、考查标准》等相关中小学开展传统文化教育和传统文化教育课程教学实施的规章制度。其二,从开展和完善中小学传统文化教育的角度进一步厘定《中小学语文课程纲要》《中小学历史课程纲要》《中小学公民道德课程纲要》等制度规定。其三,对各省市县中小学校传统文化教育课程的设置、实施、考试、考查等进行详细的规定。这些规章制度和实施细则将有效促进中小学传统文化教育全面开展及传统文化教育传统的有序传承。

3. 培养传统文化教育师资。优秀的传统文化教育教师是开展传统文化教育的保障。为了解决师资匮乏和教学水平良莠不齐的问题,一方面从传统文化教育开展充分的,如新加坡、中国台湾等国家或地区引进中小学传统文化教育优秀人才,就如以往我国大、中、小学为提高英语教学水平引进英语外籍教师一样。另一方面在各级师范院校开设中小学传统文化教育专业,培养相应的师资,并逐渐过渡到以后者为主体力量。

【中小学开设传统文化经典教育相关课程】

中小学传统文化经典教育课程化,当今在有着中国传统文化底蕴的一些国家和地区,如新加坡、中国台湾等,已经进行了几十年的探索并取得了很多成功经验,基于这些国家和地区的经验,总结中小学传统文化经典教育课程化可供参考的几个方面。

1.增加中小学传统文化教育课程比重。不仅近代各个阶段中小学传统文化教育课程都占有一定的比例,甚至在当今的中国台湾,小学每周 40 个课时中,国文、历史、公民道德等传统文化相关课程就占近 50% 的比例。以国文科为例,小学从一年级始,国文科的课时比重就很高,基本上占小学每学年课时总数的 30%。同时,小学国文课非常重视传统文化知识和技能的学习,如小学国文课程内容中就有相当比例的传统书法练习内容。台湾《中小学九年一贯课程纲要(语文学习领域)》就要求:能欣赏楷书名家(欧、颜、柳、褚等)碑帖;能辨识各种书体(篆、隶、楷、行)的特色;能概略欣赏行书的字形结构;能知道古代书法名家相关的故事。按照此要求,小学生从二年级就练习用毛笔写作文,每周 1 至 3 篇,书法通常也列入国文课程的考试内容并计入国文课的成绩。初中阶段,在继续重视书法课程,将书法课设置为必修课,每两周 1 课时,学生每天练习毛笔字的同时,又特别加强了文言文的教学。初中三学年,文言文在国文课程中所占的比重每学期都按 10% 的幅度增加,初一上学期文言文占国文科教科书总课文篇数的 20%,而到初三下学期已经达到了 60% 之多。高中阶段,更加重视国文教育。首先,《普通高级中学必修科目"国文"课程纲要》明确规定国文科全面加强传统文化教育的教学目标:培养学生阅读文言文及浅近古籍的兴趣,增进涵泳传统文化和研读文化经典教材的能力,培养学生社会伦理意识及淑世爱人精神。其次,增加国文课的课时比重。规定三学年每学期每周的国文课为 4 课时,课时分配为:范文每周 3 课时;写作练习每两周 2 课时;课外阅读视需要随机指导。[①]再次,逐渐增大文言文所占的比例。第一学年,语体文占 60%、文言文占 40%;第二学年,语体文占 55%、文言文占 45%;第三学年,语体文占 50%、文言文占 50%。

2.开设专门的优秀传统经典教育课程。增加中小学国文、历史、德育课程传统文化教育内容的比重毕竟还是有限度的,相对于博大精深、广博浩瀚的传统文

---

① 叶匡政:《传统文化教育传递的是价值观》,《社会科学报》2008 年 4 月 24 日。

化而言,教育深度和广度都明显不足,为了真正达到传统文化教育的目的,新加坡、中国台湾等国家和地区在相关科目加强传统文化教育的地位,也专门在中小学开设了优秀传统经典教育课程,作为传统文化教育的进一步拓展和补充。同时,为保证教学效果,在开设课程的同时也编写了中小学传统文化经典课程教科书。教科书是教学内容的体现,要深入、系统、科学地开展中小学传统文化经典教育,编写承载优秀传统文化内容经典教育教科书至为关键。当今台湾的中小学传统文化经典课程教科书就颇具特色。以高中国文科为例,台湾高中的国文教科书主要有三种:

第一,《高中国文》课本。《高中国文》内容设置与大陆的《高中语文》课本基本相似,但文言文的比例很大,6册教材83篇课文中,文言文就占了60%之多,其中涵盖了《诗经》、《楚辞》、诸子百家、唐诗、宋词、元曲等中的精品名篇。

第二,《中国文化基本教材》。该教科书以《论语》《孟子》《大学》《中庸》等传统文化经典为主,内容设置主要为向学生传递伦理道德、人与人相处之道、做人做事的基本原则及立身处世之道。因此,《中国文化基本教材》的编写内容和目的,是要让学生体认中国传统文化的博大精深,培养学生良好的个人道德修养与行为实践。

以上两种教科书是台湾高中三学年学生必修教材,在学习时要求学生对教材的内容逐章逐节背诵、默写,学年末进行考试。

第三,《传统文化概要》。这一教科书则侧重向学生呈现传统文化的渊源和发展脉络。内容主要涉及中国文字、修辞、文学、史学、经学及子学的渊源、演变和主要内容。这一教科书通常是在高二分文理科后,文科学生必须选修的教材,主要是提高学生的国文阅读能力及传统文化素养。

【建立传统文化经典教育课程考核体系】

考核是一种评估,更是一种反馈和改进的力量,缺乏这一环节,教育质量及效果无从检证。因此,传统文化教育要避免形式主义,就必须重视考核测评,以此作为诊断教学行为、提高教学水平的方法与技术。

1.将传统文化经典作为教学素材纳入中小学语文教育内容。以台湾高中国文课程为例,台湾《普通高级中学必修科目"国文"课程纲要》规定国文课程的教育目标是:培养阅读文言文及浅近古籍之兴趣,增进涵泳传统文化之能力;研读文化经典教材,培养社会伦理之意识及淑世爱人之精神。教科书的内容:第一、二、三学年,语体文与文言文的比例分别为:60%/40%、55%/45%、50%/50%。

其中文言文选文以兼顾不同时代、不同作者、不同文体与本土素材为原则,酌选文言文篇章 40 篇,包括先秦文章 7 篇、汉魏六朝的 9 篇、唐宋的 11 篇、明清的 9 篇、台湾古典散文 4 篇。可见,台湾高中国文课程传统文化教育的内容占近一半左右的分量。

2. 建立传统文化经典教育社会会考和参与机制。台湾自 2000 年就定期举办"全国经典科段总会考",考场设置遍及全台湾,参加会考的人数、及格率逐年递增。已经成为台湾最具权威的儿童传统文化教育水平考查方式。2007 年,中华经典研究学会在台中举办了诵读儒家经典的会考,以《三字经》《千字文》《百家姓》《弟子规》《孝经》《论语》《大学》等 23 部传统儒学经典为考试内容。以上推广传统文化教育的措施激发了儿童、青少年乃至公众学习传统文化经典的兴趣,培养了知书达礼、爱己爱人的情操。近期大陆也举办了传统文化教育全民参与活动,如权威媒体央视相继重点推出的"中国汉字听写大会""中国成语大会""中国谜语大会"激发了全国中学生乃至全社会公众对中华传统文化的热情,弘扬和引导了优秀传统文化的回归。

3. 高校设置传统文化教育学科专业。台湾一些高校设置该类专业或培训班以训练造就相关专业人才。我们的高校也应根据自身条件和优势,设置如中小学传统文化教育、音韵学、训诂学、儒学经典学等相关学科专业,既为中小学培养了传统文化教育师资,又形成中小学与大学的对接机制,使传统文化教育有序发展。

(二)语文课的传统文化教育内容课程化

目前中小学语文学科传统文化教育已经受到一定程度的重视,学科教学内容中传统文化教育内容有显著增加。随着语文新课程改革的深入发展,语文作为语言训练的工具的特征趋于淡化,文化教育课程的特征日渐突出,语文逐渐承担起了文化建构的使命,回归其学科本质。如朱自清先生曾说:"经典的价值不在于实用,在于文化。"2011 年颁布的《义务教育语文课程标准》就将义务教育阶段语文课的课程目标定位于:"认识中华文化的丰厚博大,汲取民族文化智慧。关心当代文化生活,尊重多样文化,吸收人类优秀文化的营养,提高文化品位。"[①]

---

① 中华人民共和国教育部制定:《义务教育语文课程标准》(2011 年版),北京师范大学出版社 2012 年版,第 6 页。

不仅将语文教育定位于文化素质教育,而且着重强调了中华文化、民族文化的教育,这是一个重要改革,凸显了加强语文学科传统文化教育功能的改革方向。

中华民族的汉语言可以说独一无二,有其独到之美,这决定了其教育方法、模式也与众不同。在几千年来的汉语言教育历史中,无数的教育先贤摸索和总结出很多汉语言教育的方法、规律和模式,传统汉语言教育模式虽然在几千年的沧桑历变中不可避免地也会有很多时代局限性,但很多历史积淀下来的优秀汉语言教育模式仍不失其时代价值。优秀汉语言教育模式才更应该是我们当今中小学语文教育中着重继承和发扬的,而不应一说到加强传统文化教育、加强传统文化教育就仅仅局限于让学生多读、多学几篇古代的诗词、文章。著名语文教育专家李伯棠先生就曾强调:"我们进行语文教学,教学生识字、读书、作文,必须掌握两条原则,一是要符合本国语言文字的特点,一是要符合学生学习本国语言文字的规律。遵循了这两条原则,我们的教学工作才能收到较好的效果。作为进行语文教学依据的语文教材,当然也必须根据这两条原则来编写,才能达到既利于教,又利于学的目的。我们的前人,在长期的语文教学实践中,在这两方面,已经摸索出一些门径,积累了不少经验。这是我们语史教学中的一份宝贵的遗产,必须有分析、有批判地加以继承。"[1]所以,语文课的传统文化内容课程化并继承优秀传统语文教育传统是时代的必然。

【传承小学识字教育的优良传统】

老一辈语文教育家辛安亭先生曾明确提出:"小学低年级集中识字是提高语文程度的一个关键问题。所谓语文程度也就是阅读和写作的程度,语文程度的提高,也就是阅读、写作能力的提高。识字是阅读和写作的基础。不识字或识字不多,就不能进行阅读与写作。"[2]但汉字是一个一个独立的方块字,儿童学起来比较困难,识字和阅读对于小学语文教育来讲经常是一个矛盾,侧重识字教学的教学内容,可能不利于阅读,利于阅读的教学内容可能又不利于识字,所以识字教育,如何让儿童在较短的时间内掌握足够基本阅读需要的汉字一直是传统儿童语文启蒙教育的重要课题。西方欧美国家语言主要是使用字母文字,小学生学字母、拼音之后,很快就能认识很多单词,掌握一定数量的单词后阅读起来就很便捷,所以西方欧美国家的小学语文通常可以识字与阅读齐头并进。1922

① 李伯棠:《小学语文教材简史》,山东教育出版社 1985 年版,第 1 页。
② 辛安亭:《中小学语文教学改革的两个大问题》,《西北师范大学学报(社会科学版)》1977年第 3 期。

年新学制之前,小学语文教育改革中也一直试图实行识字与阅读并进。新式小学国文课本中通常课文较多,每册五六十篇课文,课文虽短,从最初的看图识字课文逐渐向纯文字的短句课文过渡,每篇课文中大概有七八个生字,这样到小学二年级结束,学生通常也可以认识 1600 左右个汉字。但新学制以后,受西方语文教学文化的影响,小学语文教育改革开始出现摒弃我国语文教学传统经验的趋向,无视汉语言文字特点,生硬地搬用舶来品。汉字是方块字,不是拼音文字,汉字难学、难记、难认,不如拼音文字之易学、易记、易认。由此,传统语文教学行之有效的传统在小学低年级语文教学中强调以识字教学为重点,儿童认识了相当数量的字以后,才有可能进行阅读训练。这个传统经验,是符合儿童学习祖国语文规律的。但是这一时期的语文教材,却以儿童文学为主相标榜,打破了以前识字为主的老传统,把方块字的教学跟拼音文字的教学等同起来,教材的编写方式改为直接从短句课文开始,强调融识字于阅读之中,且每册三四十篇课文,每篇课文中通常只有三五个或六七个生字,这样学生到二年级结束时只能认识 1200 左右个字,识字量不足以致影响学生阅读水平的提高,这样的改革实际上有点"两败俱伤"的味道,既影响了识字也影响了阅读教育的效果,同时也使小学语文教材丧失了民族传统特征。

　　鉴于近代小学语文教育改革的历史启示及当今教育改革的现实需求,小学语文教育有必要回归和传承识字教育的优良传统。中国几千年儿童传统文化教育史中有非常优秀的识字教育模式和教材,如比较早的识字教材西汉时编写的《急就篇》。《急就篇》在汉、魏、两晋、南北朝,一直是最主要的识字教材,选取了当时常用的两千左右个汉字,采用"以类相聚"的方式,前半部分,将同一类型的字以三字句的形式编排在一起,后半部分则将同一类型的字如衣着、农艺、饮食、器用、飞禽、走兽等用七字韵句分别罗列。这种识字教材的编排,既方便学生诵读又可集中识字,所以这种诵读与识字齐头并进的识字模式一直被传承下来,《急就篇》这本识字教材在历史上就被使用了几百年应该很能说明这一问题。后来取代《急就篇》的传统儿童识字教材如《千字文》《百家姓》《三字经》就更为人们所熟悉。这些识字教材多像《急就篇》一样,以三言、四言、五言等韵句,遵循"以类相聚"的原则进行内容编排,使学生边诵读边识字,而且因为文字内容还蕴含了道德、生活及科学常识教育的内容,学生在诵读和识字的同时也能受到传统文化的熏陶,《千字文》《百家姓》《三字经》在传统历史上一直流传了千年,诵读加识字的传统小学语文教育模式也在中国盛行了上千年。千百年来,中国小学生们都是通过这种诵读加识字的模式在小学低年级先集中识字，之后开始系统阅读《论语》《诗经》《大学》《中庸》等书。识字与阅读分阶段教学，既提高了识字教学的效率也提高了之后的阅读教学效率。

【提倡诵读传统文化经典】

传统中小学传统文化教育除识字教育的优良传统外，其实还有很多值得当今教育传承的"奇珍异宝"，诵读传统文化经典就是传统文化教育的一大亮点。老一辈学者胡伯威先生就曾在其回忆录《儿时"民国"》中感慨其儿时国文课的诵读之美：

> 朗读在那时是国文教师的基本功底，听李先生的朗读有如听音乐。课本上选的文章都是精品，文言文除古文外还有清代姚鼐、袁枚等脍炙人口的散文；白话文有胡适、徐志摩、朱自清等开创文字新风的代表作。文章好，诵者如痴如醉投入其中。诵即是唱，有腔有调。就像造房子打夯喊号子一样，各地有各地的腔调，也许还有门有派，各有千秋。李先生的师传当然来自宁波，用"贼骨挺硬"的宁波话进行儒雅斯文的唱诵，其效果竟然出人意料。演滑稽相声的说，宁波人说话像唱歌，那是揶揄调侃。意思是说宁波话里面都是"do rei mi fa so la xi"。但是李先生用宁波话让我们听到了真正美妙的音乐，他的调门我现在还记得清清楚楚。有一次他还把我的一篇作文拿在班上朗读，写的是什么不记得了，唯一记得的是提到了在寝室的床上看到中秋的月亮。多少年来已经不讲究文章唱诵了，"摇头摆脑，抑扬顿挫"，成了耻笑迂腐老学究的贬义词。其实唱诵的确有助于充分发挥文章的音韵之美，习学作文还是要借鉴老祖宗的熟读熟唱，自然达到潜移默化。①

其实对于"诵读"，何止胡伯威先生一人情有独钟，古训有"读书百遍，其义自见"之说，东坡则有诗云："故书不厌百回读，熟读深思子自知。""诵读"即高声、有节奏的朗读，在中国传统文化教育中真可谓"'读'占鳌头"，算得上最经典的传统文化经典教学模式。中国汉语言一字一音、一形一义，每一个字，每一个词、每一句话都有其各自独立的具体含义，同时，汉语又非常讲究声韵之美，因此，要真正懂得字、词、句的内在、准确含义，就必须将字、词、句的含义贯通起来，从上下文中体悟、品味，同时读之于口、听之于声，才能"声与心通"，"言皆若出于吾之口，意皆若出于吾之心"。所以在当今中小学语文教育中，应着力提倡学

---

① 胡伯威：《儿时"民国"》，广西师范大学出版社 2006 年版，第 260—261 页。

生诵读经典名篇,尤其是传统文化经典,承载着中华民族优秀文化传统,《三字经》《弟子规》《诗经》《论语》、唐诗、宋词等优秀传统文化经典走进中小学课堂,对传承和发展传统文化必定意义深远。为了便于中小学生更好地学习传统文化经典,可以依中小学生理解的难易程度将中国优秀传统文化经典进行不同层次的划分:首先最难于理解的包括《大学》《中庸》《论语》《孟子》等,其次是《易经》《诗经》等,再次包括唐诗、宋词、元曲等,最容易为儿童理解、接受的像《三字经》《百家姓》《千字文》等。依此,可以将这些传统文化经典科学地、合理地安排到不同年级中小学生的课程中。小学生诵读《三字经》《百家姓》《千字文》,初中生选读唐诗、宋词、元曲及《诗经》《孟子》《论语》中有关道德教育的内容,到了高中阶段,则将《论语》《孟子》《大学》《中庸》四书中的品德修养内容作为必修、重点内容进行学习和诵读。"眼观其文,口诵其声,心唯其意"的传统文化经典诵读模式对于中小学语文,尤其传统文化经典教育非常重要,也行之有效,正是在琅琅的诵读声中,中华传统文化才能如春风化雨般"随风潜入夜,润物细无声",陶冶、熏陶学生的人文素养。

【回归语文教育体悟涵泳的课程本质】

汉语言深具含蓄之美,讲究意蕴。因此,体悟涵泳也就成为传统语文教育的重要模式,要求在语文教育过程中要多读、熟读,学生在阅读中体悟涵泳语言所蕴含的意境和情感。这是传统语文教育的优良传统,与西方字母语言有很大区别。如西方字母语言表达人的思念之情的时候,可能会用到想念、很想念、非常想念这样的词语,很直白地表述,除此之外再没有其他更好的语言和方式。汉语言则完全不同,同样是表达人的思念情感,汉语言却偏偏不用思念、想念等这样的词语直白表达,而是用"一川烟草,满城风絮,梅子黄时雨"等这样的诗句,没有思念、想念的词语,但仔细体味,却深切、生动地表达了人的思念、想念之情,而且意境又如此之美!"人何处?连天衰草,望断归来路。"诗句抒写了久盼亲人而不见归的痛苦心情。山长水远,茫茫无际,等待亲人,望眼欲穿,唯见漫草连天,却不见人的踪迹。这种思念、想念久别亲人的伤感令人心碎!诗词中不见思念、想念的词语,但一个"断"字"神韵悠然",将盼望亲人归来的心理淋漓尽致地展现在读者面前,何其凄美!与一个人思念对方的痛苦缠绵的情感何其吻合!汉语大多都是以这样的一种方式表情达意,因此,体悟涵泳就成为学习中国传统语言的重要方式。近代中小学国文国语教育继承和发展了传统经典教育的优秀传统。民国课本中如《食笋》:"园中有竹,春日生笋。摘笋为羹,其味鲜美,我甚喜食之。父谓我曰：'园蔬，野菜，胜于鲜鱼，肥肉多矣。'"《写生》："妹习画，临摹画帖。姊曰：'不如写生。'妹问何谓写生。姊至门外，折野花一枝，归而置于几上，谓妹曰：'以真花作画帖，谓之写生。'"这样的小课文比比皆是，寥寥数语生动地描绘了父子居家情景对话的情景，一语清新，盈盈可握，如雨后笋芽，生活亦俗亦雅。而姐妹二人野花绘画写生的情景不禁让人联想到李叔同的歌曲《春游》："春风吹面薄于纱，春人装束淡于画。游春人在画中行，万花飞舞春人下。梨花淡白菜花黄，柳花委地荠花香。莺啼陌上人归去，花外疏钟送夕阳。"当今的语文教学因为应试教育、历史改革等因素的影响，往往忽视了涵泳教学模式的价值。如辛安亭先生所言："语文教学在这方面的缺点主要有两个：一个是多余的、没有必要的、为讲解而讲解，为提问而提问的地方太多；另一个是对语言因素的分析太少，对文学因素的分析太多。多余的讲解与提问不只浪费了教学的时间，而且不能吸引学生的注意，教学效果当然不会好。教师只注意讲解生字、新词，对于语言的精密处不大注意，更不会指点儿童注意。不能把语言和实际间、语言和语言间的关系交代清楚，因而也就不能使儿童真正理解课文，使儿童从不自觉的掌握语言提高到自觉的掌握语言。对语言因素的教学极不细致，对文学因素的教学却要求过高，每课都要分析主题思想，分析故事情节，分析人物形象。就我的了解，小学（包括高小阶段）语文的教学，语言因素的教学应是主要的，文学因素的教学只应适当注意。今天有些教师似乎忽视了前者而太强调后者，向中学文学教学看齐，有点本末倒置了。这似曾相倦教小学语言，像是在海滩上盖楼房，后果是不会好的。"①虽然辛安亭先生所讲到的小学语文教育忽视阅读，"肢解式"教学问题现在已有很大程度纠正，但并未完全杜绝，重阅读、传承体悟涵泳的中小学语文教学模式应是着力提倡的。中小学语文教育应使学生在课堂里体察涵泳汉语言之美。如古人所言："涵泳者如春雨之润花，如清渠之溉稻……涵泳者，如鱼之游水，如人之濯足……善读书者，须视书如水，而视此心如花、如稻、如鱼、如濯足，庶可得之于意之表。"传统语文教育追求学生读文章、诗词时，应全身心地沉浸在诗文的语言环境中去口诵心咏，以知其意，得其趣，悟其神。这种体悟涵泳的语文教育模式，是真正符合汉语文教学的优秀教育传统，值得传承和发扬光大。

【重视背诵经典名篇】

背诵经典也是中国传统经典教育传承几千年的教育模式，近代背诵式的中

---

① 辛安亭：《辛安亭论教育》，湖南教育出版社 1983 年版，第 53—54 页。

小学语文教学方式被评价为机械、了无情趣、戕害儿童，这也成为废止中小学读经讲经科的重要理由。但事物总是有两方面，事实恐怕也并非如此简单。且不说背诵经典能在中国传统文化教育史上传承几千年一定有其合理之处，即使到了近代，如鲁迅先生等这样力主新文化、新文学的教育家、文学家、思想家们也并未完全否定背诵经典这一传统语文教育模式的内在价值。鲁迅先生在反思其幼时的教育时，仍称其幼时背诵的知识起到了积极的作用。其实传统背诵式教育模式并非一味地、全没有任何思考地让学生死记硬背，传统的背诵也有其精妙之处。如通常是根据学生的年龄和学习特点设计或编排背诵内容的次第，多是从易到难、从简到繁。要求低年龄蒙童背诵的读物主要是比较容易的，往往蒙童通过背诵不仅能熟记所背诵的内容，而且多不用老师讲解也能理解所背诵内容的内涵和情感。背诵其实就是学习知识的过程和方式，并非简单、机械、单纯的背诵。同时，背诵的内容编排多用适合相应年龄学童语言习惯和特点的浅显易懂、朗朗上口的语句，学生背诵的过程实际也是享受汉语之美的过程。如低年龄蒙童通常背诵《三字经》《千字文》《百家姓》《弟子规》《神童诗》《古文观止》《唐诗三百首》等，这些经典都是教授孩子语言、文学、历史、地理以及儒家伦理和做人做事的基本准则等知识，因为语句极适合学童朗读、背诵，因而这些经典及所承载的知识就往往不是由老师讲给学童，而是由学童自己首先背诵经典，反复背诵、记忆。背下来了，记住了，其内容的含义也相应领会了，汉语言的意境和美感也体会了，何乐而不为！传统私塾中人们司空见惯的儿童大声诵读、背诵的"人之初，性本善；性相近，习相远"，不仅只有12个字，读起来朗朗上口，极易记忆，而且还将儒家"性善说"的深刻思想讲得浅显、明白；紧接着以同样的方式、语言形式讲为学之方、父母之责、幼童基本礼仪、天地四时、仁义礼智、人情好恶、孝悌忠信及经学常典、千年历史、勤学故事等。学习只需背诵这些经典也就明白、懂得了这么多人生道德和行为准则。年龄稍长的学生则背诵"四书""五经"等，因为同样与学生的年龄和理解力相适应，所以学生背诵、记忆下来也并不觉得困难，通过背诵学生也能对所记忆的知识领会理解，融会贯通。所以背诵经典名篇的传统语文教育模式并非一无是处。反倒是我们今天完全摒弃背诵经典模式的语文教育应该反思。今天中小学语文教育中，"琅琅读书声"已经成为历史名词，背诵经典名篇也备受冷落。其实中国古今的经典名篇，大多都最适合诵读甚至背诵。音节分明，抑扬顿挫，错落有致的诗文，只有诵读与背诵才能体会到其美感与乐感。学生们诵读经典名篇，童稚天籁、书声琅琅，抑扬顿挫，不仅能激发学生对语文的兴趣,也有益于增进学生的知识,增强其智力,陶冶其情操。

(三)德育课的优秀传统道德内容课程化

反思近代中国传统德育的变革,体悟和感受转型期先行者们大浪淘沙般的开拓性创举,总结变革的成果、精髓与价值,应是向先行者们致以深深敬意的最好方式。

【传承创新传统修身教育】

近代传统修身教育虽然在变革过程中逐渐隐退与消失,并最终为公民道德教育、公民教育所取代,但对于近代以降中国新的德育教育文化体系的构建而言,传统修身教育并非一无是处,我们所倡导的新德育文化不可避免地包含着十分深刻的传统道德文化精神。近代以来,许多教育家对中国传统德育文化做过深刻的批判,但他们的批判从不是对传统德育的全盘否定,而总是理性地倡导"统新故而视其通",传承并创新传统德育文化的合理内核。

1. 忠诚爱国、"知有国"的传统儒家思想即为传统德育文化的合理内核。近代思想家邓实就曾提出对服务于"君学"的伪儒学应加以斥责,而对于"知有国"的真儒学是须予以提倡的。"真儒之学只知有国,伪儒之学只知有君,知有国则其所学者上上千载洞流索源,考郡国之利病,哀民生之憔悴,发愤著书以救万世,其言不为一时,其学不为一人,是谓真儒之学。若夫伪儒学者,所读不过功令之书,所业不过利禄之术,苟以颂德歌功,缘饰经术,以取媚时君,固宠图富贵而已。"①

2. "群体仁和"精神也是传统德育文化的题中之义。"群体仁和"精神是对功利主义和极端个人主义的弥补和纠正,理应在新的历史时期被继承并被赋予新的时代内涵而发扬光大。当今有人将新时期的道德准则与传统道德文化结合起来,编写了新《三字经》:"贵诚实,守信义,狼没来,勿相欺,……每见利,要思义,路拾遗,莫归己。"②就不失为一种继承并创新传统道德文化的有益探索。

【吸收融合公民教育】

梁漱溟曾总结,东西方文化确有各自不同的发展路径,西方文化"向前要求",以中国为代表的东方文化则注重"调和持中"。但即使是路径异趣的东西

---

① 邓实:《传统文化真论》,《国粹学报》1907年第2期。
② 李汉秋主编:《新三字经》,龙门书局1995年版,第2页。

方文化,也终有相互吸收与融会的必要性与可能性。

民国时期的公民教育秉承"教育救国"理想,以造就"私德为立身之本,公德为服役社会国家之本"的公民"健全人格"为教育宗旨,从而达到改造社会的目的,学校的公民教育则更是承载了这一历史使命。虽然公民教育并未达到预期的目的,但在实践探索中,公民教育仍凸显出值得吸收与融合的诸多因素。

1. 公民教育强调公民对国家和社会认同感的培养。公民教育使学生对国家、社会形成一定的理解和认识,形成参与国家、社会的正确视野和态度,从而养成其正确的世界观和人生观。近代公民教育对学生国家、社会和民族观念的培养进行了一定意义探索,即使南京政府时期的党化教育,对学生国家和民族观念的培养也非常注重。中国传统儒家道德文化中虽然没有公民教育的范畴,但它所包含的人文精神、政治理想、道德操守和育人理念从某种意义上也体现着西方公民教育的内涵,从这一角度可以说明西方公民教育与传统德育相互吸收与融合的必要性与可能性。

2. 公民教育注重公民自身道德素养的提升。民国时期,由于军阀割据、政党政治,政府所倡导的公民教育强化了国家主义的内容,从而淡化甚至遏制了公民个体理念和价值观的培养。但公民教育本质内涵是培养作为国家公民的"人",而不是政治和道德工具。经过近代公民教育的实践与探索,公民教育注重对学生公平正直、坚韧乐观、独立自主等道德品质和思想素质的培养的特质也被凸显出来,也成为对注重个人修养的传统修身教育进行创新的重要内容。

3. 公民教育的基本内容强调公民权利和义务。西方公民教育强调以公民权利和义务统一为基本内容,在教育过程中以教育学生如何正确、合法的行使公民权利,履行公民义务为德育宗旨。在近代实施的公民教育方案中增加了公民法治教育的内容,可以说是对西方公民教育相应内容的有益探索,更重要的是对中国传统德育内容的重要完善。中国几千年的传统社会都是典型的中央集权专制社会,无论是道德原则还是法律制度都是统治阶级治理社会、教育和约束人民的工具,在道德原则和法制条文中更多的是义务条款的内容,而缺失道德和法治权利的内容,社会的近代化转型对公民道德和法治权利的要求呈现了社会必然性的要求,因此,在公民教育体系中增加公民权利和义务统一的内容,有其重要的历史价值和现实实践价值。

近代传统德育的嬗变直接层面上表现为学校德育宗旨和课程内容的历史变革,但更深层面上体现为中西文化之间的碰撞与冲突,总结传统德育变革的直接成果,体悟变革背后的文化动因,理解和感知文化,对传统德育变革成果进行合理的价值重估,对建构新的德育文化体系应有重要的现实实践意义。

参 考 文 献

一、资料集

1.（清）徐珂:《清稗类钞》(第 4 册讥讽类),中华书局 2010 年版。

2.《20 世纪中国中小学课程标准·教学大纲汇编:课程(教学)计划卷》,人民教育出版社 2001 年版。

3.《20 世纪中国中小学课程标准·教学大纲汇编:语文卷》,人民教育出版社 2001 年版。

4.《20 世纪中国中小学课程标准·教学大纲汇编:自然·社会·常识·卫生卷》,人民教育出版社 2001 年版。

5.《第二次教育年鉴》,商务印书馆 1948 年版。

6.《第一次中国教育年鉴》,开明书店 1934 年版。

7.《全国中等教育概括(中华民国十八年度)》,南京大陆印书馆 1932 年版。

8.《全国中等教育统计(中华民国二十二年度)》,商务印书馆 1936 年版。

9.《中国教育大系——历代教育论著选》,湖北教育出版社 1994 年版。

10. 陈学恂:《中国近代教育大事记》,上海教育出版社 1981 年版。

11. 陈学恂:《中国近代教育史教学参考资料》,人民教育出版社 1986 年版。

12. 杜元载:《革命文献(第 58 辑)》,台北"中央"文物供应社 1978 年版。

13. 高时良:《中国近代教育史资料汇编·洋务运动时期教育》,上海教育出版社 1992 年版。

14. 广东省档案馆:《陈济棠研究史料:1928—1936》,广东省档案馆出版社 1985 年版。

15. 李桂林:《中国近代教育史资料汇编·普通教育》,上海教育出版社 2007 年版。

16. 李桂林:《中国现代教育史教学参考资料》,人民教育出版社 1987 年版。

17. 李杏保:《语文学科教育参考资料类编》,高等教育出版社 1996 年版。

18. 毛礼锐、沈灌群:《中国教育通史》,山东教育出版社 2005 年版。

19. 彭明:《中国现代史资料选编(1—2 册)》,中国人民大学出版社 1987、1988 年版。

20. 璩鑫圭、唐良炎:《中国近代教育史资料汇编:学制演变》,上海教育出版社 1991 年版。

21. 舒新城:《近代中国教育史料补编》,上海中华书局 1930 年版。

22. 舒新城:《中国近代教育史资料》,人民教育出版社 1961 年版。

23. 叶圣陶:《叶圣陶语文教育论集》,教育科学出版社 1980 年版。

24. 中国第二历史档案馆：《中华民国史档案资料汇编·第五辑第二编教育（一）》，江苏古籍出版社 1997 年版。

25. 中国第二历史档案馆：《中华民国史档案资料汇编·第五辑第一编教育（一）》，江苏古籍出版社 1994 年版。

26. 中国人民政治协商会议广东省广州市委员会文史资料研究委员会：《广州百年大事记》，广东人民出版社 1984 年版。

27. 中央教育科学研究所：《中国现代教育大事记（1919—1949）》，教育科学出版社 1988 年版。

28. 朱有瓛：《中国近代学制史料》，华东师范大学出版社 1986 年版。

二、著作

1. （宋）黎靖德编：《朱子语类》卷七，中华书局 1986 年版。

2. （明）程敏政：《篁墩文集》卷二十三，商务印书馆 1986 年版。

3. （明）王守仁：《传习录》（上），江西教育出版社 2014 年版。

4. （明）王守仁：《王阳明全集》卷七，上海古籍出版社 2011 年版。

5. （清）宝鋆：《筹办夷务始末》同治卷二七，故宫博物院 1929 年版。

6. （清）张之洞：《张文襄公全集》第 102 卷，中国书店 1990 年版。

7. （清）张之洞：《张文襄公全集》卷 57，文海出版社 1970 年版。

8. ［美］杜威著，王承绪译：《民主主义与教育》，人民教育出版社 2001 年版。

9. ［美］杜威著，赵祥麟、王承绪编：《杜威教育论著选》，华东师范大学出版社 1977 年版。

10. 白吉庵、刘燕云编：《胡适教育论著选》，人民教育出版社 1994 年版。

11. 包天笑：《钏影楼回忆录》，中国大百科全书出版社 2009 年版。

12. 北京第一实验小学：《中国名校丛书——北京第一实验小学》，人民教育出版社 1997 年版。

13. 北京师大附中：《中国名校丛书——北京师大附中》，人民教育出版社 2000 年版。

14. 蔡元培：《蔡元培全集》，浙江教育出版社 1998 年版。

15. 陈东原：《中国教育史》，商务印书馆 1936 年版。

16. 陈平原：《中国大学十讲》，复旦大学出版社 2002 年版。

17. 陈铁键、黄道炫：《蒋介石与中国文化》，中华书局（香港）有限公司 1992 年版。

18. 陈侠：《近代中国小学课程演变史》，福建教育出版社 2007 年版。

19. 陈学询：《中国近代教育文选》，人民教育出版社 1983 年版。

20. 丁钢：《历史与现实之间：中国教育传统的理论探索》，广西师范大学出版社 2009 年版。

21. 丁钢：《文化的传递与嬗变：中国文化与教育》，上海教育出版社 1990 年版。

22. 董宝良、周洪宇：《中国近现代教育思潮与流派》，人民教育出版社 1997 年版。

23. 董坚志：《民国小学生日记》，九州出版社 2012 年版。

24. 杜成宪、丁钢：《20 世纪中国教育的现代化研究》，上海教育出版社 2004 年版。

25. 冯桂芬、马建忠：《采西学议——冯桂芬、马建忠集》，辽宁人民出版社 1994 年版。

26. 冯天瑜：《晚清经世实学》，上海社会科学出版社 2002 年版。

27. 冯秀珍：《中华传统文化纲要》，中国法制出版社 2003 年版。

28. 傅国涌：《过去的小学》，同收出版社 2012 年版。

29. 傅国涌：《过去的中学》，长江文艺出版社 2006 年版。

30. 高力克：《五四的思想世界》，学林出版社 2003 年版。

31. 高奇：《中国现代化教育史》，北京师范大学出版社 1991 年版。

32. 顾明远：《民族文化传统与教育现代化》，北京师范大学出版社 1998 年版。

33. 顾树森：《中国历代教育制度》，江苏教育出版社 1981 年版。

34. 郭齐家：《中国教育思想史》，教育科学出版社 1987 年版。

35. 郭为藩：《人文及社会学科展望》，幼狮文化事业公司 1988 年版。

36. 韩作黎、欧阳代娜：《延安教育研究》，文心出版社 2003 年版。

37. 何成银：《我国小学生思想道德教育中的传统文化教育研究》，北京大学出版社 2011 年版。

38. 胡伯威：《儿时"民国"》，广西师范大学出版社 2006 年版。

39. 胡适、鲁迅、傅斯年：《问孔》，海南出版社 2011 年版。

40. 胡晓明：《读经：启蒙还是蒙昧》，华东师范大学出版社 2006 年版。

41. 湖南省长沙一中：《中国名校丛书——湖南省长沙一中》，人民教育出版社 1997 年版。

42. 华东师范大学教育系：《中国现代教育文选》，人民教育出版社 1998 年版。

43. 金德门：《苏州中学校史》，苏州大学出版社 1999 年版。

44. 金祥林：《中国教育制度通史（第六卷）》，山东教育出版社 2000 年版。

45. 金忠明：《乐教与中国文化》，上海教育出版社 1994 年版。

46. 李伯棠：《小学语文教材简史》，山东教育出版社 1985 年版。

47. 李华兴：《民国教育史》，上海教育出版社 1997 年版。

48. 李杏保、顾黄初：《中国现代语文教育史》，四川人民出版社 2000 年版。

49. 李学农：《中学教育概论》，南京师范大学出版社 2010 年版。

50. 李泽厚：《中国近代思想史论》，三联书店 2010 年版。

51. 李泽厚：《中国现代思想史论》，三联书店 2010 年版。

52. 栗洪武：《西学东渐与中国近代教育思潮》，高等教育出版社 2002 年版。

53. 梁启超：《梁启超文存》，江苏人民出版社 2012 年版。

54. 林砺儒：《林砺儒文集》，广东教育出版社 1994 年版。

55. 刘国平、陈雪良、黄良汉：《师典》，上海人民出版社 2004 年版。

56. 刘鹤守：《沙坪岁月——重庆南开校园回忆录》，中国文联出版社 2003 年版。

57. 刘铁芳：《新教育的精神：重温逝去的思想传统》，华东师范大学出版社 2007 年版。

58. 罗荣渠：《现代化新论续篇——东亚与中国的现代化进程》，北京大学出版社 1997 年版。

59. 吕达：《课程史论》，人民教育出版社 2011 年版。

60. 钱曼清、金林样：《中国近代学制比较研究》，广东教育出版社 1996 年版。

61. 盛郎西：《小学课程沿革》，福建教育出版社 2010 年版。

62. 施良方：《中学教育学》，福建教育出版社 1996 年版。

63. 舒新城：《近代中国教育思想史》，福建教育出版社 2007 年版。

64. 宋若莘：《蒙养书集成（二）》，三秦出版社 1990 年版。

65. 孙中山：《孙中山全集（第 2 卷）》，中华书局 1985 年版。

66. 田正平：《中国教育史研究（近代分卷）》，华东师范大学出版社 2009 年版。

67. 田正平：《中国教育思想通史》，湖南教育出版社 1994 年版。

68. 王道俊、王汉澜：《教育学》，人民教育出版社 1998 年版。

69. 王觉源、屠义方：《国民军训》，独立出版社 1941 年版。

70. 王丽：《追寻失落的中国教育传统》，教育科学出版社 2010 年版。

71. 王伦信：《清末民国时期中学教育研究》，华东师范大学出版社 2002 年版。

72. 王小静：《清末民初修身思想研究》，人民出版社 2012 年版。

73. 王小庆：《如何培养好公民》，清华大学出版社 2013 年版。

74. 魏寿镛、周侯于：《儿童文学概论》，商务印书馆 1923 年版。

75. 吴洪成：《中国近代教育思潮研究》，西南师范大学出版社 1993 年版。

76. 吴科达：《臣民还是公民》，中国社会科学出版社 2013 年版。

77. 辛安亭：《辛安亭论教育》，湖南教育出版社 1983 年版。

78. 熊明安：《中国近代教学改革史》，重庆出版社 1999 年版。

79. 许骥：《给教育燃灯》，清华大学出版社 2013 年版。

80. 杨宏雨：《困顿与求索——20 世纪中国教育变迁的回顾与反思》，学林出版社 2005 年版。

81. 杨贤江：《杨贤江全集（第六卷）》，河南教育出版社 1995 年版。

82. 杨志行：《解放前南开中学的教育》，天津教育出版社 1989 年版。

83. 张隆华：《中国古代语文教育史》，四川教育出版社 2000 年版。

84. 张倩仪：《另一种童年的告别——消逝的人文世界最后回眸》，商务印书馆 2001 年版。

85. 张卫波：《民国初期尊孔思潮研究》，人民出版社 2006 年版。

86. 张志公：《传统语文教育初探》，上海教育出版社 1962 年版。

87. 张志公：《张志公论语文教学改革》，江苏教育出版社 1987 年版。

88. 浙江春晖中学：《中国名校丛书——浙江春晖中学》，浙江教育出版社 1997 年版。

89. 周积明、宋德金：《中国社会史论（上卷）》，湖北教育出版社 2000 年版。

90. 周其厚：《中华书局与近代文化》，中华书局 2007 年版。

91. 周勇：《传统文化·课程开发》，安徽教育出版社 2008 年版。

92. 周勇：《江南名校的中国文化教育》，教育科学出版社 2008 年版。

93. 朱文华：《"再造文明"的奠基石——"五四"新文化运动三大思想家散论》，上海教育出版社 2000 年版。

94. 朱文叔：《新课程标准适用·初中国文读本》，中华书局 1933 年版。

95. 朱永新：《沟通与融合：中国近现代教育思想史》，人民教育出版社 2004 年版。

96. 资中筠：《资中筠自选集》，广西师范大学出版社 2011 年版。

97. 邹小站：《西学东渐：迎拒与选择》，四川人民出版社 2008 年版。

三、论文

1. 班高杰:《传统启蒙教育中"诗教"与"乐教"》,《理论月刊》2013 年第 10 期。

2. 毕全忠:《传统文化研究肩负的使命》,《北京大学学报(哲学社会科学版)》1994 年第 6 期。

3. 毕苑:《经学教育的淡出与近代知识体系的转移:以修身和国语教科书为中心的分析》,《人文杂志》2007 年第 2 期。

4. 陈璠:《清末民初学前教育课程研究》,东北师范大学 2008 年硕士学位论文。

5. 陈华:《中国公民教育的诞生——课程史的研究》,华东师范大学 2012 年博士学位论文。

6. 陈来:《"传统文化热"与传统文化研究的问题》,《孔子研究》1995 年第 3 期。

7. 陈来:《优秀文化的传承与民族精神的弘扬》,《新视野》2005 年第 3 期。

8. 傅琳凯:《中国古代思想道德教育内容方法及其现代借鉴》,《思想教育研究》2011 年第 4 期。

9. 耿红卫:《20 世纪前期我国语文教学内容的发展特点》,《教学与管理》2012 年第 11 期。

10. 呼庆伟:《古代蒙学及其特色与借鉴价值》,《山东省青年管理干部学院学报》2007 年第 3 期。

11. 黄书光:《论中国传统教化的近代解构》,《浙江大学学报(人文社会科学版)》2005 年第 6 期。

12. 黄兴涛:《清末新式学堂的伦理教育与伦理教科探论——兼论现代伦理学学科在中国的兴起》,《清史研究》2008 年第 1 期。

13. 姜恕:《清末民初蒙学教育向小学教育的嬗变之路》,陕西师范大学 2012 年硕士学位论文。

14. 李森、杜尚荣:《清末民初时期基础教育改革的基本经验与现代启示》,《西南大学学报(社会科学版)》2013 年第 2 期。

15. 梁尔铭:《传统的坚守:中国现代中小学语文课程中文言文地位的演变(1904—1949)》,《河北师范大学学报(教育科学版)》2013 年第 3 期。

16. 梁励:《中国古代历史教育特点探析》,《南京工业大学学报(社会科学版)》2003 年第 3 期。

17. 林砺儒:《论中学公民科——在宪政讨论声中》,《中学生》1944 年第 76 期。

18. 林乙峰:《清末民初的中小学教育》,《徐州师范学院学报(哲学社会科学版)》1982 年第 3 期。

19. 罗靖:《儒学的嬗变与中国传统教育思想的变迁》,《湖南广播电视大学学报》2001 年第 4 期。

20. 孙凤华:《清末民初我国中小学修身科课程宗旨演变大要》,《通化师范学院学报》2010 年第 1 期。

21. 王建顿:《民国时期普通中学课程实施研究》,东北师范大学 2008 年硕士学位论文。

22. 王丽娜:《民国时期传统文化经典的教育观念变迁研究——兼论当下中小学之传统

文化教育问题》,四川师范大学 2012 年硕士学位论文。

23. 王有亮、于东新:《儒学与我国传统的启蒙教育》,《内蒙古师范大学学报(教育科学版)》2011 年第 2 期。

24. 王有亮、于东新:《儒学与中国的传统旧教育》,《内蒙古师范大学学报(教育科学版)》2007 年第 1 期。

25. 韦美日:《清末至建国前课程标准中语文德育目标述评》,《广西社会科学》2004 年第 2 期。

26. 吴浩南:《无锡国专与现代传统文化教育》,华东师范大学 2006 年博士学位论文。

27. 吴通福、宋敏婷:《"传统文化热"分析与"传统文化"时代功能兼估》,《江西财经大学学报》2011 年第 5 期。

28. 熊贤君:《近代时期的传统文化教育及价值解读》,《近代档案》2006 年第 1 期。

29. 熊贤君:《现代中国传统文化教育运动形成原因破译》,《华东师范大学学报(教育科学版)》2006 年第 1 期。

30. 徐庆文:《经学解体与儒学的现代转换》,《山东社会科学》2010 年第 2 期。

31. 尹洪雨、孟祥诚:《民国初期小学校知行结合的修身观》,《科教文汇》2012 年第 2 期。

32. 于建福:《清末中小学堂"读经讲经"课程设置与启示》,《教育学报》2012 年第 6 期。

33. 俞启定:《"中学为体,西学为用"的思想与中国近代教育制度的形成》,《山东师范大学学报》1988 年第 3 期。

34. 张哲英:《清末民国时期语文教育观念考察——以黎锦熙、胡适、叶圣陶为中心》,华东师范大学 2009 年博士学位论文。

35. 章莹:《浅析〈奏定学堂章程〉中的国民教育思想》,《湖北函授大学学报》2012 年第 11 期。

36. 祝安顺:《张之洞、吴汝纶经学课程观看清末儒学传统的中断》,《孔子研究》2003 年第 1 期。

37. 祝沛章:《对当前"读经运动"的思考》,《科教文汇》2007 年第 1 期。

38. 左玉河:《晚清"古学复兴":中国旧学纳入近代新知体系之尝试》,《史学月刊》2004 年第 9 期。

四、民国期刊

1.《儿童教育》1931 年第 3 期。

2.《国粹学报》1906 年第 2 卷第 7 期。

3.《国粹学报》1907 年第 2 卷第 27 期。

4.《国文杂志》1944 年第 3 卷第 1 期。

5.《江苏省小学教师半月刊》1936 年第 4 卷第 5 期。

6.《教育公报》1919 年第 6 卷第 9 期。

7.《教育杂志》1912 年第 4 卷第 1 期。

8.《教育杂志》1911 年第 3 卷第 5 期。

9.《教育杂志》1912 年第 4 卷第 6 期。

10.《教育杂志》1912 年第 4 卷第 8 期。

11.《教育杂志》1916 年第 8 卷第 4 期。

12.《教育杂志》1916 年第 8 卷第 6 期。

13.《教育杂志》1918 年第 10 卷第 4 期。

14.《教育杂志》1920 年第 12 卷第 9 期。

15.《教育杂志》1923 年第 15 卷第 7 期。

16.《教育杂志》1924 年第 16 卷第 1 期。

17.《教育杂志》1924 年第 16 卷第 4 期。

18.《教育杂志》1924 年第 16 卷第 9 期。

19.《民立报》1912 年 2 月 8 日。

20.《朴学斋丛刊》1912 年第 4 期。

21.《青年杂志》1915 年第 1 卷第 1 期。

22.《新教育》1922 年第 5 卷第 3 期。

23.《新教育》1925 年第 10 卷第 1 期。

24.《新青年》1920 年第 4 期。

25.《宇宙风》1938 年第 56 期。

26.《中等教育季刊》1940 年创刊号。

27.《中华教育界》1914 年第 3 卷第 4 期。

28.《中华教育界》1916 年第 5 卷第 1 期。

29.《中学生》1944 年第 76 期。

五、民国中小学教科书

1.《初中国文甲编》,上海白报纸本 1946 年版。

2. 李保田:《共和国教科书·新修身》,广西师范大学出版社 2012 年版。

3. 李保田:《共和国教科书·新国文》,广西师范大学出版社 2013 年版。

4. 陆伯羽:《模范公民训练册》,上海世界书局 1933 年版。

5. 吕叔湘、朱自清、叶圣陶:《开明新编高级国文读本》,开明书店 1948 年版。

6. 吕思勉、范源廉:《民国国文课本》,中华书局 1916 年版。

7. 夏丏尊、叶绍钧:《国文八百课》,开明书店 1935 年版。

8. 夏贯中:《初级中学公民》,正中书局 1940 年版。

9. 叶圣陶、丰子恺:《开明国语课本》,科学技术文献出版社 2005 年版。

10. 叶圣陶、郭绍虞、周予同:《开明新编国文读本》,武汉出版社 2011 年版。

11. 周鲠生:《新学制公民教科书》,商务印书馆 1923 年版。

12. 朱文叔:《新课程标准适用·初中国文读本》,中华书局 1933 年版。

13. 庄适、吴研因、沈圻:《新学制国语教科书》,商务印书馆 1923 年版。

14. 庄俞、张元济:《商务国语教科书》,科学技术文献出版社 2005 年版。

后　记

　　书稿告罄，静下心来，慢慢梳理过往此书写作过程中的点点滴滴，细细品味曾经的感受，心情竟许久无法平静。我关注近代中小学传统文化教育已经有很长时间。记得这些年，闲暇时总喜欢翻看民国时期中小学修身、国文、国语、历史等科目教科书，每每都被其精美、简洁的插图，浅显、清新的文字，高雅、深入浅出的内容及独具匠心的编排所触动。加之经常在民国时期的各界大家的著作、文章、随笔乃至回忆录中读到他们对儿时学堂传统文化教育的眷恋和赞誉，感受到他们青少年时期所受到的良好传统文化教育对其一生的影响。相比较前些年中小学教育因追求升学率，迷恋奥数、英语等各种学科竞赛而忽视传统文化教育形成的中小学文化素养教育的问题，我愈发对近代中小学传统文化教育的优良传统产生了浓厚兴趣。这几年，我在陆续完成河北省社科基金"国学教育学科化与课程化的困境及对策研究"和教育厅教育规划项目"中小学国学教育课程研究：近代变革与体系构建""近代中小学德育课程中的传统价值观教育及当代价值研究"三项科研项目基础上，申报立项了教育部人文社会科学项目"近代中小学传统文化教育及当代价值研究"，并将博士论文的选题也选定为"晚清民国时期中小学国学教育的历史嬗变研究"。此书初稿就是在我的博士论文基础上，作为教育部课题的研究成果，经过三年的深入研究、探讨而完成的。从考博、读博到论文和书稿的写作，其间经历了太多刻骨铭心的痛苦与快乐，但此刻却非常想感谢命运让我走了这段不寻常之路，赋予我这段特殊的人生经历。正是在这段人生路上，我遇到了亦师亦友的恩师，感受到了至亲至爱的家人、同学、朋友一路陪伴的温馨，并体会到学术探索的艰辛、快乐与成就。

　　首先，借助此书的完成感谢恩师吴洪成先生。当初我对吴老师说想考博，老师说我是心血来潮，殊不知是因为仰慕他的博学、睿智与率真，才奢望能得到他的教诲与引领。每申报一项课题，我都愿意听到老师的建议；工作中取得任何一点儿成绩都愿第一时间与老师分享;每次得到老师的赞誉与鼓励,内心都感到无比温暖。感谢老师从来都不吝赞美之词的鼓励,也感谢一直以来对我的辛苦付出。不管是几千字的小短文,还是二十几万字的博士论文、书稿,老师都字字推敲、句句斟酌,每每看到纸上写得密密麻麻的修改建议,心中都是无限感慨! 至今,无数次师生就课题申报、论文选题、书稿写作等各方面事情沟通、探讨的场景依然历历在目,恍如昨日! 而今书稿付梓,吴老师在百忙之中又欣然作序,感谢恩师的一路扶持,能成为您的学生、朋友,真好!

感谢家人一路的陪伴。家人的付出帮我顺利完成了学业,家人的鼓励与支持让我一直拥有不断学习与进步的勇气,支持我在学术探索的道路上不断前行,家人的爱让我能尽情享受成功的快乐与幸福!

在此书的写作过程中参考和学习了太多前辈们的研究成果,虽然书中和书后的脚注及参考文献尽量做了标注与列举,但相信还有很多没能提及,这里一并对前辈们的辛勤付出表示真诚的感谢!

此书出版得到了人民出版社领导和编辑老师们的大力支持。感谢杨美艳老师,从报选题之时,杨老师就对本书给予了极大关注,在本书出版的整个过程中杨老师付出了太多心血,谢谢您! 感谢校对、编辑书稿的各位编辑老师,书稿初稿存在非常多的细节瑕疵,编辑老师一一校对,小到标点符号,大到语句、段落、内容都仔细校对、斟酌,谢谢您们的辛勤付出!

无尽感恩之情凝为美好的希望,希望在以后的岁月中继续努力,能一直与师长、朋友、家人分享人生的每一份幸福与快乐。

由于作者水平所限,再加之本选题的研究难度所致,书中难免有错漏和不足之处,恳请专家与读者谅解并不吝赐教。

赵 颖 霞

2018 年 5 月 28 日于河北保定

责任编辑：刘　畅

图书在版编目（CIP）数据

近代中小学传统文化课程嬗变研究/赵颖霞 著. —北京:人民出版社,2018.8
ISBN 978－7－01－019473－8

Ⅰ.①近…　Ⅱ.①赵…　Ⅲ.①中小学-中华文化-教育研究-中国-近代
　Ⅳ.①G633.302

中国版本图书馆 CIP 数据核字（2018）第 135952 号

近代中小学传统文化课程嬗变研究
JINDAI ZHONGXIAOXUE CHUANTONG WENHUA KECHENG SHANBIAN YANJIU

赵颖霞　著

人民出版社 出版发行
（100706　北京市东城区隆福寺街 99 号）

北京汇林印务有限公司印刷　新华书店经销

2018 年 8 月第 1 版　2018 年 8 月北京第 1 次印刷
开本:710 毫米×1000 毫米 1/16　印张:17
字数:278 千字

ISBN 978－7－01－019473－8　定价:49.80 元

邮购地址 100706　北京市东城区隆福寺街 99 号
人民东方图书销售中心　电话（010）65250042　65289539